Hans-Georg Koch

Schulungsplanet
ERDE

Die Erde ist eine Schulungseinrichtung des Universums, in der wir unsterblichen Seelen lernen, uns spirituell weiterzuentwickeln.

Bibliografische Information der Deutschen Nationalbibliothek:

Die Deutsche Nationalbibliothek verzeichnet diese Publikation in der Deutschen Nationalbibliografie; detaillierte bibliografische Daten sind im Internet über http://dnb.dnb.de abrufbar.

Autor: Hans-Georg Koch
Coverbild: Gerd Altmann

© 2024 Hans-Georg Koch
Herstellung und Verlag: BoD – Books on Demand, Norderstedt.

ISBN: 9783759749482

Alle Rechte vorbehalten. Nachdruck und Vervielfältigung, sowie die fotomechanische Wiedergabe, die Speicherung in elektronische Medien, einschließlich der Vervielfältigung, Übersetzung oder Mikroverfilmung, Publizierung und Verwertung – auch auszugsweise – sind nur mit schriftlicher Genehmigung des Verlags gestattet.

Die Inhalte dieser Publikation wurden sorgfältig recherchiert, aber dennoch haften Autor oder Verlag nicht für die Folgen von Irrtümern, mit denen der vorliegende Text behaftet sein könnte, oder für Folgen die sich aus der Anwendung ergeben könnten.

Vorwort

Über unseren wunderschönen blauen Planeten wurde schon viel gesagt und geschrieben. Es gibt eine Vielzahl von Büchern, Filmen und Dokumentationen, die unsere Erde zum Thema haben. Darunter ist kaum noch ein Aspekt unseres Erdballs zu finden, der nicht ausgiebig untersucht und thematisiert wurde. Die Menge ist so groß, dass sie ganze Bibliotheken füllen könnte. Alles scheint bereits behandelt worden zu sein, sodass man meinen könnte, alles Wissenswerte über unsere gute Mutter Erde wäre damit erfasst und veröffentlicht worden.

Das ist aber nicht so! Der wichtigste Aspekt von allen, nämlich die Frage nach dem realen Existenzgrund für unseren Planeten, wird bis zum heutigen Tag von der offiziellen Wissenschaft bedauerlicherweise nicht behandelt. Es mag sein, dass die aktuellen Wissenschaftler den Grund für das Vorhandensein der Erde nicht wirklich kennen oder ihn nicht kennen wollen. Und falls er ihnen doch bekannt ist, verstecken sie sich möglicherweise lieber hinter dem falschen Narrativ, dass die Erde „per Zufall" aus dem Nichts entstand.

Die Wahrheit zur Entstehung des Universums ist sehr simpel. Das Universum ist die bewusste Schöpfung einer liebenden Superintelligenz, die wir im allgemeinen Sprachgebrauch Gott nennen. Der Planet Erde, also unser täglicher Lebensraum, den wir als Menschen bevölkern, hat innerhalb der gesamten Schöpfung die Funktion einer Schuleinrichtung, in der wir lernen, unsere Talente und Fähigkeiten zu erweitern, uns charakterlich zu verbessern und zu reifen Persönlichkeiten zu werden. Wir lernen auf der Erde, wie sich unsere Gedanken, Gefühle und Visionen in der Zeit entfalten und in der Außenwelt als Materie und Ereignisse sichtbar werden. Das ist der wahre und einzige Grund für die Existenz unserer Erde und unser Leben auf ihr.

Kleiner Tipp vorweg: Um die Herausforderungen deines Schicksals bestmöglich meistern zu können, solltest du immer deinen eigenen Verstand benutzen. Informiere dich selbst, hinterfrage alles, denke selbst und ziehe immer deine eigenen Schlussfolgerungen, dann bist du auf dem richtigen Weg!

Inhalt

Die aktuelle Situation der Menschheit	8
Wie entstanden Universum und Erde?	20
Wo Religion und Wissenschaft einer Meinung sind	33
Weitere Beweise für die Wahrheit	48
Der Sinn der irdischen Existenz	61
Gedanken - der universelle Baustoff	74
Der drohende Verlust unserer Freiheit	87
Das Böse tarnt sich immer als das Gute	102
Die Coronalüge	118
Die Lüge vom menschengemachten Klimawandel	135
Die Naivität der Verschwörungsleugner	154
Hass und seine Folgen	170
Herr über sich selbst sein	181
Du bist allwissend - nutze es	194
Ein angstfreies Leben führen	208
Freiheit und Selbstbestimmung bewahren	222
Ein paar Worte zum Schluss	235
Quellenverzeichnis	236

Die aktuelle Situation der Menschheit

Bis heute kann ich nicht verstehen, wie man so gierig auf grenzenlosen materiellen Reichtum sein kann, dass zur Erlangung dieses Zustandes keine moralischen und ethischen Grenzen mehr eingehalten werden. Es werden von sogenannten Eliten Kriege angezettelt, die unzähligen Menschen das Leben kosten, nur weil ein paar Megareiche noch reicher werden wollen. Ich habe echt ein Problem damit, dahinter einen akzeptablen Sinn zu sehen.

Wenn ich schon mit allen materiellen Gütern gesegnet bin, was könnte es mir geben, wenn ich mir noch eine weitere Luxusjacht leisten kann? Oder noch eine Insel in der Südsee mit einer Luxusvilla darauf? Oder noch einen Privatjet? Was könnte es mir geben, wenn ich der weltgrößte Landbesitzer wäre? Was hätte ich davon? Und wenn ich 20 Villen hätte, so könnte ich dennoch immer nur in einer wohnen, ebenso, wie ich immer nur ein Auto zurzeit fahren kann. Mehr als das leckerste Essen jeden Tag zu verzehren, könnte ich auch nicht. Satt sein ist satt sein - genug ist genug!

Ich verstehe nicht, wie man so gierig sein kann, fragwürdige Medikamente und Impfstoffe zu produzieren und teuer in den Markt zu drücken, von denen man genau weiß, dass sie beträchtliche bis tödliche Nebenwirkungen haben, die aber verschwiegen werden, um den Profit nicht zu schmälern. Menschen, die so etwas machen, respektiere ich nicht; sie und ihre Unterstützer gehören für mich zum verbrecherischen Bodensatz der Menschheitsfamilie.

Das alles soll nicht heißen, dass ich Reichtum verachte, im Gegenteil, auch ich habe meine materiellen und finanziellen Ansprüche, die ich erfüllt haben möchte. Aber die Methoden zum Erreichen dieser Ziele haben klare ethische Grenzen. Ich bin nicht bereit, anderen Menschen zu schaden oder gar über Leichen zu gehen, nur um aus 1 Milliarde Euro, die ich ohnehin nie vernünftig zur Befriedigung meiner elementaren Bedürfnisse ausgeben könnte, nun 2 Milliarden Euro zu machen. Würde mich ein noch größerer Reichtum wichtiger oder wertvoller machen?

Antwort: Nein, würde es nicht! Ich bin ohnehin ein wertvoller Mensch, egal wie arm oder reich ich auch sein mag oder wie andere darüber denken mögen. Selbstbewusst und selbstsicher bin ich ebenfalls und das bliebe ich auch dann noch, wenn man mir alles nehmen würde.

Nach meinen Beobachtungen und Erfahrungen sind solche gierigen Menschen psychisch schwer gestört. In vielen Fällen sind sie gewissenlose Psychopathen, Sadisten, Extremisten und korrupte Menschenhasser, die unfähig sind, anderen Menschen echte Liebe und Empathie entgegenzubringen. Mit ihnen wird es nie eine freie und menschenwürdige Gesellschaft geben. Dass ausgerechnet solche morbiden Figuren zu wissen glauben, was für die gesamte Menschheit gut ist, ist nur sichtbarer Ausdruck ihres krankhaften Größenwahns. Eine tröstliche Tatsache ist dieses: Diese Typen erschaffen sich selbst ein ungünstiges Karma mit vielen weiteren Reinkarnationen, die sie leidvoll lehren werden, Liebe und Empathie zu entwickeln.

Glücklicherweise leben unter uns auch Menschen, die uns als wahre Vorbilder dienen können. Sie appellieren an uns, im Interesse der gesamten Menschheit einen besseren Weg einzuschlagen. Einer dieser Menschen ist der Hopi-Sprecher Thomas Banyacya (1909-1999) von der Souveränen Hopi Nation Kykotsmovi, Arizona, der am 10. Dezember 1992 eine Rede vor der UNO hielt.

Das Protokoll seiner Rede gebe ich nachfolgend wieder:

Die Präsentation des letzten Redners Hr. Thomas Banyacya wurde durch drei Schreie von Oren Lyons, Glaubenshüter der Six Nations und erster Redner des Tages eingeleitet. Die Schreie bedeuteten die Ankündigung des großen Geistes an die versammelten Leute, mit der Absicht, dass nun eine Mitteilung von großer spiritueller Bedeutung erfolgt.

Dann verstreute Thomas Maismehl neben das Podium der Generalversammlung und hielt eine kurze Ansprache in der Hopi Sprache: „Die Hopi Glaubensvertreter wissen von einer alten Prophezeiung, dass die Mächtigen dieser Welt in einem großen Haus der Beratung (House of Mica) zusammenkommen werden um über Regeln und Vorschriften zu beraten, damit die Probleme dieser Welt ohne Krieg gelöst werden können. Ich bin erstaunt darüber, dass Sie heute alle hier sind und sich die Prophezeiung erfüllt." Aber es war nur eine Handvoll Delegierter der Vereinten Nationen aus aller Welt anwesend, um dem „Motee Dialekt" (alte Hopi-Sprache) zuzuhören.

Mein Name ist Banyacya vom Wolf-, Fuchs- und Coyoteklan und ich bin ein Mitglied der Freien Hopi–Nation. Hopi heißt in unserer Sprache friedvolles, freundliches, liebenswürdiges, wahrheitsliebendes Volk. Der traditionelle Hopi folgt dem heiligen Pfad Massaw's, dem großen Geist. Wir haben die heilige Pflicht, seinen Lebensplan zu befolgen, welcher auch die Verantwortung für sein göttliches Ziel beinhaltet und Sorge zu tragen für dieses Land und seinen Bewohnern.

Wir haben nie mit irgendwelchen Staaten Verträge abgeschlossen, inkl. USA, aber über Jahrhunderte haben wir unser heiliges Abkommen geachtet. Unsere Ziele sind weder politische Macht noch Reichtum oder militärischer Einfluss, sondern das Gebet und das Wohlergehen allen Lebens und die Erhaltung der Erde in ihrem natürlichen Zustand.

Immer noch sind wir im Besitz unserer uralten, heiligen Steintafeln und unserer religiösen Gemeinschaften, welche die Grundlage für das Leben der Hopi bilden. Unsere Geschichte erzählt, dass unsere weißen Brüder ebenfalls solche heiligen Objekte und religiöse Grundlagen bewahren. Im Jahr 1948 versammelten sich alle Hopi-Klanführer und sprachen über verschiedene Angelegenheiten, von denen ich spürte, dass sie von enormer Wichtigkeit für die ganze Menschheit waren.

Sie bestimmten vier Dolmetscher oder Übersetzer, von denen ich heute der letzte Lebende bin. Ich erhielt damals von den Klanführern eine heilige Gebetsfeder. Ich bildete einen Ausschuss, um die Botschaft der Hopi zu bewahren. Die Botschaft der Prophezeiung vom Frieden und den Warnungen, welche uns seit der Zeit bekannt sind, als unsere Vorfahren aus der letzten Welt kamen, die durch die Sintflut zerstört wurde.

Meine Aufgabe war, dafür zu sorgen, dass der Urbevölkerung in diesem „großen Haus der Beratung" Einlass gewährt wird. Die Ältesten rieten mir viermal anzuklopfen und dieses Komitee gewährte uns Zugang, nachdem ich im Oktober 1991 John Washburn vom Generalsekretariat der Vereinten Nationen einen Brief und eine heilige Gebetsfeder überreicht habe. Hier und heute bin ich der Übermittler der Hopi–Botschaft an Sie.

Wir haben nur zehn Minuten Sprechzeit, es ist schon spät und somit werde ich eine kurze Erklärung abgeben. Bei der Versammlung im Jahr 1948, die Hopi–Ältesten waren 80, 90 und sogar 100 Jahre alt, erzählten sie, dass der Schöpfer die erste Welt in perfektem Gleichgewicht erschaffen hat. Die Menschen sprachen eine einheitliche Sprache, aber sie wendeten sich vom Glauben ab. Sie missbrauchten ihre geistigen Kräfte für selbstsüchtige Zwecke. Sie gehorchten nicht den Regeln der Natur.

Wahrscheinlich wurde die Welt durch ein gewaltiges, welterschütterndes Erdbeben, wie ihr das nennt, zerstört. Kontinente brachen auseinander und Länder versanken im Meer. Viele Menschen starben und nur einige wenige überlebten die Katastrophe. Diese wenigen friedfertigen Menschen kamen auf die zweite Welt. Sie wiederholten die Fehler und die Welt wurde durch Frost und Eis zerstört. Ihr nennt es die große Eiszeit.

Ein paar wenige Überlebende kamen in die dritte Welt. Diese Welt überdauerte eine lange Zeit und wie in den vorangegangenen Welten sprachen die Menschen eine gemeinsame Sprache. Die Menschen erfanden viele Maschinen und Geräte von hohem technischem Niveau, welche das Leben bequemer machten, auch viele Erfindungen, die man in der heutigen Welt nicht kennt. Sie hatten auch geistige Kräfte, welche sie zum allgemeinen Wohl benutzten.

Nach und nach wendeten sie sich von den Naturgesetzen ab und befassten sich mit materiellen Dingen. Am Ende frönten sie nur noch dem Spiel und spotteten über den Glauben. Niemand hielt sie von diesem Weg ab und so wurde die Welt durch die Sintflut zerstört, welche in den Geschichten und den Religionen vieler Nationen erwähnt wird.

Die Alten erzählten, dass wieder nur wenige Menschen überlebten und auf diese vierte Welt kamen, auf der wir heute alle leben.

Die Welt ist wieder in einem erschreckenden Zustand, obwohl uns der große Geist verschiedene Sprachen gab, uns zu den vier Enden der Welt schickte und uns aufgetragen hat, für die Erde, mit allem, was sich darin befindet, Sorge zu tragen. Es gibt eine Kachinarassel der Hopi, welche die Erde symbolisiert. Der äußere Kreis bezeichnet die Zeitlinie und weist uns darauf hin, dass wir uns in den letzten Tagen der Prophezeiung befinden.

Was haben Sie, als Einzelperson, als Nation und als Bewohner dieser Welt getan, um zu dieser Erde Sorge zu tragen?

Heutzutage vergiften die Menschen ihre eigene Nahrung, ihr Wasser und die Luft mit den Abfällen der Zivilisation. Viele von uns, selbst die Kinder sind am Verhungern. Viele Kriege sind zurzeit im Gange. Gier und Interesse für materielle Dinge ist weit verbreitet. In der westlichen Hemisphäre (Erdhälfte), unserer Heimat, sind viele Angehörige der Urbevölkerung ohne Land, ohne Heim, haben nichts zu essen und erhalten keine medizinische Betreuung. Die Hopi wissen, dass die Menschen viele neue Technologien entwickeln, die uns schaden.

Wir haben in diesem Jahrhundert den Ersten und den Zweiten Weltkrieg erlebt. Im Zweiten Weltkrieg fiel der vorhergesagte „Kürbis der Asche", welchen ihr Atombombe nennt, vom Himmel und führte zu fürchterlichen Zerstörungen. Viele tausend Menschen starben in Hiroshima und Nagasaki.

Für viele Jahre bestanden große Furcht und die Gefahr eines dritten Weltkrieges. Viele Hopi glaubten, dass der „Golfkrieg" der Beginn des dritten Weltkrieges sei, aber er wurde beendet und die schrecklichsten Zerstörungswaffen kamen nicht zu Einsatz.

Es ist nun an der Zeit, eine Wahl für unsere Zukunft zu treffen. Wir haben noch eine Wahl.

Wenn Sie, die Nationen dieser Erde, einen neuen großen Krieg beginnen, dann, glauben die Hopi, wird sich die Menschheit selbst zerstören und zu Asche verbrennen. Darum weisen die gläubigen Ältesten die Vereinten Nationen mit Nachdruck darauf hin, die geistlichen Anführer der Urbevölkerung so bald wie möglich anzuhören. Die Natur selbst spricht keine Sprache, die wir leicht verstehen können. Ebenso wenig können die Tiere und die Vögel, die vom Aussterben bedroht sind, zu uns sprechen. Wer in dieser Welt kann für die Natur und die geistige Energie sprechen, welche erschafft und durch alles Leben fließt?

Auf jedem Kontinent gibt es Menschen wie Sie, welche sich jedoch nicht vom Landleben und der Natur entfremdet haben. Durch ihre Stimmen spricht die Natur zu uns. Sie haben diese Stimmen und ihre Botschaften aus allen Ecken der heutigen Welt gehört.

Ich habe verschiedene Religionen studiert und miteinander verglichen, und ich denke, Sie kennen die Konsequenzen, wenn das natürliche und spirituelle Gleichgewicht zerfällt, auch aus der Geschichte Ihrer eigenen Länder und Kulturen. Die einheimischen Völker dieser Welt haben Ihnen berichtet, wie ihr Leben und ihre Heimat zerstört wird, über den Raubbau an der Natur und wie ihre heiligen Rituale und Sitten entweiht werden.

Es ist an der Zeit, dass die Vereinten Nationen ihre Verantwortung wahrnehmen und intervenieren, damit diese Ereignisse aufhören.

Das „Four Corners" Gebiet der Hopi wird von vier heiligen Bergen begrenzt. Innerhalb davon befindet sich unser spirituelles Zentrum und unsere Prophezeiung sagt, dass er als heiliger Ort für das Überleben und die Zukunft der Menschheit von Bedeutung ist und deshalb in seinem natürlichen Zustand belassen werden muss. Alle Nationen sind aufgefordert, sich für den Schutz dieses geistigen Zentrums einzusetzen.

Die Hopi und alle echten Einheimischen halten durch Gebete, Fasten und religiöse Zeremonien das Land im Gleichgewicht. Unsere geistlichen Oberhäupter halten das Land in der westlichen Hemisphäre für alles Leben, inklusive der Menschen, im Gleichgewicht. Niemand in der westlichen Welt oder sonst wo auf dieser Welt darf von seinem Heimatland vertrieben werden. Befehle zur Umsiedlung, wie das öffentliche Gesetz (Public Law 93-531) der Vereinigten Staaten von Amerika, müssen aufgehoben werden. Auch die Vereinten Nationen befinden sich auf unserem Stammland.

Die Vereinten Nationen reden über Menschenrechte, über Gleichgewicht und Gerechtigkeit, doch bis heute hatten die Urvölker nie eine wirkliche Chance, vor diesem Gremium zu sprechen. Es sollte die Aufgabe Ihrer Länder und dieser Institution sein, Ihren Einfluss und Ihre Verantwortung geltend zu machen, um den zerstörerischen Machenschaften verantwortungsloser Menschen Einhalt zu gebieten und die Wunden der Erde zu heilen.

Die Hopi–Ältesten wissen, Sie müssen jetzt handeln. Die Natur, die Überlieferungen der ersten Menschen, und der Geist unserer Ahnen warnen Euch eindringlich.

Heute, am 10. Dezember 1992, bewahrheiten sich unsere Prophezeiungen. Sie sehen die Zunahme von Überschwemmungen, zerstörerischen Wirbelstürmen, Hagelschlägen, Klimaveränderungen und Erdbeben. Selbst Tiere und Vögel warnen uns mit abnormen Verhaltensänderungen, wie das Stranden der Wale.

Warum benehmen sich Tiere so, als wüssten sie, wie es um die Erde steht und warum benehmen sich die Menschen so, als wüssten sie davon nichts?

Wenn die Menschheit durch diese Warnungen nicht wachgerüttelt wird, kommt der Tag des Jüngsten Gerichts und die Welt wird zerstört werden, wie die vorherigen Welten zerstört wurden. (Thomas und Oren Lyons halten die Zeichnung eines großen Felsens aus dem Hopi – Land zum Publikum). Die Zeichnung zeigt Teile der Hopi Prophezeiung.

Es gibt zwei Wege:

Der eine Weg mit Technologie, aber ohne Achtung vor der Natur und dem Glauben, mündet in der Zickzack-Linie, die das Chaos bedeutet. Der andere Pfad beschreibt den Weg der Harmonie mit der Natur.

Hier sehen wir eine Linie, die wie eine Brücke beide Wege verbindet. Wenn wir zurückkehren zum Weg des Glaubens und der Harmonie unserer Herzen, können wir das Paradies auf Erden verwirklichen. Wenn wir nur den oberen Pfad weitergehen, werden wir alles zerstören. Es liegt an uns, den Kindern dieser Erde, die Botschaft zu hören, bevor es zu spät ist.

Die Ältesten ersuchen die Vereinten Nationen, während diesem „Internationalen Jahr der indigenen Völker", die Türen für alle geistlichen Oberhäupter aus allen vier Himmelsrichtungen dieser Erde offenzuhalten, damit diese so bald als möglich ihre Anliegen, auch mehr als ein paar Minuten, vortragen können.

Die Ältesten beantragen im Weiteren, dass acht Untersuchungsteams die Gebiete der Naturvölker dieser Welt besuchen und beobachten, damit sie die Wahrheit an die Öffentlichkeit bringen, was dort vorgeht, und die verantwortlichen Nationen hindern, den Weg der Selbstzerstörung weiterzugehen.

Jeden Vertreter von Ihnen, der mehr über die Visionen und die spirituelle Kraft der Ältesten lernen will, lade ich ein nach Hopiland zu kommen, um mit unseren geistlichen Oberhäuptern in ihren heiligen Kivas zusammenzusitzen und zu erfahren, wie sie ihre uralten Geheimnisse des Lebens und der Harmonie offenbaren.

Ich hoffe, dass alle Mitglieder dieses Rates wissen, dass man vom Weg des Glaubens nicht nur reden soll, sondern um wirklichen Frieden und Harmonie zu erreichen, den Satz nachleben muss, der auf den Mauern des UNO–Gebäudes steht:

Lasst uns aus den Schwertern Pflugscharen schmieden. Und den Krieg für immer begraben. Lasst uns damit beginnen, jetzt!

Epilog:

In der Nacht vor den Präsentationen der Urbevölkerung dieser Welt vor den Vereinten Nationen fand am klaren Himmel über New York eine totale Mondfinsternis statt. Am Abend nach der Präsentation von Hr. Banyacya und den anderen Vertretern der Naturvölker begann es stark zu regnen und ein kräftiger Wind fegte durch die Stadt. Die Meteorologen warnten vor einem Schneesturm, doch am nächsten Tag ereigneten sich die schlimmsten Überschwemmungen in der Geschichte New Yorks.

Autobahnen wurden hinweggespült und selbst die Untergeschosse der Vereinten Nationen wurden überflutet, was einen Ausfall der Heizung und der Klimaanlagen zur Folge hatte. Sämtliches Personal wurde daraufhin um 15.00 Uhr nach Hause geschickt. Im Konferenzraum im Erdgeschoss, wo am 11. Dezember verschiedene Treffen von Ureinwohnern und Vertretern von UNO – Dienststellen stattfanden, rief Thomas Banyacya spontan alle Teilnehmer, inklusive UNO–Offizielle dazu auf, einen großen Kreis zu bilden. Thomas rief alle Ältesten zusammen und ebenfalls einige Nicht – Ureinwohner.

Alle beteten stumm.

Dass Menschen aus allen vier Himmelsrichtungen dieser Erde miteinander einen Kreis bildeten, war mehr als nur ein symbolischer Akt. Eine Teilnehmerin sagte später, sie hätte sich noch nie so sicher gefühlt, wie an diesem Ort. Später bemerkten mehrere Anwesende, dass der Sturm abklang und in Manhattan keine weiteren Schäden anrichtete.

Das Beispiel der Hopi-Indianer zeigt uns, dass es in der ganzen Welt Gesellschaften gibt, die, anders als die Nationen des „aufgeklärten Westens", Spiritualität nicht nur predigen, sondern auch ihre gesamte Lebensgestaltung nach spirituellen Regeln ausrichten.

Bekanntlich hält sich ausgerechnet der „wissenschaftlich aufgeklärte Westen" für so fortschrittlich, dass er daraus den blasphemischen Hochmut ableitet, Gott, den schöpferischen Geist des Universums, für nicht existent zu halten und für tot zu erklären.

Die aktuell einflussreichsten Vertreter dieser Fehlentwicklung, die Gott für tot erklärt haben, treffen sich alljährlich, um in Hinterzimmergesprächen das weitere Schicksal der Welt und ihrer gesamten Bewohner zu beraten. Ihre wichtigsten Treffpunkte sind die „Bilderberger-Konferenzen" und das Weltwirtschaftsforum (WEF). In diesen Einrichtungen haben die globalen Machtmenschen bereits die nächsten Schritte der menschlichen Evolution geplant - selbstverständlich ohne uns betroffene Bürger zu fragen!

Der bisherige „zufällige" Entwicklungsprozess der Menschheit soll nach ihrem Plan durch den Einsatz von modernster Technik, wie die Ausweitung der künstlichen Intelligenz in Verbindung mit Post- und Transhumanismus in die Verschmelzung von Menschen und Maschine übergehen.

Ihr Ziel ist es, das menschliche Genom zu „hacken" und das Individuum den Bedürfnissen der Machthaber entsprechend zu transformieren. Der

Mensch soll zu einem gläsernen Gebilde werden, dem jegliche Intimität, Selbstbestimmung und Freiheit geraubt werden soll. Weiter ist geplant, durch Biotechnologie und gezielter Manipulation der Erbanlagen einen neuen Menschen zu schaffen, der klug genug ist, um Maschinen zu bedienen, aber dumm genug, um nicht durchschauen zu können, welches miese Spiel mit ihm getrieben wird. Konkret bedeutet es, die Masse der Menschen soll zu willfährigen Sklaven ohne freien Willen herangezüchtet werden. [01]

Das Weltwirtschaftsforum (WEF) und sein Vorsitzender Klaus Schwab legen in ihren Publikationen in verblüffender Offenheit dar, dass Begriffe wie Gott, Seele, Geist, Bewusstsein und freier Wille der Menschen für die vom WEF und seinen Hintermännern angestrebte Neue Weltordnung und in der 4. industriellen Revolution weder Bedeutung haben, noch in irgendeiner Weise Berücksichtigung finden.

Wortführer und wichtigster Berater des WEF ist der israelische Historiker Yuval Noah Harari, der die Existenz Gottes, sowie der menschlichen Seele und des freien Willens vehement bestreitet: [02]

„Dies wird die größte Revolution in der Biologie seit Beginn des Lebens vor vier Milliarden Jahren sein. Die Wissenschaft ersetzt Evolution durch natürliche Auslese, durch Evolution mittels intelligenten Designs. … Die ganze Idee, dass Menschen diese Seele oder diesen Geist haben und dass sie einen freien Willen haben, und niemand weiß, was in mir vorgeht – was ich wähle, ob bei der Wahl oder im Supermarkt, das ist vorbei!"

Weiterhin sind für Harari große Teile der Weltbevölkerung nur „nutzlose Menschen", die weder Sinn noch Zweck haben. Gott wird von ihm für tot erklärt. Die Bibel mit ihren Zehn Geboten zur Lebensführung ist für ihn ein Fake. Jesus Christus ist ebenfalls ein Fake. Das Christentum ist falsch und die Menschen seien für „nichts" auf der Erde. Er glaubt, dass es „keinen großen kosmischen Plan" gibt, in dem der Mensch eine Rolle spielen muss. Stattdessen sieht er die Menschen als „nutzlose Fresser" an, die mithilfe der digitalen Überwachung unter ihrer Haut gehackt und manipuliert werden können. [04]

Harari glaubt an den Großen Reset, an Transhumanismus, an die Ausmerzung der Bevölkerung und an eine globale Regierung, die die Menschheit auf biometrischer Ebene kontrolliert. Er wird für seine Ansichten von bekannten Globalisten wie z. B. Bill Gates und vielen anderen ausdrücklich gelobt.

Die Idee, den Menschen mit Gehirnimplantaten technologisch aufzurüsten, ist in der Ideologie des WEF ein Thema, das immer wieder auf die Tagesordnung kommt und angesprochen wird. Bei genauer Betrachtung ist es aber nur eine Horrorvorstellung! Denn in Zukunft werden nur noch diejenigen Menschen in der digitalen Welt zurechtkommen, die ein Implantat haben und infolgedessen vollkommen kontrollierbar sind. Die Drahtzieher des WEF halten diese Dystopie tatsächlich für einen Fortschritt der Menschheit. [03]

Wir sehen also, dass überall dort, wo Spiritualität und der Glaube an einen Schöpfergeist keine Bedeutung mehr haben, Nächstenliebe, Empathie, Moral und Ethik auf breiter Front zerstört werden. Besonders tragisch ist es für die Gesellschaft immer dann, sobald Machthaber davon betroffen sind.

Auch die politische „Elite" bei uns in Deutschland hat sich weitgehend von Gott und Spiritualität verabschiedet und sympathisiert mit den Menschen verachtenden Ansichten des WEF-Beraters Yuval Noah Harari. So hat z. B. die amtierende Außenministerin Annalena Baerbock als Gast auf dem Evangelischen Kirchentag 2023 öffentlich verkündet, dass sie zwar Mitglied der Evangelischen Kirche wäre, aber nicht an Gott glauben würde. Offensichtlich hielt das in diesen Kreisen niemand für absurd. [05]

Wenn eine globale „Elite" keinen Respekt mehr vor dem Leben hat, ist dies eine Bedrohung der Lebensqualität aller Menschen. Aus lauter Gier Kriege zu entfachen und anzuheizen, ist im Atomzeitalter ein gefährliches Spiel mit dem Feuer, das ein weiteres Mal zur Vernichtung der Erde führen kann!

Wie entstanden Universum und Erde?

Die Frage nach dem Sinn und Zweck des Lebens war in der langen Historie der Menschheit immer die wichtigste. Da gab es zwischen allen Völkern und Kulturen nie einen Unterschied. Es war für die Menschen von größtem Interesse Antworten auf diese Fragen zu bekommen: „Woher kommen wir? Wohin gehen wir? Warum sind wir hier auf Erden?" oder „Wie sollen wir leben, um unseren Daseinszweck zu erfüllen?" Sinnvoll erscheint den meisten Menschen das Leben nur dann, wenn es einer idealen Wertvorstellung entspricht. Es ist deshalb wichtig, einmal darauf einzugehen.

Aktuell gibt es zwei völlig unterschiedliche Lehrmeinungen zu der Frage, wie das Universum und das Leben entstanden sind. Beide sind weltweit verbreitet, basieren jedoch auf grundsätzlich verschiedenen Ausgangsszenarien zur Entstehung des Universums und unserer bekannten Welt. Dieser Widerspruch stellt jeden Menschen vor die Entscheidung, irgendwann eine der beiden Versionen für glaubwürdiger zu halten als die andere und somit als Glaubenssatz zu akzeptieren. Die beiden Szenarien lassen sich verkürzt so darstellen:

a. **Der Geist hat die Materie erschaffen**

b. **Die Materie hat den Geist erschaffen**

Die Position a. wird überwiegend von spirituellen Menschen in Religionen und Philosophie als richtig erachtet. In den meisten wissenschaftlichen Fakultäten wird dagegen b. als richtig akzeptiert und dient als Ausgangsbasis für die weiteren Lehrinhalte, die darauf aufbauen.

Da die Diskussion zur Frage der Wahrheit von a. oder b. noch lange nicht beendet ist, wird wohl jeder Mensch in dieser Angelegenheit nach eigenem Gutdünken eine Entscheidung für sich selbst treffen müssen. Was natürlich in jedem Fall spürbare Auswirkungen auf die eigene Lebenseinstellung haben wird.

Betrachten wir nun die Details und Auswirkungen der beiden Lebensanschauungen ein wenig genauer.

a. Der wissenschaftliche Standpunkt:

Im Gegensatz zu den religiösen Lehren, auf die ich später eingehe, gibt es den rein materiell geprägten Standpunkt, der nur solche Fakten gelten lässt, die wissenschaftlich nachweisbar sind. Da es bis heute der wissenschaftlichen Forschung nicht gelungen ist, einen objektiven und allgemeingültigen Beweis für die Existenz eines Schöpfers zu erbringen, betrachtet die Wissenschaft das Universum und seine Entstehung als ein reines Zufallsereignis, dessen genauen Ursachen allerdings noch im Dunkeln liegen.

Nach dieser wissenschaftlichen Lehrmeinung entstand im Laufe von vielen Milliarden Jahren und unzähligen Entwicklungsschritten aus den ersten Einzellern der Mensch, wie wir ihn heute kennen.

Durch diese Grundannahme wird logischerweise zum Ausdruck gebracht, dass die Materie über einen langandauernden Entwicklungsprozess, den uns heute bekannten Menschen der Art „Homo sapiens" hervorgebracht hat. Die Bezeichnung „Homo sapiens" ist lateinisch und bedeutet „verstehender, verständiger" oder „weiser, gescheiter, kluger, vernünftiger Mensch". Nach der biologischen Zuordnung gehört der heutige Mensch damit zur Gattung Homo aus der Familie der Menschenaffen, die wiederum zu den Primaten und im Weiteren zu den höheren Säugetieren gehören. Mit der Bezeichnung „Homo sapiens" wird auch zum Ausdruck gebracht, dass sich erst durch die Evolution das individuelle Bewusstsein und die Fähigkeit zum vernunftorientierten Denken entwickelt hat.

Konsequent zu Ende gedacht, ist nach dieser Sichtweise jeder einzelne Mensch nichts anderes als das banale Zufallsprodukt eines ansonsten leblosen und von jedem höheren Sinn befreiten Universums.

Dieser Standpunkt bedeutet auch, dass die Materie den Geist erschaffen hat und er impliziert logischerweise ein endgültiges Ende der menschlichen Existenz beim Tod. Erfüllt der Körper seinen Dienst nicht mehr, ist es wieder vorbei – der Mensch verlischt, als hätte es ihn nie gegeben.

Diese Weltanschauung ist zugleich die Basis für andere wissenschaftliche Disziplinen, die darauf aufbauen, wie z. B. die Medizin. Dieses heilkundliche Spezialgebiet geht im Wesentlichen davon aus, dass das Bewusstsein eines Menschen lediglich das Produkt der Hirnfunktion seines intakten Körpers ist. Dementsprechend betrachtet die Medizin die Psyche eines Menschen als wirkungslos bei der Heilung von körperlichen Erkrankungen. Eine geistige Weiterexistenz nach dem körperlichen Tod halten die meisten Vertreter des etablierten Medizinbetriebs aus gleichem Grund ebenfalls für völlig ausgeschlossen.

b. Der religiöse Standpunkt:

Betrachten wir nun den religiösen Standpunkt ein wenig näher. Alle Religionen vertreten die Auffassung, dass das Leben und das Universum durch die sinnvolle Planung eines göttlichen Schöpfers entstanden sind. Dieser Schöpfergott, der überwiegend als ein rein geistiges Wesen beschrieben wird, erschuf das Universum, die Erde mit allen Geschöpfen und als Krönung den Menschen, dem er eine „unsterbliche" Seele gab, die wiederum nur rein geistig vorhanden ist. Dieser Standpunkt drückt unmissverständlich aus, dass der Geist die Materie erschaffen hat.

Als Richtlinie für das irdische Leben hat dieser Schöpfer, den wir Gott nennen, alle Menschen aufgefordert, Gutes zu tun und einander zu lieben. Gott, der Schöpfer, wird als reines Geistwesen betrachtet, der nicht nur über die Macht verfügt, Leben zu schenken, sondern auch die Fähigkeit hat, das gesamte Universum und unsere Erde mitsamt allen Lebewesen zu erschaffen.

Zudem hat der Schöpfer laut Auskunft seiner Propheten allen Menschen das ewige Leben im Jenseits versprochen. Nach dieser Weltanschauung hat das Leben eines jeden Individuums Wert, Sinn und Bedeutung, und hört keinesfalls mit dem irdischen Tod endgültig auf. Dieser Lebensauffassung zufolge ist der Mensch primär ein geistiges Wesen, denn er ist eine Seele, die unabhängig von einer intakten körperlichen Existenz im Jenseits fortbesteht.

Zwar unterscheiden sich alle Religionen und Glaubensgemeinschaften der Welt in manchen Details voneinander, aber alle haben die Gemeinsamkeit, dass ein göttliches Wesen das Universum, die Welt und das Leben erschaffen hat. Ebenso gehört es zu den Glaubensinhalten aller Religionen, dass der Schöpfer als oberste moralische Instanz agiert und die Menschen zu Liebe, Wohlverhalten und Barmherzigkeit auffordert.

Auch wenn sich Vorschriften, Gebote und Rituale in den einzelnen Religionen voneinander unterscheiden, gehen dennoch wiederum alle davon aus, dass sich die menschliche Existenz nach dem irdischen Tod fortsetzt und auf die Verstorbenen ein Gericht wartet, bei dem über das abgelaufene Leben geurteilt wird. Und je nachdem, wie das göttliche Urteil ausfällt, kommt der Verurteilte entweder in den Himmel (Paradies) oder in die Hölle (ewige Verdammnis). Aber in beiden Fällen wird der Verstorbene als geistiges Wesen weiterleben.

Verantwortlich für die Auslegung religiöser Wahrheiten, wozu auch diese allgemeine Geschichte zur Schöpfung gehört, war stets die Priesterschaft. Sie bildete in nahezu allen Kulturen eine eigene Kaste, die angeblich aufgrund der ihr gegebenen Autorität und Weisheit allein in der Lage war, den Willen der Gottheit verbindlich für alle Menschen zu deuten.

Indem die Vertreter einer Religion ihren Gläubigen die göttlichen Vorschriften zur Lebensführung übermitteln, nehmen sie damit natürlich massiven Einfluss auf die Denkweise und das Verhalten der Menschen.

Am stärksten beeinflussen die geistlichen Gelehrten das individuelle Glaubenssatzsystem ihrer Gläubigen, indem sie verbindlich für alle das Gute und das Böse definieren und dazu aufrufen, nur das Gute zu tun und alles Böse zu unterlassen. Verstärkt wird diese Einflussnahme noch durch die Verheißung, bei Wohlverhalten ins Paradies zu gelangen, oder bei Missachtung der göttlichen Gesetze zur Strafe in der Hölle zu landen.

Das ist natürlich eine gewaltige Machtposition, die leicht zum Missbrauch verführen kann. Schauen wir uns die Historie der Menschheit ein wenig genauer an, stellen wir fest, dass es diesen Missbrauch durch Religionsvertreter tatsächlich durchgängig in allen Jahrhunderten gegeben hat.

Wie glaubwürdig sind die Standpunkte und welche Folgen haben sie?

Der religiösen Auffassung steht eine aufgeklärte Wissenschaft gegenüber, die darauf besteht, dass es keinen Gott und keine höheren Mächte gibt. Diese Theorie hatte in der jüngeren Vergangenheit des Westens den allergrößten Einfluss auf die Beschaffenheit von Gut und Böse genommen. Wir können deshalb nicht darauf verzichten, dieses Gedankenkonstrukt und seine daraus resultierenden Folgen ein wenig gründlicher zu betrachten.

Die Theorie des Urknalls, wie auch Darwins Evolutionstheorie haben unbestreitbar eine große Auswirkung auf das fehlende Interesse mancher Menschen, Nächstenliebe, Empathie und Demut zu entwickeln, genommen. Besagen doch die Thesen in ihrer Konsequenz, dass das Leben im Verlauf von vielen Milliarden Jahren aus der toten Materie des Universums entstand und sich in unzähligen winzig kleinen Schritten vom ersten zufällig entstandenen Einzeller bis zu den heute bekannten Arten, einschließlich der Menschen, entwickelte.

Zum Start dieser Entwicklung musste das Universum natürlich erst einmal vorhanden sein. Unter Experten gilt es als sichere Erkenntnis, dass das

Universum beim Urknall aus einem masselosen Nullpunkt, einer sogenannten Singularität, hervorging. Dieser Ausgangspunkt hatte zu Beginn des Universums eine Masse von absolut Null und auch eine Ausdehnung von absolut Null. Der Nullpunkt existiert schon immer – seit ewigen Zeiten. Er ist reine Energie.

In diesem völligen Nullzustand gab es weder Raum noch Zeit, auch keine Atome oder physikalischen Gesetze, lehrt uns die Wissenschaft. Diese Eigenschaften und Dinge bildeten sich erst unmittelbar mit dem Urknall, dem sogenannten Big Bang, während der beginnenden Ausdehnung des Universums heraus. Mit der fortschreitenden Ausdehnung, die nach Expertenmeinung bis heute andauert, entstanden das Licht, die Elektronen, Atome, Moleküle, Sonnen, Planeten, Sterne, ganze Galaxien und natürlich auch die im Vergleich dazu winzig kleine Erde.

Sämtliche Astrophysiker sind sich hinsichtlich der Größe gegenwärtig darin einig, dass das Universum unendlich groß ist. Diese Auffassung gilt als eine der absolut sicheren Erkenntnisse der Wissenschaft.

Sowohl die Lehre vom Urknall, als auch Charles Darwins Evolutionstheorie zur Entwicklung der Arten von 1859, werden an allen Schulen und Universitäten gelehrt. Inzwischen, hauptsächlich in den westlichen Ländern, gehören die beiden Thesen zur Allgemeinbildung und werden von den meisten Menschen als wissenschaftliche Erkenntnisse vorbehaltlos akzeptiert und geglaubt. Sie stehen, wie eingangs beschrieben, in einem deutlichen Widerspruch zu den Schöpfungsmythen aller Kulturen, wie auch zur Schöpfungsgeschichte der Christenheit.

Die Erkenntnisse der Wissenschaft können wir nur glauben. Niemand von uns, der nicht als Experte mit genau dieser Wissenschaft beschäftigt ist, kann die Richtigkeit der verkündeten wissenschaftlichen Forschungsergebnisse selbst überprüfen. Es bleibt uns nur die Möglichkeit, die Informationen gutgläubig zu akzeptieren oder eben nicht. Wird die Information für wahr gehalten und geglaubt, wird sie als Konsequenz in der verkürzten Form eines Glaubenssatzes in der Psyche des Individuums abgespeichert, denn niemand wäre als Laie in der Lage, sich eine ausführliche wissenschaftliche Erklärung dauerhaft zu merken. Von der eingegangenen Information bleibt deshalb nur ein Resümee hängen, wie beispielsweise dieser Satz:

„Das Universum entstand aus toter Materie durch den Urknall."

Genau das ist ein sogenannter Basisglaubenssatz, auf dem sich später weitere Überzeugungen (Glaubenssätze) aufbauen.

Die Theorie vom Ursprung des Lebens aus der toten Materie ist aber mit großen Zweifeln behaftet. Sir Fred Hoyle (1915- 2001), britischer Mathematiker und Astronom, Mitglied der Royal Society und Cambridge-Professor, errechnete einmal die mathematische Wahrscheinlichkeit für die Richtigkeit dieser Entstehungstheorie. Das Ergebnis beschrieb er in seinem Artikel „Evolution und die Zerstörung der Moral: Zwei grundlegende Theorien über die Entstehung des Menschen", Zitat: [06]

„Die Wahrscheinlichkeit, dass sich aus unbelebter Materie Leben entwickelt hat, beträgt eins zu einer Zahl mit 40.000 Nullen. Diese Zahl ist groß genug, um Darwin und die ganze Evolutionstheorie unter sich zu begraben."

Statistisch gesehen ist damit sogar die Chance, gleich ein Dutzend Mal hintereinander in ununterbrochener Reihenfolge 6 Richtige im Lotto zu bekommen, noch wesentlich größer, als dass sich Leben aus toter Materie hat entwickeln können.

Der allgemeine Wissenschaftsbetrieb hält trotzdem an der Lehre vom Urknall aus toter Materie, wie auch an Charles Darwins Evolutionstheorie fest, obwohl die Chance auf Richtigkeit dieser Theorie bei Null liegt, denn eine andere Erklärung gibt es zwar, die bringt aber vermutlich zu viele andere für wahr gehaltene Auffassungen ins Wanken. Man kann es auch so ausdrücken, in vielen wichtigen Bereichen müssten die Experten komplett umdenken. Das ist meistens unerwünscht, denn wer gibt schon gerne zu, dass er sich auf seinem Fachgebiet bislang nur geirrt hat?

Die Wissenschaft geht immer logisch vor. Inzwischen gibt es nach langen Jahren der Forschung weitgehend Einigkeit über die unendliche Größe des Universums. Wenn die Unendlichkeit eine Tatsache ist, was sämtliche Wissenschaftler, die damit zu tun haben, bestätigen und woran aus heutiger Sicht kein Zweifel mehr besteht, dann ist auch die sich zwingend daraus ergebende Schlussfolgerung eine Tatsache:

Es kann im Außen keinen Schöpfer geben, der wie von Zauberhand das Universum erschaffen haben könnte - denn es gibt kein Außerhalb! Das Konzept der Unendlichkeit lässt kein Außen zu, denn gäbe es ein Außen, dann gäbe es irgendwo eine Grenze, die ein begrenztes „Innen" von dem „Außen" trennt.

Das sehen auch die damit befassten Experten so. Zum Beispiel sagte der als Genie gefeierte Physiker Stephen Hawking: [07]

> *„Wenn das Universum einen Anfang hatte, können wir von der Annahme ausgehen, dass es durch einen Schöpfer geschaffen worden ist. Doch wenn das Universum wirklich völlig in sich selbst abgeschlossen ist, wenn es wirklich keine Grenze und keinen Rand hat, dann hätte es auch weder einen Anfang noch ein Ende; es würde einfach sein. Wo wäre dann noch Raum für einen Schöpfer?"*

Mit seinen Überlegungen hat Stephen Hawking die heute gültigen Lehrmeinungen maßgeblich mitgeprägt und verstärkt. Weil es keinen Anfang und kein „außerhalb" des Universums gibt, kann es auch keinen Schöpfergott geben, so lautet seitdem die allgemein akzeptierte Sichtweise der Wissenschaft.

Mit diesen Gedankengängen wurde per angewendeter Logik der zwingende Beweis erbracht, dass es keinen göttlichen Schöpfer geben kann. Daraus resultiert weiterhin, dass das gesamte Universum lediglich aus einer Riesenmasse toter Materie besteht, welche aus bislang noch unerklärlichen Gründen durch den Urknall entstanden ist.

Um die Denkweise dieser Wissenschaftler besser zu verstehen, ist es sinnvoll, sich mit dem Begriff Schöpfer und der Position zu seiner Schöpfung zu befassen.

Als Schöpfer wird ein denkendes, planvoll handelndes Individuum betrachtet, das etwas ganz Bedeutendes erschafft. Der Gegenstand der Schöpfung ist stets ein außerhalb von ihm selbst liegendes Objekt, etwa so, wie ein Maler mit seinen Händen und seiner Fantasie ein wunderschönes Gemälde mit Farben und Pinsel auf die Leinwand zaubert. Es kann aber auch ein literarisches Werk sein, das in der Vorstellungswelt des Schöpfers entstand und später in gedruckter Buchform die Leser erfreut. Oder eine geniale Idee, aus der nützliche Produkte für den Alltag der Menschen werden.

Aber wie auch immer. Der Schöpfer ist das eine, die außerhalb von ihm liegende Schöpfung ist das andere. Schöpfer und Schöpfung sind stets zwei unterschiedliche und voneinander getrennte Dinge.

Die Möglichkeit eines Schöpfers innerhalb des Universums wurde deshalb gar nicht erst in Erwägung gezogen und auch nicht überprüft. Eine solche Überlegung ist für die meisten Vertreter der etablierten Wissenschaft einfach zu absurd, als dass man daran auch nur einen einzigen Gedanken verschwenden wollte. Das ist durchaus verständlich, denn auf unsere alltägliche Realität übertragen wäre es in etwa so, als wäre ein Hausbauer zugleich das Haus, welches allerdings erst durch seine Bautätigkeit entsteht. Wie wir im nächsten Kapitel sehen werden, gibt es aber von dieser vermuteten Unmöglichkeit eine Ausnahme.

Kommen wir nun zu einem weiteren wichtigen Punkt dieser Betrachtungen. So schwierig es auch zu verstehen sein mag, gilt dann logischerweise ebenso die weitere Behauptung für die Unendlichkeit des Universums als richtig: Es hat nie einen Anfang gegeben und wird auch nie ein Ende haben, denn die Energie des Universums war schon immer da, seit ewigen Zeiten und sie wird immer da sein – egal, welche Form das Universum auch annehmen mag.

Hätte es einen Anfang gegeben, dann muss es zwangsläufig eine Grenzlinie zwischen vorher (vor dem Beginn) und nachher (nach dem Beginn) geben. Es wäre unter diesen Umständen eine wie auch immer geartete Trennung vorhanden, die der Unendlichkeit zuwiderläuft.

Zum besseren Verständnis ist es erforderlich und hilfreich, ein paar grundsätzliche Eigenschaften der Energie ins Bewusstsein zu bringen. Energie kann nicht wirklich erzeugt werden, sie kann auch nicht verloren gehen oder gar verbraucht werden. Es gibt weder regenerative noch erneuerbare Energie – auch wenn diese Begriffe fälschlicherweise ständig benutzt werden. Die im gesamten Kosmos zur Verfügung stehende Energie wird nicht mehr und auch nicht weniger, sie kann sich nur wandeln. Das gilt auch für sämtliche Energien auf der Erde, für fossile Energien aus Torf, Kohle und Öl genauso wie für vermeintlich neu erzeugte Energie aus Fotovoltaik-Anlagen, Atom- oder Windkraft.

Den angeblichen Energieverbrauch gibt es ebenfalls nicht, auch wenn ständig davon geredet wird. Wenn z. B. Strom zum Antrieb einer Maschine verbraucht wird, dann wandelt sich die Elektroenergie, die vorher beispielsweise in der Energie des Windes steckte, wieder in Bewegungsenergie und anteilig durch Reibung auch in Wärmeenergie um.

Grundsätzlich gilt, dass die für den Vorgang eingesetzte Energie gleich groß ist wie die Summe der dabei umgewandelten Energien. In einem abgeschlossenen System ist die Summe aller Energien immer völlig konstant. Die Gesamtmenge der Energie bleibt stets erhalten.

Dies gilt auch für die gesamte Energie des ganzen Universums. Der Urknall konnte deshalb nicht der wirkliche Beginn gewesen sein, sondern nur der Anfang einer gigantischen Metamorphose, die aus der schon immer existierenden masselosen Energie hervorging. Inzwischen gilt diese Hypothese als eine wissenschaftlich anerkannte Tatsache. Die masselose und gigantische Energie des Nullpunktes, verwandelte sich, aus welchem Grund auch immer, zu einem gigantischen Universum.

Die Konsequenz aus den wissenschaftlichen Erkenntnissen lautet seit Darwin deshalb: Gott gibt es nicht, es kann ihn nicht geben! Das Universum ist lediglich ein gigantisches Zufallsprodukt. Es gibt somit nur das eigene individuelle, zeitlich begrenzte Leben auf der Erde, das seine Entstehung ausschließlich einem seltsamen und launischen Zufall des Kosmos verdankt. Das ist alles.

Damit wird natürlich auch gesagt, dass keine menschliche Existenz einen höheren Wert oder einen tieferen Sinn hat, denn kein einziges Lebewesen entstand aus dem wohlüberlegten Plan einer höheren Instanz mit einer bestimmten Absicht dahinter.

Die etablierte Wissenschaft schlussfolgert daraus diese Meinungen: Das Bewusstsein jedes heute lebenden Menschen entwickelte sich ungeplant und ungefragt aus dem Nichts durch die Verschmelzung von Spermium und Eizelle bei der Zeugung, woraus ein funktionsfähiger Körper entstand. Dieser Körper bringt durch seine Hirntätigkeit das Bewusstsein eines Menschen hervor. Ebenso wird das menschliche Bewusstsein wieder ausgelöscht, wenn der Körper seine lebenswichtigen Funktionen einstellt.

Das heißt konkret: Der Mensch, der sich psychisch als ein bewusstes Individuum begreift, wird per Zeugung und Geburt ungefragt in irgendeine

Ecke unserer Welt hinein platziert, später durch den irdischen Tod wieder ausradiert und unwiderruflich von einem dunklen Nichts verschlungen. Seine Lebensspanne ist wie eine Sekunde in der Ewigkeit. Das tote Universum hat keine Notiz von diesem Leben genommen.

Betrachten wir nun die Auswirkungen dieser wissenschaftlichen Thesen auf die Befindlichkeit und Lebensführung des Individuums.

Unter den vorgenannten Prämissen kann kein einziges Leben einen tieferen Sinn haben und aus moralischer Sicht ist es darum auch völlig egal, was der Einzelne zu Lebzeiten macht. Weil Gott als Moral gebende Instanz nicht existiert, gibt es gleichfalls keinen Himmel und keine Hölle, und somit ebenso nichts Heiliges und auch kein Paradies im Jenseits. Auch alle göttlichen Anweisungen zu Moral und Ethik, wie die Zehn Gebote, sind deshalb irrelevant. Sie gelten nur als Fantasieprodukte von Personen, deren hehres Ziel es ist, die Menschen zu einem friedvollen Zusammenleben zu bewegen.

Von diesem Standpunkt aus betrachtet, bedeutet es logischerweise, dass es völlig gleichgültig ist, was ein Mensch auf Erden treibt. Egal, ob er Gutes oder Böses vollbringt, es spielt einfach keine Rolle. Es gibt für seine Taten weder positive noch negative Folgen, denn es gibt keine weiterführende Existenz nach dem irdischen Tod. Mit dem körperlichen Tod ist alles wieder vorbei. Insofern ist es nur wichtig, egoistisch die eigenen Interessen durchzusetzen, selbst wenn dadurch zahlreiche Menschen zu Schaden kommen.

Wichtig ist für Übeltäter mit dieser Grundüberzeugung dann nur noch, der irdischen Gerechtigkeit zu entgehen und möglichst ungestraft mit allen Schandtaten und Verbrechen davonzukommen. Für Politiker, die sich auf Immunität berufen können, und für megareiche Oligarchen ist das viel zu oft kein unüberwindbares Problem.

Mit dem wissenschaftlich begründeten Wegfall einer höheren moralischen Instanz hat jeder Mensch praktisch einen Freibrief für sämtliche

Untaten und Verfehlungen in die Hand bekommen. Auf diese Weise hat Charles Darwins Evolutionstheorie bis heute spürbare Auswirkungen auf die Lebensführung und die Handlungen vieler Menschen genommen. Das macht sich besonders bei jenen Menschen bemerkbar, die nicht auf ihr Gewissen hören.

Kehren wir zum Ausgangspunkt zurück: Beide Versionen zur Entstehungsgeschichte des Universums und des irdischen Lebens schließen sich einander aus. Sie lassen sich nicht miteinander in Einklang bringen. Deshalb kann nur eine Schöpfungsgeschichte wahr und richtig sein, während die andere zwangsläufig eine Lüge sein muss.

Es bleibt der Entscheidung jedes einzelnen Menschen überlassen, welche dieser beiden Standpunkte er für richtig hält und glauben will. Aber egal, wie die Entscheidung auch ausfallen mag, beide Betrachtungsweisen haben Auswirkungen auf die psychische Befindlichkeit des Individuums und auf die Ausgestaltung des individuellen Glaubenssatzsystems. Allerdings sehr unterschiedliche, wie wir in den weiteren Kapiteln sehen werden.

Noch eines lässt sich feststellen. Für Anhänger der wissenschaftlichen Theorie von der zufälligen Entstehung des Universums ist unsere Erde einfach nur ein Planet, bestehend aus toter Materie ohne tiefere spirituelle Bedeutung. Die Tatsache, dass unsere Erde vor allem eine spirituelle Schuleinrichtung unseres Schöpfers ist, wird von diesen Menschen nicht akzeptiert und als blanke Idiotie abgelehnt. Entsprechend dieser Auffassung wird in diesen Kreisen auch nichts zur Charakterverbesserung unternommen. Es gibt auch keine Bemühungen, mehr Nächstenliebe und Empathie zu entwickeln. Im Gegenteil, in verbrecherischer Weise spielen sie selbst Gott, mit dem Leben von Milliarden Menschen.

Wo Religion und Wissenschaft einer Meinung sind

Allerdings gibt es in der Religion spirituelle Lehren und in der Astrophysik Forschungsergebnisse, die sich nicht gegenseitig ausschließen, sondern sogar bestätigen. Die Gemeinsamkeit besteht zwischen dem, was Jesus zu seinen Lebzeiten tatsächlich lehrte und dem, was geniale Physiker wie Albert Einstein, Max Planck oder Prof. Dr. Hans-Peter Dürr, Mitglied im Direktorium des Max-Planck-Instituts für Quantenphysik als Ergebnisse ihrer Forschungen herausgefunden haben.

Zum besseren Verständnis möchte ich einige Erläuterungen zum Begriff Bewusstsein vorausschicken. Der Begriff „Bewusstsein" hat im Sprachgebrauch sehr vielfältige Bedeutungen, die sich teilweise mit den Bedeutungen von „Geist" und „Seele" überschneiden. Eine allgemeingültige Definition des Begriffes „Bewusstsein" ist deshalb kaum möglich. Wenn ich in diesem Buch von „Bewusstsein" spreche, meine ich damit eine unzerstörbare geistige Energie, die sich ihrer selbst bewusst ist, die über eine unvorstellbar hohe Intelligenz verfügt, die kommunizieren, wahrnehmen, denken, fühlen und planen kann und die in der Lage ist, die eigene Lebensenergie kreativ als Baumaterial für Neues, vorher nie Dagewesenes zu nutzen.

Betrachten wir nun zuerst einmal die tatsächlichen Informationen ein wenig genauer, die Jesus uns über den Schöpfer hinterlassen hat. Dabei ist es aber nötig, eine wichtige Vorbemerkung zur Kenntnis zu nehmen, um die Sachverhalte richtig einordnen zu können.

In ihrer rund 1.800 Jahre währenden Existenz war die katholische Kirche (sie entstand als strukturierte Institution erst rund 200 Jahre nach Christi Geburt) immer eine Organisation, deren Obrigkeit anfällig dafür war, den Verlockungen der Macht zu erliegen. Häufig war die Machtgier der Kirchenführung größer als die Bereitschaft, den eigentlichen Auftrag auszuführen, nämlich ihre Gläubigen spirituell zu unterweisen.

In den frühen sich gründenden christlichen Kirchengemeinden gab es ebenfalls Menschen, die gierig Macht- und Führungspositionen anstrebten. Vermutlich war ihr Machtanspruch der Grund, warum wichtige Aussagen von Jesus verfälscht und manche sogar völlig unterdrückt wurden.

Bereits auf dem 1. Konzil von Nicäa im Jahre 325 n. Chr. hatten offensichtlich auch destruktive Elemente ihre Hände im Spiel. Denn während dieser Versammlung, an der schätzungsweise mehr als 300 Bischöfe und andere Kleriker teilgenommen hatten, wurden die dogmatischen Inhalte der gemeinsamen katholischen Kirchenlehre festgelegt. Das Konzil entschied darüber, welche Berichte aus der Vielzahl aller vorliegenden Schriften über das Wirken von Jesus und seinen Verkündigungen als das Neue Testament in die Bibel aufgenommen wurden und welche nicht!

Es fand ein umfangreicher Ausleseprozess statt, dem zahlreiche wichtige Aussagen von Jesus zum Opfer fielen. Nur ein Teil aller vorliegenden Überlieferungen wurde von der Versammlung der Kirchenfürsten akzeptiert. Als auffälligste Besonderheit ist festzustellen, dass alles von Jesus übermittelte Wissen über den Schöpfer aus der nunmehr offiziellen einheitlichen Lehre spurlos verschwand, obwohl es zahlreiche mündliche und schriftliche Überlieferungen gab, die genaue Auskunft über Gott enthielten. Sie wurden allesamt nicht berücksichtigt.

Gott wurde durch diesen Ausleseprozess zu einem nicht näher erklärbaren Mysterium. Allem Anschein nach wurde dieses Ergebnis des Ausleseprozesses von vornherein angestrebt.

Wie uns heute aus den nicht akzeptierten Quellen bekannt ist, hatte Jesus zu seinen Lebzeiten die Gläubigen in aller Deutlichkeit darüber aufgeklärt, dass Gott die Energie des Universums ist, aus der alles besteht, was da ist. Die alten Überlieferungen aus jener Zeit beweisen es, wie z. B. Informationen aus dem vom Konzil nicht berücksichtigten Thomas-Evangelium:

„Ich bin das Licht, das über alle ist. Ich bin das All. Das All ist aus mir hervorgegangen und das All ist zu mir gelangt. Spaltet ein Stück Holz und ich bin da. Hebt einen Stein und ihr werdet mich dort finden."

Diese Aussage lässt keinen Zweifel daran zu, dass Gott mit dem Universum identisch ist, das aus ihm selbst hervorgegangen ist. Jedenfalls hatte Jesus zu seinen Lebzeiten diese Worte zur Existenz Gottes seinen Zuhörern verkündet.

Die Aussagen sind absolut unmissverständlich. Gott, der schöpferische Geist, der hinter allem Sichtbaren und Unsichtbaren steckt, lässt über seinen Gesandten Jesus diese Erklärung hinsichtlich seiner Existenz an die Menschen verkünden:

„Ich bin das All [Universum], das aus mir selbst hervorgegangen ist."

Wenn Gott das All ist, dann gibt es im gesamten Universum selbstverständlich nichts, was nicht auch zugleich „göttlich und heilig" ist. Aus den weiteren Beschreibungen geht deshalb logisch zwingend hervor, dass Gott überall zu finden ist und nicht nur in einer Kirche. Der Oxyrhynchus-Papyrus [ein auf Papyrus geschriebenes Manuskript mit Botschaften aus der Lebenszeit Jesus] ist an diesem Punkt ebenfalls sehr eindeutig:

„Wo immer zwei sind, sind sie nie ohne Gott, und wo immer einer allein ist, so sage ich, bin ich mit ihm. Wende den Stein um, und du wirst mich darunter finden. Spalte das Holz, und ich bin dort."

Zusammen mit vielen anderen Aussagen, die trotz der Auswahl des Ersten Konzils von Nicäa in die Bibel gelangten, wie zum Beispiel:

„Alle Dinge sind durch dasselbe gemacht, und ohne dasselbe ist nichts gemacht, was gemacht ist."

„Gott ist Geist."

„In ihm [Gott, All, Universum, Schöpfergeist] leben, weben und sind wir."

„Wisst ihr nicht, dass ihr Gottes Tempel seid und der Geist Gottes in euch wohnt? Der Tempel Gottes ist heilig, und der seid ihr."

ergibt sich ein klares und eindeutiges Bild, das Jesus uns hinterlassen hatte. Gott ist das gesamte Universum, mit allem Sichtbaren und Unsichtbarem darin. Schöpfer und Schöpfung sind identisch. Wohin man auch schaut, man sieht neben dem vordergründigen Gegenstand der Betrachtung immer auch den göttlichen Schöpfer dahinter, aus dessen Energie dieser Gegenstand gebildet wird. Was immer man berührt, man berührt immer auch die eine Gottheit. Dieser Sachverhalt bedeutet zugleich, dass es „tote" Materie nicht wirklich gibt, sondern alles Bewusstsein hat.

Es ist genau jene Situation, an der Astrophysiker wie Stephen Hawking keinen Gedanken verschwenden wollten und die als völlig absurd verworfen wurde. Aber es gibt viele angesehene Wissenschaftler, die genau diesen Fakt bestätigen. Darauf werde ich später näher eingehen.

Das Thomasevangelium entstand kurz nach dem Ende des Wirkens von Jesus um die Jahre 30 und 33 n. Chr. bis spätestens 200 Jahre danach. Das genaue Entstehungsdatum ist nicht überliefert. Um das Jahr 230 war das Thomasevangelium an vielen weit auseinanderliegenden Orten bekannt, beispielsweise in Rom und in Judäa, wie es alte Quellen behaupten.

Ganz offensichtlich hatte das unverfälschte frühchristliche Wissen dieses Evangeliums auch noch Marc Aurelius beeinflusst, der als Kaiser von 161 bis 180 n. Chr. das römische Imperium regierte. Er machte sich neben seinem Wirken als Herrscher des Weltreichs zugleich einen respektablen Namen als weiser Philosoph. In vielen seiner Äußerungen und schriftlichen Ausführungen finden sich die ursprünglichen Lehren von Jesus fast inhaltsgleich wieder.

Mit Sicherheit hatte man auf dem 1. Konzil ebenso Kenntnis von den Botschaften dieser Überlieferung. Dieses Wissen wurde von der Versammlung des Konzils dennoch getilgt, denn um Macht ausüben zu können, war es wichtig, die Gläubigen in ständiger Angst vor einem Teufel und den vermeintlich drohenden Höllenstrafen zu halten.

Die verwerfliche Technik der Machtausübung durch das Schüren von Ängsten machte sich auch das Konzil zunutze, denn sie erklärte pauschal alle Menschen zu Sündern, denen üble Höllenqualen im Jenseits drohen würden. Gegen diese entsetzliche Perspektive hat die christliche Kirchengemeinschaft selbstverständlich einen Schutz zu bieten. Sie behauptete einfach, dass nur die Vergebung der Sünden durch den Klerus die Menschen vor dem furchtbaren und qualvollen Höllenfeuer bewahren könnte. Allerdings setzt die erlösende Vergebung bis heute eine von den Kirchenführern geforderte Unterwürfigkeit voraus.

Im Prinzip ist dieses Ritual wieder nur das hinlänglich bekannte Muster zur Machterlangung und Machtausübung. Ganz eindeutig können wir daraus schlussfolgern, dass es für die frühen Kirchenoberen wichtiger war, Macht über die Gläubigen ausüben zu können, als die authentischen Aussagen von Jesus weiterzuverbreiten.

Denn die Furcht einflößenden Behauptungen hätten niemals aufrechterhalten werden können, wenn den gläubigen Christen zugleich gelehrt worden wäre, dass Gott alles das ist, was da ist – alles Sichtbare und alles Unsichtbare des gesamten Universums.

Jeder halbwegs intelligente Mensch hätte dann von selbst auf die Schlussfolgerung kommen können, dass Gott unter diesen Umständen auch die Lebensenergie des Teufels, dem angeblichen Hüter des Höllenfeuers, sein muss.

Was ganz zwangsläufig zu der weiteren Frage führen muss, ob es unter diesen Umständen Teufel und Hölle überhaupt geben kann. Also ließ man das Wissen über Gott lieber verschwinden. Es würde zu viele Fragen aufwerfen, die das Machtverlangen der Kirchenoberen stören könnten.

Von der untrennbaren Identität zwischen Schöpfer und Schöpfung wussten nicht nur Jesus und seine Jünger, sondern auch andere Religionen. Im Hinduismus ist es der eine Gott Brahman. Brahman ist das Absolute. Alles, was ist, ist Brahman oder das heilige Wort. Brahman ist die unveränderliche, unendliche, immanente und transzendente Realität, welche den Grund aller Materie, Energie, Zeit, Raum, Sein und alles über dem Universum darstellt. Brahman ist identisch mit dem, was Er geschaffen hat und in dem Er allgegenwärtig ist. Brahman ist der Kosmos, die Weltseele, die alle Einzelseelen enthält, so wie auch das Meer alle Wassertropfen enthält und doch mehr ist, als nur die Summe aller einzelnen Tropfen. In den Upanischaden wird es so beschrieben:

„Die eine Gottheit verbirgt sich in jedem Lebewesen, dennoch durchdringt Er alles und ist das innerste Wesen in allem. Er vollbringt jede Arbeit und hat seinen Wohnsitz in allem. Er ist das Zeugnis ablegende Bewusstsein, formlos und unsterblich."

Dem kann ich nur beipflichten. Jeder Mensch ist einer dieser vielen Einzelseelen, die in der einen übergeordneten Seele des Universums enthalten sind. Tatsächlich sind wir alle göttlichen Ursprungs und somit Teile des einen lebendigen Gottes. Und weil dieser Schöpfer das innerste Wesen in allem ist, gibt es auch nichts, von dem das allumfassende Bewusstsein nichts weiß oder das man vor Gott verbergen könnte, darum sagte Jesus:

„Es fällt kein Sperling vom Himmel, ohne dass Gott es weiß."

Das gesamte Universum ist ein denkendes, lebendes, beseeltes Wesen. Es besteht aus reiner Energie. Das lehrte auch schon der bekannte Mathematiker und Philosoph Pythagoras, der von 570 bis 510 v. Chr. in Griechenland lebte.

Die Untrennbarkeit von Schöpfer und Schöpfung haben inzwischen auch viele moderne Physiker erkannt. Beispielhaft möchte ich an dieser Stelle den kanadischen Atom- und Astrophysiker Hubert Reeves, der wegen seiner wissenschaftlichen Arbeiten 2001 mit der „Albert-Einstein-Medaille" ausgezeichnet wurde, zu Wort kommen lassen:

„Der Mensch ist die dümmste Spezies! Er verehrt einen unsichtbaren Gott und tötet eine sichtbare Natur, ohne zu wissen, dass diese Natur, die er vernichtet, dieser unsichtbare Gott ist, den er verehrt."

Der heutige Kenntnisstand der Physik besagt, dass die uns vertraute Materie nur eine Illusion ist. Die von uns täglich über die körperlichen Sinne wahrgenommene Materie existiert nicht wirklich, sondern sie ist letztlich nur Energie in einer besonderen Form. Erforscht man den Aufbau der Atome bis tief hinein in den innersten Kern und in die kleinsten Teilchen - den Quarks - findet man nichts, was auch nur mit einem Hauch von Berechtigung als „feste Materie" bezeichnet werden könnte.

Diese als Quarks bezeichneten Elementarteilchen sind die kleinsten bisher bekannten Bausteine der Materie. Sie sind Objekte mit der Dimension Null! Das heißt, sie sind völlig masselos und beanspruchen keinen räumlichen Platz mehr. Nach neuesten Auffassungen bestehen sie aus dünnen Energiefäden, den sogenannten Strings.

Es ist inzwischen eine unerschütterliche Tatsache, dass ein Atom, der kleinste Baustein der Materie, lediglich aus Energie besteht. Da alles nur aus diesen Atomen besteht, haben wir es logischerweise auch insgesamt nur mit Energie zu tun.

Viele physikalische Untersuchungen der letzten Jahrzehnte erbrachten neue und überraschende Erkenntnisse, die bestätigen, dass Schöpfer und Schöpfung identisch sind. Max Planck, der die Quantenmechanik und die Teilchenphysik begründet hat, kam zu dieser Schlussfolgerung: [08]

„Es gibt keine Materie an sich! Nicht die sichtbare, aber vergängliche Materie ist das Reale, Wahre, Wirkliche, sondern der unsichtbare, unsterbliche Geist, der dahintersteckt. Da aber Geistwesen nicht aus sich selbst sein können, so scheue ich mich nicht, diesen geheimnisvollen Schöpfer ebenso zu nennen, wie ihn alle Kulturen der Erde früherer Jahrtausende genannt haben: Gott!"

Die amerikanischen Physiker Lee und Yang erhielten 1957 den Nobelpreis für folgende Entdeckung:

„Elektronen haben allen herrschenden physikalischen Theorien zum Trotz einen freien Willen und können zwischen verschiedenen Optionen (Taten) frei wählen."

Der französische Physiker Jean E. Charon berichtete 1983 in einer Zusammenfassung der wesentlichen Erkenntnisse der modernen Physik über die Fähigkeiten der Elektronen:

„Das Elektron umschließt innerhalb seines Mikrouniversums einen Raum, der erstens Informationen zu speichern vermag, zweitens mithilfe einer Art von Erinnerungssystem diese Informationen in jeder Pulsationsperiode seinem Zyklus wieder verfügbar machen kann und drittens die Fähigkeit besitzt, komplexe Operationen durch Kommunikation und Zusammenarbeit mit anderen Elektronen des zu bildenden Systems zu steuern. Ein Elektron, das nacheinander Teil eines Baumes, eines Menschen, eines Tigers und wieder eines Menschen war, wird sich also für immer an alle in diesen verschiedenen Leben gemachten Erfah-

rungen erinnern. Fortan vereint es in sich alle Erfahrungen, die es als Baum, als Mensch Nr. 1, als Tiger und als Mensch Nr. 2 erlebte, deren Organismen es angehörte."

Der Züricher Physiker Wolfgang Pauli machte 1920 diese Entdeckung:

„Atome wissen und können sich erinnern, ob sie einem anderen Atom schon einmal begegnet sind oder nicht. Und sie wissen, in welchem Zustand sich andere Atome befinden."

Und weiter führte Max Planck aus:

„Zwischen Religion und Naturwissenschaft finden wir nirgends einen Widerspruch. Sie schließen sich nicht aus, wie manche glauben und fürchten, sondern sie ergänzen und bedingen einander."

Auch das große Physikgenie Albert Einstein kam nach seinen Studien zur gleichen Erkenntnis, die er so zusammenfasste:

„Was Materie angeht, lagen wir alle falsch. Was wir Materie nennen, ist Energie, deren Schwingung so gesenkt wurde, dass sie für die Sinne wahrnehmbar wird. Es gibt keine Materie."

Der deutsche Physiker Prof. Dr. Hans-Peter Dürr, Mitglied im Direktorium des Max-Planck-Instituts für Quantenphysik, kam nach intensiver Erforschung der Materie ebenfalls zu dieser Erkenntnis:

„Materie gibt es nicht wirklich, sie ist nur eine Illusion. Die Materie ist ein Produkt des Geistes."

Bedauerlicherweise haben diese unbestreitbaren physikalischen Erkenntnisse noch nicht den Status des Allgemeinwissens erreicht, denn sie bestätigen eindrucksvoll unsere göttliche Herkunft und das göttliche Wesen in unserem

Körper und in unserer Psyche. Tatsächlich sind wir unsterblicher Geist, ewig lebendes Bewusstsein. Wir sind göttliche Wesen in einem dreidimensionalen Körper, die ihre Herkunft und Quelle vergessen haben.

Das Wahre und Wirkliche an uns ist nicht unser vergänglicher Körper, sondern nur unser unvergängliches Bewusstsein. Wer sich ausschließlich über seinen alternden und sterblichen Körper identifiziert, verneint die gewaltige Kraftquelle in sich selbst, die jederzeit hilfreich zur Seite stehen kann.

Weil jeder ein Teil des Universums ist, das aus dem universellen Schöpfergeist besteht, den wir Gott nennen, ist auch jedes Bewusstsein verständlicherweise unauflöslich mit dem göttlichen Bewusstsein verbunden. Lediglich psychologische und mentale Barrieren hindern uns daran, dieses zu erfassen. Trotzdem ist es so - in den Tiefen unseres Unbewussten sind wir mit dem göttlichen Bewusstsein verbunden.

Wir sind in Wirklichkeit unsterbliches Bewusstsein, das während des irdischen Daseins in einem materiellen Körper lebt und keine Erinnerung an seine Herkunft und Lebensquelle hat. Unsere vorrangige Aufgabe in dieser Welt ist es, uns daran zu erinnern, wer wir wirklich sind und über welche Fähigkeiten wir tatsächlich verfügen.

Hieraus ergibt sich nur eine logische Schlussfolgerung. Weil das Leben selbst die bewusste Energie des gesamten Universums ist, kann weder das universelle Leben des Schöpfers, noch das individuelle Leben des einzelnen Menschen vernichtet werden, denn Energie kann auf keine wie auch immer geartete Weise zerstört werden. Sie bleibt auf ewig unzerstörbar erhalten.

Viele Menschen betrachten sich als objektive Realisten, die für sich als Wahrheit nur das gelten lassen, was sie über ihre körperlichen Sinne wahrnehmen können. Unter ihnen befinden sich auch sehr viele Hochgebildete, die nur das für sich als Wirklichkeit gelten lassen können, was sich über ihre körperlichen Sinne nachvollziehen und beweisen lässt. Sie haben teilweise gewaltige Probleme damit, eine andere Sichtweise als die ihrige zu akzeptieren, wenn diese ihren körperlichen Sinneseindrücken widerspricht.

Solchen Menschen wird offenbar gar nicht bewusst, dass sie die materielle Wirklichkeit ohnehin nicht so wahrnehmen, wie sie tatsächlich ist. Jedem von ihnen, der eine ganz normale Schulausbildung hatte, wurde im Unterricht auch der Aufbau der Atome und Moleküle gelehrt. Dieses Wissen möchte ich jetzt zum besseren Verständnis ein wenig aufzufrischen.

Ein einzelnes Atom, der kleinste Stoff, aus dem die Materie besteht, hat einen kleinen Atomkern und eine äußere, aber komplett masselose Hülle, die aus extrem schnellen und masselosen Elektronen besteht, die den Kern umkreisen. Um das Verhältnis des scheinbar materiellen Kerns zur äußeren Hülle deutlich zu machen, sollte man sich den Kölner Dom als Hülle vorstellen, in dessen Inneren eine einzelne Erbse schwebt, die den Kern symbolisiert. Nur der Kern ist das, was man überhaupt als materielle Masse bezeichnen könnte, denn die Hülle hat keine Masse. Wer logisch denken kann, dem fällt schon hier auf, dass ein Atom Milliarden Mal mehr aus NICHTS besteht, als aus festen Substanzen.

Der Atomkern selbst besteht aus Neutronen und Protonen, die wiederum ähnlich aufgebaut sind wie das Atom und aus den noch viel kleineren Quarks bestehen, die ihrerseits aus Energiefäden namens Strings gebildet werden. Inzwischen sind sich viele Physiker und Wissenschaftler weltweit sicher, dass es feste Materie überhaupt nicht gibt. Beispielhaft sei hier noch einmal der große Wissenschaftler Max Planck zitiert: [09]

„Es gibt keine Materie, sondern nur ein Gewebe von Energien, dem durch intelligenten Geist Form gegeben wurde. Dieser Geist ist der Urgrund aller Materie."

Planck erhielt 1919 den Nobelpreis und gilt bis heute als der wichtigste Denker der Quantenphysik. Der Name dieses renommierten Wissenschaftlers bleibt unvergessen. Nach ihm wurde die Max-Planck-Gesellschaft benannt, die 84 Forschungsinstitute mit diversen Schwerpunkten unterhält. Leider hat diese Haupterkenntnis, auf die Planck nach jahrzehntelangen Forschungen stieß, noch nicht den Weg in die Schulen und in den öffentlichen Diskurs gefunden.

Doch kommen wir wieder zurück zum Realisten und befassen wir uns weiter mit seiner eingeschränkten Sichtweise auf die materielle Welt, die allein auf seinen körperlichen Sinneseindrücken beruht. Vor dem Hintergrund der wissenschaftlich gesicherten Erkenntnisse über den Aufbau der Atome, wird deutlich, dass der Realist von seinen Augen betrogen wird, denn sie zeigen ihm eine wunderschöne Realität von der Natur und unserer Welt, die es so jedoch überhaupt nicht gibt.

Der Realist kann die einzelnen schwingenden und tanzenden Atome, aus denen die gesamte Materie besteht, überhaupt nicht wahrnehmen. Er sieht auch nicht die gähnende Leere, die zwischen der Hülle und dem Atomkern besteht. Natürlich gilt dieser Umstand auch für alle anderen Menschen gleichermaßen, niemand kann mit bloßem Auge ein einzelnes Atom wahrnehmen.

Aber zumindest jenen, die faktenorientiert weiterdenken, wird klar, dass ihre Sinneseindrücke von der Welt und ihr tägliches Erleben im Wesentlichen auf Täuschung beruhen. Sie verstehen, dass ihre Wahrnehmung unvollkommen ist und ihnen letztlich eine Welt vorgegaukelt wird, die so, wie sie sich den körperlichen Sinnen präsentiert, nicht wirklich existiert.

Unsere Augen betrügen uns, das steht fest. Wohin wir auch blicken, wir sehen immer Dinge, Formen und Farben, aber niemals das gewaltige Nichts, das durch die Leere im Inneren der einzelnen Atome gebildet wird.

Mit unseren Ohren verhält es sich nicht anders. Menschen hören im Durchschnitt nur Frequenzen zwischen 20 und 20.000 Hertz (Schwingungen pro Sekunde). Darüber und darunterliegende Schwingungen sind natürlich auch da, aber sie entziehen sich unserer Wahrnehmung völlig. Wir haben keine entsprechenden Sinnesorgane, wie z. B. Fledermäuse oder Delfine, die auch Ultraschallwellen „hören" können.

Könnten wir alle diese höheren Schwingungen wahrnehmen, würde sich uns das Universum als ein harmonisches Musikwerk präsentieren, denn es ist voller Musik und Tanz, wie geniale Wissenschaftler herausgefunden haben. Es ist gefüllt mit Musik, die sich an den bekannten Tonleitern orientiert.

Schauen wir uns diesen Hintergrund an, dann wird deutlich, dass die sogenannten Realisten, die sich allein auf ihre körperlichen Sinne verlassen, jene sind, die am wenigsten von der Realität zur Kenntnis nehmen. Das ist zwar traurig, aber dennoch wahr.

Besonders irritierend ist die Tatsache, dass sie ihre Sichtweise nicht Frage stellen, obwohl sie aus der Schule den Aufbau der Atome gelernt haben und deshalb wissen sollten, dass alles, was sie mit den körperlichen Sinnen wahrnehmen, nicht die umfassende Realität darstellt.

Zum Schluss möchte ich noch einmal den Physiker Prof. Dr. Dr. h.c. Hans-Peter Dürr zu Wort kommen lassen. Er stellte nach langen Jahren intensiver Forschung fest:

„Es gibt keine Materie, es gibt nur das Bewusstsein."

Das stellt jeden einzelnen von uns vor die Frage, kann man diese Auffassungen glauben oder nicht? In diesem Zusammenhang möchte ich darauf hinweisen, dass bekanntlich die meisten Menschen kein Problem damit haben, der Wissenschaft die Lehrmeinung von der toten Materie und der Behauptung, es würde Gott nicht geben, abzunehmen. Ebenso wenig hat die große Mehrheit der Gläubigen aller Religionen keine Einwände gegen die Lehren und Rituale, die ihnen die religiösen Oberhäupter zu glauben und zu machen vorschreiben.

Aber wie auch immer, es ist im Grunde vielfach so, dass wir uns in Situationen befinden, wo wir keine andere Wahl haben, als etwas ungeprüft als wahr zu akzeptieren. So ist es auch mit den Ausführungen in diesem Beitrag.

Man kann sie glauben oder auch nicht.

Allerdings gibt es eine Möglichkeit, den Wahrheitsgehalt meiner Ausführungen zu überprüfen. Es steht jedem Menschen ein Weg offen, sich einen unwiderlegbaren Beweis für die Richtigkeit meiner Darlegungen zu beschaffen. Der Weg ist ziemlich ungewöhnlich, aber auch sehr nützlich. Es ist der Weg, den ich gegangen bin, um zur Wahrheit zu gelangen. Ich werde ihn nachfolgend näher beschreiben.

Zunächst ist es aber erforderlich, an die wichtigste Botschaft zu erinnern, die Jesus zu seinen Lebzeiten den Gläubigen überbrachte. Diese wichtige Regel beschrieb er in vielen anschaulichen Beispielen. Sie ist sehr einfach und lautet:

„Dir geschieht nach deinem Glauben."

Mit diesem Glauben ist nicht die Zugehörigkeit zu einer bestimmten Religionsgemeinschaft oder der Glaube an Gott gemeint, wie manche Menschen diesen Satz interpretieren, sondern einfach nur ein Glaubenssatz, den ein Individuum als für sich richtig und gültig akzeptiert hat.

Jeder Mensch trägt eine große Anzahl von Glaubenssätzen in sich. Sie haben unterschiedliche Inhalte, aber ihre Gemeinsamkeit besteht darin, dass sie für eine unerschütterliche Wahrheit gehalten werden, an der kein Zweifel besteht, weshalb sie auch nicht infrage gestellt werden.

Glaubenssätze sind unerschütterliche Überzeugungen. Sie sind das Ergebnis vorangegangener Bewertungen und Denkprozesse zu allen möglichen Themen. Wer zum Beispiel mehrmals hintereinander unangenehme Dinge erlebt hat, könnte zu diesem Glaubenssatz kommen:

„Ich bin ein Pechvogel."

Die weitere Folge wäre eine Verstetigung dieser unerwünschten Zustände, denn *„Dir geschieht nach deinem Glauben"*, wozu nun der neue Glaubenssatz massiv beitragen wird.

Das ist die wichtigste spirituelle Regel dieser Welt, die absolut und uneingeschränkt für alle Menschen gilt! Die kannst du jetzt ganz wunderbar für dich nutzen, um zur Wahrheit zu gelangen, ob es Gott gibt oder nicht. Bitte Gott doch einfach darum, er möge sich dir zu erkennen geben. Glaubst du ganz zweifelsfrei an die Erfüllung dieses Wunsches:

„Gott gibt sich mir zu erkennen"   oder auch

„Gott versorgt mich mit Wissen, Wahrheit und wertvollen Einsichten"

dann wird es so geschehen. So einfach ist es, zur Wahrheit zu gelangen und wertvolles Wissen zu bekommen. Nahezu alles spirituelle Wissen habe ich auf diese Weise erhalten.

Dieser simple Weg steht allen Menschen offen! Man muss diese Möglichkeit nur nutzen. Also, tu dir keinen Zwang an und verfahre so. Du wirst deine Antworten bekommen.

Weitere Beweise für die Wahrheit

Lässt man die Sichtweise für sich gelten, dass Gott das Universum erschuf und den Menschen das Leben schenkte, hat diese Ansicht auch großen Einfluss auf die Klassifizierung von Gut und Böse, auf das individuelle Glaubenssatzsystem und natürlich im Besonderen auch Einfluss auf die Persönlichkeitsbildung der einzelnen Menschen.

Menschen, für die Gott und seine Gebote eine glaubwürdige Realität sind, haben pauschal betrachtet, eine höhere moralische Verantwortung gegenüber ihren Mitmenschen als die Anhänger der darwinschen Theorie. Gottgläubige werden sich eher an die christlichen Wertvorstellungen halten, die besonders durch die Zehn Gebote und die Lehren Jesus zum Ausdruck kommen. Menschen zu töten, ist für sie eine böse Tat. Sie lehnen auch häufig den Kriegsdienst mit der Waffe aus Gewissensgründen ab. Dasselbe gilt natürlich auch für andere Religionen, die ähnlich positive Wertvorstellungen vermitteln.

Wir sehen an vielen Beispielen, dass es in den verschiedensten Kulturen sehr unterschiedliche Auffassungen über das gibt, was Individuen, wie auch ganze Gemeinschaften für das „Gute" halten. Natürlich haben alle diese Wertvorstellungen massiven Einfluss auf das Glaubenssatzsystem und die Ausprägung des Charakters eines Menschen.

Unabhängig davon, welche jeweiligen Standpunkte die Gottgläubigen zu Gut und Böse einnehmen, glauben sie dennoch gemeinsam an ein Weiterleben nach dem irdischen Tod. Denn zu den Glaubensinhalten der großen Religionen gehört ein göttliches Gericht, dem sich jeder Mensch nach dem irdischen Tod zu stellen hat.

Diese Gerichtsbarkeit hat natürlich nur dann einen Sinngehalt, wenn das menschliche Leben, in welcher Form auch immer, nach dem Tod irgendwie weitergeht. Der gestorbene Mensch muss sich bei dieser Rechtsprechung in einem Zustand befinden, an dem sich Belohnungen oder Bestrafungen spürbar vollziehen lassen. Dies setzt eine komplett intakte Persönlichkeit voraus, die nach dem irdischen Tod praktisch als Geistwesen ohne einen Körper weiterlebt und zudem in der Lage ist, mit anderen zu kommunizieren.

Die große Frage ist nun: Kann das sein?

Die Antwort ist ja, nach meinem Wissen und meiner persönlichen Erfahrung ist es so. Der Mensch ist zuerst einmal ein geistiges Wesen, das während der Lebensspanne auf der Erde eine Verbindung mit einem materiellen Körper eingegangen ist. Beim irdischen Tod wird lediglich diese von vornherein befristete Verbindung wieder aufgegeben.

Für mich besteht nicht der geringste Zweifel, dass sich alle Experten und Wissenschaftler, die von einem „zufällig" entstandenem Universum und dem ebenso „zufällig" entstandenem Leben aus toter Materie überzeugt sind, in einem elementaren Irrtum befinden.

Die vom Irrtum befallenen „Experten" können so viele akademische Titel und wissenschaftliche Reputation angehäuft haben, wie sie wollen, an ihrem grundsätzlichen Un-, bzw. Halbwissen ändert es nichts, solange sie die reale Grundlage unserer Existenz nicht erfasst haben und in ihren Überlegungen berücksichtigen.

Denn richtig ist nur, dass das Universum die planvolle Schöpfung eines Schöpfers ist, der von seiner Schöpfung nicht getrennt werden kann – egal, was immer uns unsere körperlichen Sinne auch Gegenteiliges vorgaukeln!

Halten wir uns zur Beweisführung noch einmal vor Augen, welche Dinge nicht möglich sein sollen und nicht sein können, wenn die Materie das menschliche Bewusstsein hervorgebracht hat. Grob zusammengefasst ist es nach dieser irrigen Auffassung nicht möglich, dass das Bewusstsein irgendeinen Einfluss auf die Materie bzw. auf die Beschaffenheit des menschlichen

Körpers nehmen kann. Nahezu der gesamte Medizinbetrieb beruht auf dieser Theorie.

Die Fähigkeit, Gedanken, Gefühle und bildliche Vorstellungen (Fantasien und Visionen) entwickeln zu können, gilt den meisten dieser irregeleiteten Experten nur als eine temporäre Eigenschaft des sterblichen Körpers. Gedanken, Gefühle und Imagination werden von ihnen zwar als eine bewundernswerte Eigenschaft der Hirnaktivitäten betrachtet, aber sie können ihrer Meinung nach keine Auswirkungen auf Heilungsprozesse haben.

Dementsprechend wird das Bewusstsein eines Menschen auch als völlig macht- und einflusslos im Krankheitsfall bewertet und spielt deshalb in der wissenschaftlich geprägten Schulmedizin grundsätzlich keine Rolle. Es ist für solche Mediziner, die diesen Standpunkt verinnerlicht haben, völlig egal, was der Patient selbst über seine Situation denkt und fühlt. Das Denken und die Emotionen des Betroffenen haben ihrer Meinung nach nicht den geringsten Einfluss auf das Krankheitsgeschehen. Natürlich ist diese Betrachtungsweise völliger Blödsinn, wie ich im Weiteren darlegen werde.

Jede Abweichung von dieser Theorie ist deshalb nach derselben Logik, mit der die Experten vorgeben, beweisen zu können, dass die Materie das Leben hervorgebracht hätte, ein Beweis für Ungültigkeit dieser grundsätzlichen Betrachtung.

Tatsächlich erlebt besonders das medizinische Personal nahezu jeden Tag, welchen gewaltigen Einfluss die innere Haltung eines Patienten auf seine Genesung hat. Dieses wird besonders deutlich bei der Verabreichung von Placebos, von Medikamenten also, die keine Wirkstoffe enthalten, aber dennoch die gewünschte Heilung bewirken. Zum Tragen kommt in solchen Fällen allein der Glaube des Patienten an eine heilende Wirkung.

Wie groß der Einfluss der Psyche, bzw. des menschlichen Bewusstseins im Krankheitsfall auf die Heilung tatsächlich ist, fand die amerikanische Ärztin

Dr. Jeanne Achterberg in ihrer Eigenschaft als Forschungsdirektorin für Rehabilitationswissenschaft heraus.

Sie untersuchte im Rahmen eines Forschungsprojektes die inneren Fantasiebilder von 200 Krebspatienten, welche diese sich über die Entwicklung ihres Krankheitsverlaufs gemacht hatten. Das Institut kam nach wissenschaftlicher Untersuchung der Wirkung dieser imaginierten Bilder der Patienten zu folgenden Ergebnissen: [10]

„Mit hundertprozentiger Genauigkeit konnte festgestellt werden, welcher Patient im Laufe der zwei Monate bis zur Nachuntersuchung sterben und bei welchem Patienten sich der Gesundheitszustand verschlechtern würde; und es konnte mit dreiundneunzigprozentiger Genauigkeit gesagt werden, bei wem eine Verbesserung oder Heilung zu erwarten war."

Es waren die Vorstellungsbilder der Patienten selbst, die diese exakte Vorhersage erlaubten. Dr. Achterberg kam zu dem Schluss, dass die uralte Heilmethode der Imagination die wirksamste Waffe gegen Tumorerkrankungen überhaupt ist.

Glaubenssätze, sowie die damit verbundene Vorstellungskraft und die Erwartungshaltung des Patienten bestimmen den Verlauf seiner Krankheit! Eine auf Erkrankung ausgerichtete innere Visualisierung des Patienten, egal ob absichtlich oder unabsichtlich, wird jede Krankheit verschlimmern! Eine auf Genesung ausgerichtete Visualisierung führt hingegen zur Gesundheit!

Damit wurde wissenschaftlich bewiesen, dass die Kraft der Psyche so weit geht, dass sie letztlich der entscheidende Faktor zwischen Krankheit oder Gesundheit und sogar zwischen Leben oder Tod ist.

Prof. Dr. Jeanne Achterberg hat mit ihrer wissenschaftlichen Arbeit für jeden Menschen nachvollziehbar bewiesen, dass allein die innere Haltung des

Individuums über Gesundheit und Krankheit entscheidet. Sogar über den Ausgang einer schweren Krebserkrankung entscheidet der Betroffene selbst – unabhängig von allen zur Anwendung kommenden medizinischen Therapien! Und auch unabhängig davon, ob es dem Betroffenen selbst bewusst ist oder nicht, was er mit seiner Visualisierung tatsächlich bewirkt.

Das ist zwar für sich genommen noch kein schlüssiger Beweis für meine Behauptung, dass wir zuerst einmal Bewusstsein sind, aber es beweist die uns Menschen innewohnenden Selbstheilungskräfte und widerlegt die irrige Auffassung, wonach die Psyche eines Menschen als Zufallsprodukt der toten Materie keinen Einfluss auf den Zustand seines Körpers nehmen kann. Tatsächlich entscheidet der Geist, bzw. das individuelle Bewusstsein über die Beschaffenheit seines irdischen Körpers.

Die Erkenntnisse von Prof. Dr. Jeanne Achterberg decken sich mit den Lehrmeinungen eines der bedeutendsten Ärzte aller Zeiten, dem Mediziner, Naturforscher und Laientheologen Philippus Theophrastus Aurelius Bombast von Hohenheim, besser bekannt als Paracelsus. Er lebte von 1493 bis 1541 und war Stadtarzt sowie Medizinprofessor in Basel. Wie kaum ein anderer erforschte er die Zusammenhänge zwischen Krankheit und den dabei ablaufenden Prozessen innerhalb der Psyche des Kranken. Nach langen Jahren der Forschung fasste er seine Erkenntnisse so zusammen:

- *Der Mensch ist sein eigener Arzt.*
- *Der Arzt ist in uns selbst, und in unserer eigenen Natur liegt alles verborgen, dessen wir bedürfen.*
- *Der Arzt verbindet nur die Wunden. Dein innerer Arzt aber wird dich heilen.*
- *Bitte ihn darum, sooft du kannst.*
- *Der Glaube ist es, der die wahren Wunder wirkt.*
- *Ohne Bereitschaft des Kranken zur Heilung ist kein Erfolg zu erwarten.*

Über die Wirkung der inneren Bilder äußerte sich Paracelsus so: [11]

„Der Mensch besitzt eine sichtbare und eine unsichtbare Werkstatt. Die Sichtbare, das ist sein Körper, die Unsichtbare, das ist seine Imagination. Der Geist ist der Meister, die Imagination sein Werkzeug und der Körper das formbare Material. Die Macht der Imagination ist ein bedeutender Faktor in der Medizin. Sie kann Krankheiten verursachen und Krankheiten heilen."

Damit ist die Imagination (die Visualisierung positiver, heilender innerer Bilder) immer noch das wichtigste Werkzeug, um die Gesundheit wiederherzustellen. Auch wenn diese Methode kaum noch beachtet wird. Sie kommt trotzdem fast täglich zum Einsatz – zumeist von Patienten, die gar nicht wissen, was sie tun.

Die Vorstellungskraft mancher Patienten ist mitunter so mächtig, dass mit ihrer Hilfe ein sonst tödlicher Tumor für immer zum Verschwinden gebracht wird. Die Medizin spricht dann von „Spontanheilungen".

Welche wichtige Rolle Gedanken, Glaubenssätze und die Erwartungshaltung bei erwünschten Veränderungen spielt, kann man eindrucksvoll in der Medizin im Zusammenhang mit dem sogenannten Placeboeffekt beobachten. Der Turiner Schmerz- und Placeboforscher Fabrizio Benedetti erbrachte mit seinen umfangreichen Experimenten den wissenschaftlichen Beweis, dass der Glaube und die daran geknüpfte Erwartung des Patienten maßgeblich darüber entscheiden, ob eine angewendete Therapie oder eine verabreichte Medizin wirkt oder nicht.

Wurde Menschen mit starken Schmerzen eine wirkungslose Kochsalzlösung mit dem Hinweis injiziert, sie bekämen jetzt ein neuartiges und äußerst wirkungsvolles Medikament, verschwanden die Schmerzen in fast allen Fällen binnen kurzer Zeit.

Benedettis Experimente bewiesen aber auch dieses: Ohne den Glauben an die Wirksamkeit und ohne die entsprechende Erwartungshaltung des Patienten gibt es keinen Placeboeffekt. Nur wenn der Patient eine Veränderung erwartet, tritt sie auch ein. Letzteres ist natürlich fast immer der Fall, wenn der behandelnde Arzt einem Kranken glaubwürdig versichert, es käme nun ein hochwirksames Medikament zum Einsatz. [12]

Weitere wissenschaftliche Studien erbrachten die verblüffende Erkenntnis, dass der Placeboeffekt zwischen 20 % bis 80 % Anteil an der Wirkung von praktisch jedem Medikament hat. Placebos wirken somit bei nahezu jedem Menschen, sofern der Betroffene glaubt und erwartet, dass ihm diese Medizin hilft. [12]

Da der Placeboeffekt nachweislich sogar bei schwersten Krankheiten wie z. B. Parkinson hilft, liegt es auf der Hand, dass der Kranke selbst praktisch jede Heilung bewirken kann. Es kommt nur auf die Änderung des „Glaubens", bzw. des individuellen Glaubenssatzsystems an, sowie auf die veränderte Erwartungshaltung in der Psyche des Betroffenen.

Was bewusst eingesetzte Placebos leisten können, beweist auch der nachfolgende Bericht aus der medizinischen Praxis. Es ist ein typischer Fall von Selbstheilung durch den Patienten, der als solcher aber nicht anerkannt, sondern als „Spontanheilung" betrachtet wird, weil das spirituelle Hintergrundwissen fehlt.

Eine Patientin litt seit vielen Jahren unter starken Rückenschmerzen im Bereich der Lendenwirbelsäule. Auf die üblichen Schmerzmittel reagierte sie mit schweren Magenbeschwerden. Auch Krankengymnastik führte zu keiner Linderung der Gesundheitsprobleme. Schließlich griff ihr behandelnder Arzt bewusst zu einem Trick. Enthusiastisch berichtete er von einem neuen Medikament aus Amerika, welches er soeben bekommen hätte. Diese Medizin wäre äußerst wirkungsvoll und völlig ohne Nebenwirkungen.

Die Patientin erklärte sich mit der Verabreichung einverstanden. Darauf injizierte ihr der Arzt eine kleine Menge wirkungsloser Kochsalzlösung an die Stelle, wo sie den stärksten Schmerz verspürte. Oh Wunder! Schon kurze Zeit später waren ihre Schmerzen verschwunden. Die Patientin wurde zum ersten Mal seit Monaten schmerzfrei. [13]

Selbstverständlich war die Patientin keine Simulantin, ihre Schmerzen waren echt. Das Medikament jedoch, welches ihr half, war nur ein Scheinpräparat. So wie bei ihr, so wirken Placebos auch bei Millionen von anderen Patienten weltweit. Ärzte und Pflegepersonal setzen Placebos häufig dann ein, wenn kein anderes Mittel mehr hilft. In all diesen Fällen helfen allein der Glaube und die veränderte Erwartungshaltung. Der Patient erwartet eine Besserung bzw. die völlige Heilung, die dann auch prompt eintritt. Getreu der alten ärztlichen Devise:

Medicus curat, natura sanat - der Arzt behandelt, die Natur heilt.

Diese positive Erwartungshaltung gegenüber einer Behandlung wird von vielen Placeboforschern als die wichtigste Voraussetzung für das Auftreten eines Placeboeffektes betrachtet. Der Glaube und die Erwartungshaltung gegenüber der Wirksamkeit einer medizinischen Behandlung hängen von vielen Faktoren ab. Dazu gehören individuell grundsätzliche Einstellungen zu bestimmten Behandlungsmethoden oder Therapeuten, generelle Meinungen über die Wirksamkeit und Unwirksamkeit von Behandlungsmethoden oder über die Heilbarkeit einer Krankheit.

Die Auffassung, dass eine Krankheit unheilbar wäre, verhindert natürlich einen nachhaltigen Placeboeffekt. Zu den weiteren Faktoren, die den Glauben und die Erwartungshaltung beeinflussen, gehören auch das Verhalten, der berufliche Status oder der gute Ruf des Behandlers. Ein Arzt, der sich für den Patienten Zeit nimmt, empathisch auf den Patienten eingeht und sich von seiner Behandlung überzeugt zeigt, stärkt den Glauben und die Erwartungshaltung des Patienten.

Der Sender 3Sat brachte am 14.10.2020 um 20.15 Uhr die aufschlussreiche Dokumentation „Placebo – der Arzt in mir" zu diesem Thema. Zu Wort kam auch in dieser Sendung der Schmerz- und Placeboforscher Fabrizio Benedetti, der in zahlreichen Experimenten die erstaunliche Wirkung von Placebos nachwies, sofern die Betroffenen glaubten, dass ihnen die Pille, Therapie oder medizinische Maßnahme helfen würde. Der helfende Effekt trat bei den Probanden immer dann ein, wenn sich ihre Erwartung darauf konzentrierte.

Sobald Professor Benedetti einer Versuchsperson mitteilte, dass die Pille oder Maßnahme zu einer wirksamen Verbesserung führen würde und diese Information geglaubt wurde, trat die gewünschte Wirkung ein, selbst dann, wenn es sich lediglich um ein Placebo handelte. Professor Benedetti bewies damit die außerordentliche Macht der Psyche des Betroffenen auf den Verlauf einer Krankheit. Wobei immer die Erwartungshaltung ausschlaggebend ist. Wer von einer Pille Heilung erwartet, selbst wenn es sich nur um eine Zuckerpille handelt, wird von dieser Pille geheilt werden – egal wie schwer die Krankheit auch sein mag. Das funktionierte sogar bei der als unheilbar geltenden Parkinsonkrankheit.

Professor Benedetti bewies mit seinen Experimenten: Der Geist steuert die Materie und wirkt sogar auf ein einzelnes Neuron ein. Der Geist kann heilen!

Auch der Fall Silke Gugenberger-Wachtler, über den in der Sendung ausführlich berichtet wurde, bewies sehr eindrucksvoll diese Tatsache. Die junge Frau bekam mit Anfang 30 die Diagnose Lymphdrüsen-Krebs mit sehr schlechten Aussichten auf Heilung. Sie hatte einen rund 10 cm großen Tumor im rechten Lungenflügel. Sie kam ins Krankenhaus, wo sie operiert wurde und eine Chemotherapie erhielt. Die Behandlungen und der Krankenhausaufenthalt waren für sie eine sehr große Belastung, verbunden mit starken Schmerzen und Unwohlsein. Nach Abschluss dieser therapeutischen Maßnahmen wurde sie zunächst mit einer guten Prognose als geheilt aus dem Krankenhaus entlassen.

Die Freude über die Heilung währte aber nicht lange. Nach 3 Monaten war der Krebs wieder da. Die Ärzte teilten Silke Gugenberger-Wachtler mit, dass alle weiteren durchführbaren Therapien ihr höchstens eine Überlebenschance von 20 % für die nächsten 5 Jahre ermöglichen würden.

Entgegen allen ärztlichen Ratschlägen entschloss sie sich dazu, jede weitere Therapie abzulehnen und einen eigenen Weg zu gehen – nämlich den, fest an die eigene Gesundheit zu glauben. Die Ärzteschaft reagierte, wie leider nicht anders zu erwarten war, mit völligem Unverständnis und prophezeite ihr einen baldigen Tod.

Silke Gugenberger-Wachtler war klar geworden, dass sie vollkommen anders als bisher und auch anders als die Mediziner denken musste, um wieder gesund zu sein. Also verabschiedete sie sich aus dem Medizinbereich und verließ sich nur noch auf sich selbst. Sie nahm sich eine Auszeit, wandte sich alternativen Heilmethoden zu und beschloss, sich selbst zu heilen. Über Meditation erlangte sie eine bessere Achtsamkeit zu sich selbst und ihrem Körper, was ihr ermöglichte, die körpereigene Immunabwehr zu stärken.

Zugleich wandte sie sich der Frage zu, warum sie von dieser Krankheit heimgesucht wurde. Sie erforschte sich selbst und fand heraus, dass sie im Grunde keine Lust mehr zum Leben besaß. Beruf und Familie nahmen sie so sehr in Anspruch, dass sie selbst immer zu kurz kam. Besonders der Job in ihrer eigenen Firma forderte zu viel Zeit und Aufmerksamkeit von ihr.

Hilfreich war auch, dass sie von ihrer Familie uneingeschränkte Unterstützung für ihren eigenen Weg zur Gesundheit erhielt, denn Vertrauen und positive Resonanz sind in so einer Situation sehr wichtig für den Patienten.

Vorrangig bemühte sich Frau Gugenberger-Wachtler, sich im Geiste stets als gesund zu sehen, um auf diese Weise das eigene Immunsystem zu stärken. Im Weiteren veränderte sie ihre bisherigen Einstellungen, um für sich und ihre Bedürfnisse einen angemessenen Freiraum zu erschaffen. Und wann immer es ging, dachte sie nur noch dieses:

„Ich bin gesund!"

Die nächste Untersuchung nach weiteren 3 Monaten ergab, dass der Tumor sich zurückgebildet hatte und Frau Gugenberger-Wachtler sich bester Gesundheit erfreute. Nach insgesamt 2 Jahren war nichts mehr von der früheren tödlichen Erkrankung zurückgeblieben.

Für die erstaunten Ärzte war dieses ein Fall von Spontanheilung. So bezeichnet die Medizin solche Heilungen, wenn vollkommen hoffnungslose Fälle ohne erkennbare Therapie plötzlich wieder gesund sind. [14]

Tatsächlich hat Frau Gugenberger-Wachtler aber nichts anderes getan, als sich auf der Basis unserer realen Seinswirklichkeiten selbst zu heilen. Für mich ist es ein völlig normaler Vorgang, den auch nahezu jeder andere Patient vollbringen kann. Unsere wirklichen spirituellen Existenzgrundlagen bieten jedem kranken Menschen diese nutzbare Möglichkeit, die völlige Gesundheit zurückzugewinnen. Hierzu ist aber etwas sehr Wichtiges zu beachten:

Niemand wird gesund, der seine Krankheit bekämpft. Gesund wird nur, wer unerschütterlich an seine Gesundheit glaubt, auch wenn sie anfänglich noch nicht gegeben ist!

Wer hingegen seine Krankheit bekämpft, tut dieses ja in dem Glauben, dass er (immer noch) krank wäre. Dieser untaugliche Glaubenssatz wirkt dann weiterhin krankheitserzeugend und steht der Heilung im Weg!

Ob und wie sich eine Erkrankung manifestiert, bleibt grundsätzlich immer nur eine Frage der akzeptierten Glaubenssätze des Individuums. Wer glaubt, dass er von jedem daherkommenden Virus infiziert wird und daran erkrankt, wird es genauso erleben.

Da die Medizin aber nur darauf fixiert ist, die sichtbaren körperlichen Erkrankungen zu untersuchen und zu behandeln, entgeht ihnen der Zusammenhang zwischen den inneren psychischen Aktivitäten und den äußerlich sichtbaren Symptomen völlig.

Leider ist es wohl so, dass nur wenige besonders engagierte Mediziner ein ernsthaftes Interesse daran haben, die Patienten auf ihre Selbstheilungsfähigkeiten hinzuweisen oder sie gar im Gebrauch dieser Fähigkeit anzuleiten.

Besonders für den Impffanatiker Bill Gates und seiner vermeintlich wohltätigen Stiftung, die sich über die WHO für weltweite Impfprogramme einsetzt, ist das Wissen über Selbstheilungen extrem geschäftsschädigend.

Gates will mit pharmazeutischen Produkten noch reicher werden, deshalb hat er sich als Privatmann gigantische Aktienpakete an solchen Pharmafirmen zugelegt, die vorzugsweise Impfstoffe herstellen. Es ist also kein Zufall, wenn dieser vermeintliche Philanthrop sich für eine globale Impfpflicht starkmacht und davon träumt, rund 8 Milliarden Menschen impfen zu wollen, auch wenn es dabei zu zahlreichen Geschädigten und unzähligen Impftoten kommen sollte.

Im weltweiten Medizinbereich geht es um beträchtliche Summen. Allein der gesamte Medizinsektor Deutschlands zum Beispiel erwirtschaftete im Jahr 2019 einen Umsatz von 89,4 Milliarden Euro, der mit rund 5,7 Millionen Beschäftigten erzielt wurde. Damit zählt das Gesundheitswesen zu den wichtigsten Beschäftigungszweigen in Deutschland. Deshalb ist es besonders für die pharmazeutische Industrie wünschenswert, wenn die Menschen in spirituellen Angelegenheiten dumm bleiben – anderenfalls verlieren sie ihre Geschäftsgrundlage. [15] [16]

Dieser gigantische Markt kann nur weiter funktionieren und wachsen, wenn es stets einen ausreichenden Nachschub an behandelbaren Patienten gibt. Sollten immer mehr Patienten wegfallen, weil sie gelernt haben, die eigenen Selbstheilungskräfte zu aktivieren und zu nutzen, führt dieser Umstand ganz zwangsläufig zur Schrumpfung des lukrativen Gesundheitsmarktes. Es wird aus diesen Reihen deshalb eher harsche Kritik und Ablehnung, statt Begeisterung für die Nutzung der Selbstheilung geben. Denn es geht weniger um die Gesundheit der Menschen als vielmehr um satte Renditen.

Ich hoffe, dass meine Ausführungen als Beweisführung ausreichend sind. Sollten trotzdem noch Zweifel daran bestehen, dass das Universum ein lebendes Ganzes aus Bewusstsein ist, dann verfahre so, wie ich es bereits auf Seite 47 beschrieben habe.

Dieser simple Weg, der zwar allen Menschen offensteht, wird leider nur sehr selten genutzt. Diese Art der persönlichen Beweiserlangung ist sehr praktikabel und führt auch zum Erfolg. Allerdings genügt sie nicht wissenschaftlichen Kriterien. Man bekommt „nur" einen unmissverständlichen und persönlichen Beweis, der jedoch keinen Zweifel an der Existenz Gottes mehr offenlässt. Diese Methode habe ich erfolgreich genutzt und einige andere Menschen auch.

Ich wiederhole es gerne noch einmal. Bitte Gott darum, dass er sich dir zu erkennen gibt. Glaubst du ohne einen Zweifel an die Erfüllung dieses Wunsches, dann wird es so geschehen. Gott ist allgegenwärtig und es ist sein Wunsch, dass wir uns seiner ständigen Präsenz und seiner Position im Universum bewusst werden.

Du wirst deshalb in irgendeiner Weise einen Beweis bekommen, der für dich überzeugend ist und dir die Augen öffnet. In welcher Art dieser Beweis sein wird, vermag ich nicht vorherzusagen. Sicher ist nur dies, es wird ein beeindruckender Beweis sein, der für dich keinen Zweifel mehr an der Existenz Gottes offenlässt.

Der Sinn der irdischen Existenz

Menschen werden nicht zufällig in die Welt gesetzt, weil sie durch einen Zeugungsakt entstanden sind, auf den sie keinen Einfluss hatten. Richtig ist, dass jeder einzelne Mensch dieser Welt sich seine Eltern, sowie die auf ihn zukommenden Umstände und Herausforderungen vor seiner Geburt selbst ausgesucht hat. Die meisten der aktuell auf der Erde weilenden Menschen hatten sich für diese Existenzform entschieden, um wichtige Lektionen zu lernen, die ihrer weiteren seelischen Entwicklung und Reifung dienen. Das ist der Hauptzweck der irdischen Existenz aller Menschen.

Es ist es deshalb richtig, die Welt als eine Art Schuleinrichtung zu betrachten, die uns zu einem lebenslangen Lernprozess auffordert. Dieses Lernen erstreckt sich dabei nicht nur auf den Erwerb von beruflichen Fähigkeiten, die für das Leben in irdischen Gesellschaften benötigt werden. Ein wichtiger Teilbereich des Lernens ist der Erwerb von spirituellen Kompetenzen. Grundsätzlich ist dieser Lernvorgang ein Wachsen in Selbst- und Gotteserkenntnis und damit verbunden, die Entwicklung und Stärkung der eigenen Fähigkeiten, sowie eine Zunahme von Liebe und Empathie zu allem, was da ist.

Das Empfinden von Liebe und Empathie hat natürlich spürbare positive Auswirkungen auf den Umgang mit anderen Menschen und auch mit Tieren zur Folge. Was ein Mensch wirklich von ganzem Herzen liebt, das wird er stets respektvoll behandeln. Dieselbe Zielsetzung haben die meisten religiösen Lehren. In nahezu allen Religionen und Glaubensgemeinschaften steht die Aufforderung an oberster Stelle, barmherzig zu sein und allen anderen Menschen und Geschöpfen mit Würde und Respekt zu begegnen.

Für die vielfach belächelten und für primitiv gehaltenen Naturvölker, wie z. B. die Indianer in Nordamerika, die Aborigines in Australien oder die Adivasi in Indien, war ein solches Verhalten die gelebte Normalität. Sie hatten eine ausgeprägte Spiritualität, die von ihnen einen respektvollen Umgang mit sich selbst und anderen verlangte. Ihre Gemeinschaften teilten eine Tradition, die von einer starken Verbindung zur Natur und zum eigenen Land geprägt wurde. Das gesamte Leben war durchdrungen von einer ganzheitlichen ethnischen Religion. Die Kultur des Teilens war für die meisten Gruppierungen selbstverständlich. Gemeinschaftseigentum hatte häufig eine höhere Wertigkeit als Privateigentum. Wenig zu verbrauchen und möglichst nichts zu verschwenden, galt als erstrebenswert.

Barmherzig zu sein, sich für Kranke und Benachteiligte einzusetzen, prägte auch das Christentum. Diese Leitlinien führten in den westlichen Demokratien zur Entstehung der Sozialsysteme. Diese Systeme sind Ausdruck einer gelebten Nächstenliebe. Menschen in Not sollten von der Gemeinschaft solidarisch aufgefangen und unterstützt werden. Damit haben sich eindeutig die Anhänger der göttlichen Schöpfung des Universums gegenüber den Anhängern der Darwinschen Lehre durchgesetzt.

Kehren wir nun zurück zur Tatsache, dass Gott alles das ist, was da ist und jeder Mensch grundsätzlich nichts anderes ist, als ein individualisierter Teil dieses Schöpfers. Dieser Umstand hat für jeden Menschen noch weitere Auswirkungen, die vielen spirituell Unterentwickelten nicht bewusst sind.

Wenn das Universum nach unserer Zeitrechnung rund 14 Milliarden Jahre alt ist, dann gilt diese Altersangabe auch für den Schöpfer, aus dessen geistiger Energie dieses Universum entstand. Und wenn dieses Alter auf den Schöpfer zutrifft, dann gilt es auch für alle seine einzelnen Teile – also auch für dich und mich. Das bedeutet, dass wir alle genauso alt sind, wie das gesamte Universum alt ist.

Nun ja, ich kann schon jetzt das mitleidige Lachen all jener hören, die das bestreiten werden, weil unser tägliches Erleben diese Aussage wie Idiotie aussehen lässt.

Aber der von mir beschriebene Sachverhalt entspricht trotzdem zu 100 % der Wahrheit, denn was den meisten Menschen überhaupt nicht klar ist, ist die Tatsache, dass es in Wahrheit keine Zeit gibt. Zeit ist nur eine Illusion. Und weil Zeit nur eine Illusion ist, konnte sie bisher auch von keinem Forscher der Welt wissenschaftlich erklärt werden.

Sosehr sich die Forschung auch bemüht, das Phänomen Zeit entzieht sich jeder wissenschaftlichen Erklärung. Das wird auch so bleiben, denn wie wollte man etwas in eine wissenschaftliche Formel bringen, das nur illusionär und nicht real vorhanden ist?

Es ist mir bewusst, dass diese Erläuterung allem widerspricht, was wir täglich gegenteilig erfahren. Schließlich ist der Faktor Zeit ein wichtiges und bestimmendes Element in unserem Leben. Die Auswirkungen der Zeit und ihre Abläufe bekommen wir jeden Tag zu spüren. Dennoch ist es so, Zeit ist nur eine Täuschung innerhalb der Schulungseinrichtung „irdisches Leben"!

Klüger als unsere gegenwärtigen Forscher, die von der irrigen Vorstellung ausgehen, dass die Materie den Geist hervorgebracht hat, waren die Philosophen und Mystiker des Mittelalters. Sie gingen davon aus, dass die Zeit ein „Stehendes Jetzt" ist und ihr Fließen in Ursächlichkeit und Folge nur das Ergebnis einer Vorrichtung unserer Sinne ist.

Meister Eckhart (1260-1328), ein mittelalterlicher Philosoph und Mystiker, der dem Dominikanerorden angehörte, vertrat die Auffassung, dass alles JETZT, darin Gott den ersten Menschen schuf, und das JETZT, darin der letzte Mensch vergehen wird, und das JETZT, darin er sprach, gleich in Gott sind und nichts Anderes sind, als ein einziges JETZT! Das heißt, alles was ist, alles was war und alles, was jemals sein wird, existiert real nur zu einer einzigen Zeit, nämlich JETZT! Jesus beantwortete die Frage nach dem Ende der Welt und der gesamten Schöpfung einmal so:

„Das Ende ist dort, wo auch der Anfang ist."

Was natürlich stimmt, weil Vergangenheit, Gegenwart und Zukunft nur an einem einzigen Zeitpunkt existieren – JETZT!

Die Bestätigung dieser Behauptung kommt nicht von der Wissenschaft, sondern aus einer ganz anderen Richtung. Sie kommt von jenen Menschen, die eine außerkörperliche Erfahrung gemacht haben. Übereinstimmend berichteten sie vom Fehlen des Zeitablaufs. Dieses hatte ich selbst auch erlebt. Zeit hört sofort auf zu „fließen", sobald man mit seinem Bewusstsein nicht mehr an den Körper gebunden ist. Es gibt dann dieses Gefühl des „Verstreichens von Zeit" nicht mehr. Alles geschieht völlig zeitlos. Alle Aktionen benötigen keine Zeit mehr. Der Wunsch an einem völlig anderen Ort zu sein, erfüllt sich augenblicklich, ohne Zeit in Anspruch zu nehmen.

Zeit findet nur statt, wenn wir in unserem materiellen Körper leben und unser Bewusstsein mit dem Körper eine Einheit bildet. Verantwortlich für das „Fließen der Zeit" ist unser Nervensystem. Es besteht aus rund 100 Milliarden Nervenzellen, die untereinander über 1.000 bis 10.000 Verzweigungen pro Nervenzelle zu einem komplizierten Netzwerk verknüpft sind und der Reizwahrnehmung, der Reizverarbeitung und Reaktionssteuerung dienen.

Während wir zu Gast auf der Erde sind, geht unser Bewusstsein eine Verbindung mit unserem Körper ein. Zugleich sind wir in dieser Verbindung wie hypnotisiert darauf programmiert, Wahrnehmungen ausschließlich über unsere körperlichen Sinne zu empfangen. Sehen, hören, riechen, schmecken, tasten – alle diese Empfindungen werden von den Sinnesorganen über das Nervensystem als Signale von einer Nervenzelle zur anderen bis zum Gehirn weitergeleitet. Erst, wenn die Information in unserem Gehirn angekommen ist, nehmen wir sie bewusst auf. Bei diesem Vorgang kommt es zu vielfachen Verzögerungen.

Erreicht ein elektrisches Aktionspotenzial das Ende einer Nervenzelle, muss das Signal in irgendeiner Weise auf die Nachbarzelle übertragen werden. Diese Übertragung findet an den Synapsen statt, der Kontaktstelle zwischen zwei Neuronen, die aber für elektrische Signale unpassierbar ist. Deshalb wird an den Synapsen das elektrische Signal in ein chemisches umgewandelt, damit der synaptische Spalt zwischen zwei Neuronen mithilfe chemischer Botenstoffe, den Neurotransmittern, überbrückt werden kann.

Die weiterleitende Zelle schüttet aufgrund des eingehenden elektrischen Signals den Neurotransmitter aus, in der Zielzelle wird der Botenstoff aufgenommen, wodurch wieder ein Aktionspotenzial ausgelöst wird. Die Diffusion der Neurotransmitter im synaptischen Spalt benötigt aber (nach irdischen Verhältnissen) einige Millisekunden Zeit, zumal der ausgeschüttete Botenstoff auch wieder entfernt werden muss, um die Nervenzelle für die nächste Signalübertragung erneut „betriebsbereit" zu machen.

Von außen eintreffenden Sinnesempfindungen werden deshalb nur „häppchenweise" ans Gehirn weitergeleitet, wie bei einem Zelluloidfilm. Immer nur ein Bild nach dem anderen. Aber wie bei einem echten Kinofilm, wo wir die einzelnen Bilder nicht mehr erkennen können, ist die Signalübertragung unseres Nervensystems doch noch so schnell, dass auch wir im Kopf „fließende" Eindrücke erhalten. Genau das ist es, was wir als Zeit empfinden.

Mir ist nur ein Wissenschaftler bekannt, der das Phänomen Zeit richtig erkannt hatte. Das war das Genie Albert Einstein, er sagt zum Wesen der Zeit:

„Der Unterschied zwischen Vergangenheit, Gegenwart und Zukunft ist nur eine Illusion, wenn auch eine sehr hartnäckige!"

Wer dies akzeptiert und verstanden hat, kann hieraus wertvollen Nutzen ziehen, denn die Bindung an die Zeitabläufe gilt nur für unser mit dem Körper vereinten Bewusstsein. Es gibt tiefere Bewusstseinsanteile in unserer Psyche, für die Zeit, wie wir sie kennen und wie sie für unser irdisches Erleben von Bedeutung ist, nicht existiert. Dazu später mehr.

Grundsätzlich lernen wir, in einem Umfeld, dass uns Fehler verzeiht, konstruktive Schöpfer, genauer gesagt Mitschöpfer zu werden. Das Erleben von Zeit ermöglicht es uns Menschen, Gedanken, Ideen und Imaginationen zu entwickeln, die sich nicht augenblicklich verwirklichen. Wir können uns gefahrlos auch solchen Zukunftsvisionen hingeben, die extrem destruktiv ausgeprägt sind. Sie realisieren sich nicht sofort, wie es der Fall wäre, wenn der Körper uns das Verstreichen von Zeit nicht vortäuschen würde. Dies erlaubt uns, negative Zielsetzungen zu korrigieren, die sich ohne diese Umstände sofort verwirklicht hätten.

Zeit ist eine Puffereinrichtung, die uns Gelegenheit gibt, Fehler rechtzeitig zu korrigieren. Überdies verlangt uns das Zeitempfinden Geduld und Beharrlichkeit ab, wenn es um die Verwirklichung von Wünschen und Zielen geht, die für uns bedeutsam sind.

Halten wir folgende Erkenntnis fest: Zeit gibt es nicht wirklich. Zeit existiert nur für die in einem menschlichen Körper gebundene Persönlichkeit, nicht aber für die Anteile unserer Psyche, die im Unbewussten liegen. Die kennen keine Zeit. Hier finden alle Ereignisse nur zu einem einzigen Zeitpunkt statt, dem ‚ewigen JETZT'. Auch Jesus hatte etwas zum Wesen der Zeit zu sagen (2. Petrus 3,8) :

„Eins aber sei euch nicht verborgen, ihr Lieben, dass ein Tag vor dem HERRN ist wie tausend Jahre und tausend Jahre wie ein Tag".

Vielleicht fragst du dich jetzt, wenn Zeit nicht existiert, wie lang ist dann die Ewigkeit? Nun, die Ewigkeit besteht nicht als unendliche Zeitdauer, sondern als unzeitlicher bzw. zeitloser Punkt der Gegenwart! Alles findet jetzt zur selben Zeit statt, nur psychische Barrieren trennen es voneinander!

Niemand wird zu Einsichten gezwungen, aber jeder muss durchleben, was er sich durch sein verfehltes Denken selbst erschaffen hat. Wer Gewalt für akzeptabel hält und sie gegenüber anderen Menschen anwendet, wird selbst immer wieder, Leben für Leben, schmerzhafte Erfahrungen mit Gewalt machen, bis in ihm von selbst die Einsicht erwacht, dass Frieden und Gewaltlosigkeit die besseren Alternativen sind.

Es gibt keine Rechtfertigung für Gewalt. Das gilt für alle Formen der Gewalt, für Krieg, Mord, Totschlag, Unterdrückung, Sklaverei und Terrorismus gleichermaßen. Wer davon nicht lassen will, wird es durch sein Karma selbst auf sich laden und zu spüren bekommen.

Es gibt auch keine Rechtfertigung für Hass. Man muss nicht jeden Menschen aufs innigste lieben, aber man sollte schon anerkennen, dass selbst jene Personen, die uns zutiefst missfallen und die wir zutiefst verabscheuen, gleichfalls individuelle Teile des einen Schöpfergeistes sind. Sie entstammen derselben Quelle wie wir. Auch sie haben ihre Existenzberechtigung und auch sie leben in unserer irdischen Welt, um wichtige Lektionen für ihre persönliche Weiterentwicklung zu lernen. Das gilt selbst für die schlimmsten Verbrecher. Auch ihnen gegenüber sind Hass und Gewalt zu unterlassen, so schwer und lebensfremd dies erscheinen mag. Veränderungen haben immer in einer Weise zu geschehen, dass Böses gewaltlos in Gutes transformiert wird.

Ich habe großes Verständnis dafür, wenn manche Menschen über so viel vermeintliche Lebensfremdheit nun unwillig den Kopf schütteln. Tatsächlich erscheint dieser Gedanke in Anbetracht der brutalen Massenmorde von Hitler, Stalin, Mao, Pol Pot und Co als völlig absurd. Aber das ist eben nur auf den ersten Blick so.

In Wirklichkeit hat keiner dieser brutalen Morde zur endgültigen Auslöschung der betroffenen Opfer geführt. Sie wurden zwar auf eine der denkbar schrecklichsten Arten aus unserer materiellen Welt entfernt, aber weil wir Menschen in Wahrheit geistige Wesen, besser gesagt, unsterbliche Bewusstseinseinheiten sind, wird niemand durch den irdischen Tod wirklich ausgelöscht. Wie alle Menschen existieren die getöteten Opfer als seelische Energiepersönlichkeiten weiter. Dasselbe gilt für die Täter, die anschließend zur Strafe für diese Verbrechen hingerichtet wurden.

Für keine dieser beiden Gruppen ist der Tod das wirkliche Ende. Sie werden, genauso wie alle anderen Menschen auch, in die unterschiedlichsten Verhältnisse wiedergeboren und weitere irdische Leben haben, bis die spirituellen Lektionen gelernt wurden. Wobei allerdings das jeweilige Karma zur Geltung kommt.

Karma bedeutet nicht, ein vorbestimmtes Schicksal zu bekommen, sondern es entstehen während der irdischen Existenz Einflüsse durch das Zusammenwirken von Ursache und Wirkung. Jeder ist für seine eigenen Handlungen und Unterlassungen verantwortlich. Jede Handlung hat immer eine Wirkung zur Folge, die der Handlung entspricht – wir bringen selbst das Saatgut für unsere Zukunft, für Glück oder Leid, aus.

Die wichtigste allgemein zu lernende Lektion ist für alle Menschen gleichermaßen die Erkenntnis, dass Gedanken zu Materie werden. Auch das gehört praktisch zum irdischen Lehrprogramm aller Menschen. Die Aufgabe besteht darin, diese Fähigkeit, die wir alle haben, zu erkennen, und wenn wir diesen ersten Schritt gemacht haben, danach im zweiten Schritt zu lernen, sie bewusst und optimal zu nutzen.

Vor dem Hintergrund, dass Gott als Schöpfer von allem, was da ist, in seinem eigenen Bewusstsein kraft seiner Gedanken und Vorstellungen die gesamte Schöpfung entstehen ließ, ist es nur logisch, dass wir als individualisierte Teile seines Gesamtbewusstseins diese Fähigkeit ebenfalls haben. Auch unsere Gedanken werden zur Materie. Wir bekommen, was wir glauben und worauf wir uns mental konzentrieren.

Diese Tatsache ist der Grund, warum das Bekämpfen unerwünschter Zustände der blanke Irrsinn ist, der niemals zu einem Erfolg führen kann. Wer etwas bekämpfen will, muss das zu Bekämpfende zuerst einmal in der Außenwelt lokalisieren. Das unerwünschte Objekt oder ein unerwünschter Zustand müssen vorhanden und identifizierbar sein. Das gilt für Krieg, Armut, Krankheit und sonstiges gleichermaßen.

Wurde das Objekt der Bekämpfung in der Außenwelt erkannt, dann richtet sich zwangsläufig die volle Konzentration des Bekämpfers darauf, was wiederum nach dem Prinzip „Gedanken werden zur Realität" zur Verfestigung des Unerwünschten beiträgt. Solange jemand das Unerwünschte bekämpft, sorgt er durch seinen Glauben an das Unerwünschte zugleich dafür, dass das Unerwünschte materiell vorhanden bleibt, oder immer wieder neu entsteht.

Kein Mensch kann einen Frieden erschaffen, indem der Krieg bekämpft oder mit weiteren kriegerischen Aktivitäten am Leben gehalten wird. Ein aktiver Krieg wurde erzeugt durch den Glauben an den Krieg und durch entsprechende Handlungen. Eine Bekämpfung des Krieges zementiert diesen Zustand, denn mit der Bekämpfung geht die feste Überzeugung einher, dass dieser Krieg vorhanden ist.

Frieden entsteht nur durch Beendigung aller Kämpfe. Wer wirklich Frieden will, der tut gut daran, sich darauf zu konzentrieren und an den Frieden zu glauben – auch dann, wenn noch real gekämpft wird. Der Glaube an den Frieden wird zwangsläufig den Frieden erzeugen.

Dasselbe Prinzip gilt für die Beseitigung aller unerwünschten Zustände. Nichts davon verschwindet tatsächlich durch Bekämpfen. Aber alles lässt sich verändern, wenn man sich voll auf den Gegenpol des Unerwünschten konzentriert und daran glaubt.

Wer die Welt verändern und verbessern will, dem steht nur einen Weg offen: Man muss immer bei sich selbst anfangen. Denn es geht nicht darum, andere Menschen zu verändern, sie zu erziehen, zu zwingen oder zu nötigen. Nein, es geht immer und ausnahmslos nur darum, bei sich selbst anzufangen, um sich selbst weiterzuentwickeln. Jeder hat seine eigenen Lektionen zu lernen. Sobald jemand etwas als falsch erkannt hat, ergeht an ihn selbst die Aufforderung, es in Zukunft zu unterlassen. Es dient nicht dem eigenen Reifungsprozess, das erkannte Fehlverhalten anderen zu verbieten, es aber für sich selbst beizubehalten, wie es von Politikern und sogenannten Aktivisten gerne praktiziert wird.

Es ist nicht unsere Aufgabe, andere Menschen zu Einsichten jeglicher Art zu zwingen. Unsere Aufgabe ist es, unsere eigenen Lektionen zu lernen, darum ist und bleibt jeder Mensch zeitlebens aufgefordert, vor der eigenen Tür zu kehren.

Warum einige Menschen freiwillig eine Existenz gewählt haben, die uns als bemitleidenswürdig und unverständlich erscheint, entzieht sich natürlich unserer Kenntnis. Wir können nur sicher sein, dass auch solche extremen Bedingungen der weiteren Entwicklung eines Individuums dienen. Vorstellbar ist, dass z. B. Blinde diese Behinderung gewählt haben, um andere Fähigkeiten gezielt auszubauen.

Auch das Karma mag eine Rolle spielen, wenn Menschen sich Lebensbedingungen ausgesucht haben, die uns „Normalen" als abwegig erscheinen. Die Gründe für solche Bedingungen werden für uns als Außenstehende ein Geheimnis bleiben. Sicher ist nur eines: Jedes menschliche Leben hat seinen großen Wert, seinen Sinn und seine tiefere Bedeutung. Das Leben eines obdachlosen Bettlers ist genauso bedeutsam wie das Leben eines Königs. Jeder

Mensch lebt auf dieser Erde, damit sich der Sinn seiner Existenz erfüllt. Die eigenen Lektionen sollen gelernt werden. Das steht für jedes einzelne Leben im Vordergrund – auch für das scheinbar Unbedeutendste.

Insofern ist es völlig abwegig, von „unnützen Essern" zu reden, die man gegebenenfalls über Bord werfen kann, wie es die Vordenker der Neuen Weltordnung propagieren. Ändern die Wegbereiter dieser offenkundigen Fehlentwicklung ihre Haltung in dieser Frage nicht zum Besseren, ist es gut vorstellbar, dass ihnen das Karma in weiteren irdischen Existenzen schmerzhafte Lektionen erteilt, die sie zu klügeren Einsichten bringen.

Sei deshalb klug und aufgeschlossen. Stelle dich den Herausforderungen und lerne, was es für dich zu lernen gibt. Ich empfehle dir, diese oder ähnliche Glaubenssätze zu verinnerlichen:

„Ich glaube, dass sich der Sinn meines Lebens erfüllt."
„Ich lerne meine Lebenslektionen. Das ist wichtiger als andere belehren zu wollen."

Es wird dich weiterbringen, wenn du die folgende Regel beachtest: Zu allen Interaktionen gehören immer zwei Personen, nämlich einer, der dich anlügt und du, der sich anlügen lässt. Versuche in so einem Fall nicht vorrangig zu klären, warum die Person dich anlügt, sondern gehe der Frage nach, warum du dich anlügen lässt!

Dieses Prinzip gilt für alle Interaktionen. Immer ist einer beteiligt, der etwas macht und ein weiterer, der es mit sich machen lässt. Wenn du etwas mit dir machen lässt, was dir nicht gefällt, dann richtet sich automatisch die Frage an dich, warum du es dir gefallen lässt und es nicht unterbindest. Darin besteht deine eigentliche Herausforderung, nämlich zu lernen, Lügen und Täuschungen zu durchschauen, oder deutlich und unmissverständlich NEIN zu sagen, wenn dir etwas nicht gefällt!

An sehr vielen Punkten wird unsere Wissenschaft radikal umdenken müssen, besonders im Zusammenhang mit den Bedingungen unserer irdischen Existenz. „Zu leben", also nach irdischen Grundsätzen „lebendig" zu sein gilt für unsere wissenschaftlich und materiell geprägte Gesellschaft nur solange, wie wir aktiv mit einem funktionsfähigen Körper, sowie mit Atmung, Stoffwechsel und Hirnfunktion am Leben teilnehmen.

Wir sind aber in Wahrheit Energiepersönlichkeiten, wir sind geistige Seelen, die nur vorübergehend eine Verbindung mit einem materiellen Körper eingegangen sind. Bei unserem irdischen Tod wird lediglich diese von vornherein befristete Verbindung wieder aufgelöst. Unser energetischer Persönlichkeitskern geht zurück in jene anderen Dimensionen, wo wir auch vor unserer Geburt „Zuhause" waren. Einfach ausgedrückt, wir verlassen diese Welt wieder. Niemand stirbt wirklich, nur weil der Körper nicht mehr funktioniert. Wir hören nicht auf zu leben! Unser Leben geht weiter in der Form, die wir in Wahrheit sind und die wir auch schon immer waren, als geistige Wesen! Weil dieses so ist, erklärte Jesus das ewige Leben so (1 Joh 5,20):

„Das ist aber das ewige Leben, dass sie dich, der du allein wahrer Gott bist, und den du gesandt hast, Jesus Christus, erkennen!"

Wer erkannt hat, dass er in Wahrheit ein Teil des unsterblichen und ewig lebenden Gottes ist, der hat zugleich begriffen, dass er dieselben Eigenschaften hat, nämlich die Unsterblichkeit als geistiges Wesen!

Was die Kirchenvertreter später daraus gemacht haben, steht auf einem anderen Blatt Papier. Sinn machen die Aussagen von Jesus natürlich nur dann, wenn auch seine Behauptung berücksichtigt wird, die nicht in die Bibel aufgenommen wurde, wonach Gott das Universum ist, bzw. die Energie, aus der alles besteht, was da ist.

Kommen wir nun zu den Eigenschaften, die uns auf jeden Fall von Gott unterscheiden. Obwohl wir als Teile des Ganzen genauso alt sind wie das Ganze, nach irdischer Zeitrechnung also viele Milliarden Jahre, fehlen uns unsterbliche Seelen die erforderlichen Erfahrungen als Schöpfer!

Wir haben nicht gelernt und sind keine Meister darin, unsere eigene Energie zum Zwecke großartiger Schöpfungen einzusetzen. Darüber hinaus haben wir auch zu lernen, wie unsere Schöpfungen beschaffen sein müssen, um das Prädikat „gut", „großartig" etc. zu bekommen. Ich denke, es muss nicht besonders erwähnt werden, dass hier nur die Bewertung Gottes gilt!

Auch wenn ich nicht alles über Gottes Kriterien weiß, so wird doch einiges aus den Botschaften von Jesus deutlich:

Sei barmherzig, tue Gutes und bekümmere nicht das Herz anderer Mensch. Sei aufrichtig, sei ehrlich, verzichte auf Gewalt und behandle andere Menschen grundsätzlich so, wie du selbst behandelt werden möchtest. Verbreite Freude und Liebe. Setze dich für Frieden und Verständigung ein.

Eine weitere Richtlinie sind die 12 Gebote. Auch andere Religionen geben diesbezüglich wertvolle Hinweise. Die wichtigste Empfehlung ist aber diese:

Lausche in dich hinein und höre immer auf dein Gewissen!

Das Leben auf der Erde ist ein endloser Lernprozess in allen Bereichen. Niemand geht durchs Leben, ohne irgendwann einmal einen Fehler zu machen. Wenn du doch einmal etwas getan hast, was du besser nicht hättest tun sollen, dann versuche nicht, es zu beschönigen oder zu leugnen, es sei denn, du würdest anderen Menschen damit schaden. Ansonsten sei ehrlich, stehe zu deinen Fehlern und mache es in Zukunft besser.

Bei diesen Anforderungen wird deutlich, dass wir auch hohen charakterlichen Ansprüchen genügen müssen. Wir müssen an uns arbeiten und unseren individuellen Lebensweg an ethische Grundsätze ausrichten!

Gedanken - der universelle Baustoff

Über das Wesen von Gedanken gibt es unterschiedliche Auffassungen, die zum Teil sehr widersprüchlich sind. Für die Neurowissenschaft sind Gedanken das Resultat unserer Hirnaktivitäten. Sie entstehen als komplizierte Interaktionen zwischen den Nervenzellen im Gehirn des Menschen. Genaueres weiß die wissenschaftliche Forschung bisher noch nicht, aber die damit befassten Experten sind sich sicher, dass ausschließlich ein lebender Mensch mit einem funktionsfähigen Gehirn Gedanken entwickeln kann. Das Entstehen von Gedanken ohne Neuronen in einem materiell vorhandenen und intakten Gehirn kann es ihrer Meinung nach nicht geben.

Im Klartext bedeutet dieses, dass Gedanken lediglich ein noch nicht näher beschreibbares Produkt des materiellen Körpers eines Individuums sind. Für die Verfechter dieser Theorie sind Gedanken in ihren Wirkungen begrenzt. Sie haben grundsätzlich nur Auswirkungen auf den Menschen, der einen Gedanken entwickelt. Dies gilt für viele Menschen als wissenschaftlich untermauerte Tatsache, die nicht weiter hinterfragt werden muss.

Die meisten Menschen haben dieses vermeintliche Wissen in ihrer Psyche als einen Glaubenssatz ihres Glaubenssatzsystems abgespeichert, der etwa so *„Gedanken sind im Kopf eingeschlossen"* oder ähnlich lautet.

Tatsächlich handelt es sich lediglich um einen falschen, aber veränderbaren Glaubenssatz. Denn die Wahrheit ist, dass Gedanken eine viel größere Wirkung und Reichweite haben, als die Menschen mehrheitlich glauben.

Ein Glaubenssatz erzeugt die zu ihm passenden Gefühle und ist verknüpft mit entsprechenden bildlichen Vorstellungen in der Psyche eines Menschen. Zudem führt er im Außen genau zu den Erfahrungen, die seine Aussage bestätigen. Das möchte ich an einem ganz normalen Beispiel erläutern.

Eine Person, die den Glaubenssatz *„Ich bin ein Versager"* für richtig wahr hält und ihn akzeptiert hat, wird entsprechend depressive Gefühle der Niedergeschlagenheit und Minderwertigkeit in sich erzeugen. Verstärkt und am Leben gehalten wird diese Fehleinstellung durch bildliche Vorstellungen (Imagination) erlebter oder befürchteter Situationen.

Der Glaubenssatz zieht stets solche Erfahrungen nach sich, die seine Richtigkeit bestätigen. Wird dieser Glaubenssatz beibehalten und nicht zum Besseren verändert, bleiben die schlechten Erfahrungen in der Außenwelt bestehen. Immer und immer wieder werden in der Außenwelt Ereignisse auftreten, die die Richtigkeit dieses Glaubenssatzes beweisen. Erst dann, wenn dieser Glaubenssatz durch einen besseren ersetzt wurde, hören diese schlechten Erfahrungen auf.

Gedanken sind keineswegs beschränkt auf die Ausmaße des menschlichen Körpers. Weil der Mensch grundsätzlich ein geistiges Wesen ist, konkret gesagt, ein Teil des göttlichen Bewusstseins, mit dessen ungeheuren Schöpferkraft ist, haben seine Gedanken einen viel größeren und stärkeren Effekt, als allgemein für möglich gehalten wird.

Die Annahme von der strikten Begrenztheit der Gedanken ist im Kern nur die logische Konsequenz aus der Theorie vom unbelebten Universum, welches angeblich in Milliarden von Jahren das Leben zufällig hervorbrachte. Wie bereits in vorigen Kapiteln ausführlich beschrieben, handelt es sich bei dieser Entstehungstheorie um ein unzutreffendes Gedankenkonstrukt, das den „Gläubigen" zwar als real erscheint, es in Wahrheit aber nicht ist.

Übersinnliche Phänomene wie Gedankenübertragung, Telepathie und andere sogenannte außersinnliche Wahrnehmungen sind nach dieser Theorie selbstverständlich nicht möglich und werden von Wissenschaftsgläubigen deshalb als Hokuspokus betrachtet und abgelehnt.

Nun, du weißt es inzwischen besser, hoffe ich!

Wie sonst hätte Gott aus sich selbst heraus das Universum erschaffen können? Wenn nicht durch seine Fantasie und die Kraft seiner Gedanken? Gedanken zu haben und diese auch zweckmäßig formulieren zu können, ist eine Fähigkeit des unsterblichen Bewusstseins, welches aus reiner Energie besteht. Mache es dir immer wieder bewusst und vergiss es nicht!

Gedanken sind wirkende Kräfte!

Gedanken werden zur Realität!

Gedanken werden zu Materie!

Der Geist beeinflusst die Materie nicht nur, nein, das Bewusstsein erschafft die Materie!

Und deine Gedanken sind keinesfalls in deinem Kopf eingeschlossen!

Das ist auch logisch, wenn man sich vor Augen hält, dass Gott alles das ist, was da ist, nämlich das gesamte Universum. Indessen ist unbestreitbar, dass jeder einzelne Mensch ein Teil dieses Universums ist. Das bedeutet in der Konsequenz, dass jedes Individuum ein eigenständiger Teil mit zugleich eigener Freiheit dieses einen Schöpfergottes ist. Logischerweise hat damit auch jeder unabhängige Bewusstseinsanteil des Schöpfers dieselben Eigenschaften und Merkmale wie das Ganze.

Würde man ein riesiges Meer aufteilen in eine unendliche Anzahl von Wassertropfen, dann hat jeder einzelne Tropfen immer noch alle Eigenschaften des Elementes Wasser. Die Grundsubstanz Wasser bleibt unverändert dieselbe – egal, wie klein der Tropfen auch wird. Auch wenn die Wassermenge bis zu einem einzigen Molekül verringert wird, gibt es keine Veränderungen der Grundeigenschaften. Noch in dieser kleinsten denkbaren Menge bleibt das Wasser unverfälscht erhalten und kann seinen Aggregatzustand, abhängig von der Temperatureinwirkung, von flüssig zu festem Eis oder gasförmigen Dampf verwandeln.

Dasselbe gilt für uns Menschen, die wir in Wirklichkeit individualisierte Anteile des urgewaltigen Schöpfergeistes sind. Wir verfügen über dieselben Eigenschaften und Fähigkeiten wie das große allumfassende Energiebewusstsein, das wir Gott nennen. Auch unsere Gedanken werden zur Materie und zu erlebbaren Ereignissen.

Dies führt uns zu der ersten wichtigen Erkenntnis, die es zu verstehen gilt: Alles, was sich in unserer jeweiligen Außenwelt abspielt, haben wir zuvor in unserer Innenwelt aus Gedanken, Gefühlen und Imaginationen selbst erschaffen.

Dies ist die wichtigste Einsicht, die du dir zu eigen machen solltest. Denn dieses Grundprinzip zu erkennen, ist zugleich der Hauptzweck der irdischen Existenz der meisten Menschen.

Gedanken werden zur Realität!

Gedanken werden zur Materie!

Gedanken werden zu Ereignissen in der Außenwelt!

Gedanken sind die Bausteine für alles, was da ist.

Es gibt nichts, was nicht durch vorangegangene gedankliche Vorgänge erschaffen wurde. Das Universum ist ein Gedankenkonstrukt und auch unsere gegenwärtige Welt ist nichts anderes als ein Gedankenkonstrukt - allerdings eines, an dem wir alle täglich mitwirken.

Leider haben wir es gegenwärtig mit einer bedauernswerten Gesellschaft zu tun, deren Mehrheit die Wurzeln zu unserer spirituellen Grundlage nicht kennt oder sie verloren hat. Die Entwurzelten erhoffen sich Veränderungen zum Besseren durch gewählte Vertreter, denen die wichtige Aufgabe anvertraut wurde, durch Verfassungen, Gesetze und Vorschriften, an die sich jeder Bürger zu halten hat, die erhofften Verbesserungen zu bewerkstelligen. Eine andere Möglichkeit kennen sie mangels spirituellen Wissens nicht.

Aber dieses Verfahren ist nicht die einzige Möglichkeit zur Veränderung der Welt!

In Gesellschaften, die durchdrungen waren von dem spirituellen Wissen, dass alles, was da ist, Bewusstsein hat, wurden die gewünschten Veränderungen anders herbeigeführt. Es waren oftmals Naturvölker, wie z. B. die Ureinwohner Amerikas, in denen es völlig normal war, mit Tieren, Bäumen, Pflanzen, Seen und Bächen zu sprechen. Sie wussten, dass jedes Tier, jede Pflanze und auch jeder Bach ein eigenes Bewusstsein hat, was von ihnen gewürdigt und respektiert wurde.

Ihre Anführer, zumeist Medizinmänner- und frauen, „erträumten" sich das neue Erwünschte. Sie produzierten in ihrer Psyche emotional unterlegte Visionen von einer besseren Welt, die sich anschließend in der äußeren Welt manifestierten.

Es ist ein normaler Vorgang, den jeden Tag auch Menschen der „aufgeklärten" westlichen Welt vollbringen – nur leider völlig ahnungslos und unbewusst. Aufgrund der Irrlehre von der toten Materie, aus der angeblich das Leben entstand, wird von vielen Menschen praktisch nie ein Zusammenhang zwischen den inneren Aktivitäten in der Psyche und den äußeren Ereignissen hergestellt.

Tatsächlich ist die äußere Welt ein getreuliches Abbild der inneren Welt eines Menschen. Sämtliche Ereignisse, die ein Mensch in seiner Außenwelt erlebt, wurden zuerst in seinem eigenen Inneren aus Gedanken, Glaubenssätzen, Gefühlen und Imaginationen erschaffen.

Dies ist der Grund, warum von spirituell Gelehrten die Behauptung aufgestellt wird, dass es im Leben eines jeden Menschen keine Zufälle gibt.

Doch lässt sich dieses Grundprinzip scheinbar sehr einfach widerlegen. Besonders gerne werden als Beweise für die Ungültigkeit dieses Prinzips solche Ereignisse angeführt, die sich kein vernünftiger Mensch freiwillig wünschen oder erschaffen würde, wie zum Beispiel ein Einbruch in die eigene Wohnung oder ein nächtlicher Raubüberfall beim Spaziergang. Oberflächlich betrachtet, sieht es oft so aus, als würden die Kritiker recht haben.

Durchforscht das Opfer jedoch die Inhalte seines Glaubenssatzsystems gründlicher, dann werden vielleicht solche Glaubenssätze bewusst, wie z. B.:

„Das Böse ist allgegenwärtig!"

„Das Leben ist gefährlich!"

„Die Welt ist abgrundtief böse, nirgends ist man sicher vor dem Bösen!"

„Wie gewonnen, so zerronnen!"

Wer solche Glaubenssätze für wahr hält, der übt eine magische Anziehung auf solche Ereignisse aus, die diese Glaubenssätze bestätigen. Wie die bestätigenden Ereignisse dann im Detail tatsächlich vonstattengehen, ist dabei zweitrangig. Entscheidend ist hierbei nur, dass einem Menschen, der solche Überzeugungen für wahr hält, sie in irgendeiner Form als Geschehnisse in seiner äußeren Welt erleben wird. Die Begebenheiten werden ihm deutlich vor Augen führen, dass er mit seinen destruktiven Glaubenssätzen absolut recht hat. Es tritt das ein, was schon Jesus als spirituelles Grundprinzip gelehrt hatte:

„Dir geschieht nach deinem Glauben!"

Entstanden sind die Glaubenssätze aus voran gegangenen Denkprozessen des Individuums, aus seinen gedanklichen Abwägungen und Entscheidungen – also aus dem zielgerichteten Gebrauch der elementaren Bausteine des Universums.

Dem Medizinbetrieb, der im Allgemeinen von der Kraft der Gedanken ohnehin nichts wissen will, entgeht noch eine weitere fundamentale Tatsache. Das ist die spirituelle Heilung, die es schon ebenso lange gibt wie die Menschheit. Es ist eine uralte und bis heute wirksame Heilmethode, die in der Lage ist, alle Krankheiten zu heilen. Sie wurde in früheren aufgeklärten Zeiten in allen Kulturen von Priestern, Schamanen, Kräuterfrauen und Medizinmännern erfolgreich angewendet. Gemessen an deren Heilkünsten hat sich die moderne Medizin trotz aller augenscheinlicher Erfolge teilweise leider ins Absurde zurückentwickelt! Das muss man einmal ganz deutlich sagen.

Weil alle Menschen in Wahrheit jeweils ein Teil des Ganzen sind und somit jedes individuelle Bewusstsein unauflöslich mit allen anderen verbunden ist, gibt es keine wirklichen Trennungen. Die Kommunikation zwischen all diesen einzelnen Bewusstseinseinheiten findet seit ewigen Zeiten über Gedanken statt.

Das ist auch bei Menschen im materiellen Körper so. Nur wird diese Art der Kommunikation kaum genutzt und oft auch bewusst unterdrückt. Die auf der Erde weilenden Menschen sind darauf fokussiert, Informationen fast ausschließlich über ihre körperlichen Sinne wahrzunehmen. Innere Informationsquellen werden ignoriert und sind deshalb bei vielen Menschen verkümmert.

Die geistige Verbundenheit aller mit allen anderen kann zur Übersendung heilender Energie genutzt werden. Diese Möglichkeit wird von wissenden Geistheilern und spirituellen Heilern genutzt. Die Methode ist überaus wirksam, auch wenn sie von irregeleiteten „Experten" gerne als „Spökenkiekerkram" belächelt und angegriffen wird.

Inzwischen gibt es unbestreitbare wissenschaftliche Beweise für die Wirksamkeit des spirituellen Heilens. Unter der Leitung der Universität von Birmingham wurde auf Initiative der spirituellen Heilerin Sandy Edwards die bis dahin größte medizinische Studie der Welt zum spirituellen Heilen durchgeführt. Das Ergebnis der zweijährigen wissenschaftlichen Studie von 2010 bis 2012 an 200 Patienten, die auf diese Weise geheilt wurden, lässt keinen Zweifel zu. Spirituelles Heilen wirkt! [17]

Sandy Edwards erzielte geradezu spektakuläre Erfolge. Ob Patienten an Gicht, Lähmungen oder an Krebs litten: Edwards konnte sie von ihren Leiden befreien. Immer wieder kurierte sie Menschen, die jahrelang gelitten hatten. Oft verschwanden Schmerzen und Probleme schon nach der ersten Behandlung. Patienten fühlten sich entspannter und wohler. In vielen Fällen entwickelten sie großen Optimismus und Lebensfreude. Diese Effekte hielten auch lange nach einer Behandlung an. [17]

In keinem einzigen Fall stellte Sandy Edwards eine Diagnose. Sie berührte ihre Patienten nie, fragte nie nach der Art der Beschwerden und gab auch nie irgendwelche Ratschläge oder Medikamente. Alles geschah stets nur gedanklich auf rein geistiger Ebene. [17]

Die erfahrene Heilerin betont immer wieder: Jeder Mensch hat die Fähigkeit, sich selbst und andere mit spirituellem Heilen zu kurieren. Das sagte 2.400 Jahre vor ihr auch schon Hippokrates (460 bis 370 v. Chr.), der Vater der modernen Medizin:

„Die wirksamste Medizin ist die natürliche Heilkraft, die im Inneren eines jeden von uns liegt!"

Alles spricht für diese Wahrheit: Das Bewusstsein erschafft die Materie! Wir müssen anerkennen, dass der Glaube an die eigene Heilung bzw. Gesundheit Wunder wirken kann. Es gibt keine Grenzen für die Heilkraft der Psyche. Wie weit das geht, zeigte uns exemplarisch der Holländer Arnold Gerrit Johannes Henskes (* 6. August 1912; † 26. Mai 1948), der unter seinem Künstlernamen Mirin Dajo die medizinische Fachwelt in Erstaunen setzte.

Mirin Dajo hatte den unerschütterlichen Glauben (Gedanken), dass er unverletzlich wäre. Um dies zu beweisen, ließ er sich unter Anwesenheit von zahlreichen Ärzten als Zeugen ein Florett durch den entblößten Oberkörper stoßen. Der Stahl drang unterhalb der Rippen in seinen Körper ein, durchstieß sämtliche Organe und trat aus der anderen Körperseite wieder aus. Dajo ließ dieses Martyrium, das jeden anderen Menschen auf der Stelle tödlich verletzt hätte, ungerührt über sich ergehen. [18]

Er verzog keine Miene. Er verspürte keinen Schmerz, während ihm ein Assistent vom Rücken aus das Florett durch den Körper stieß.

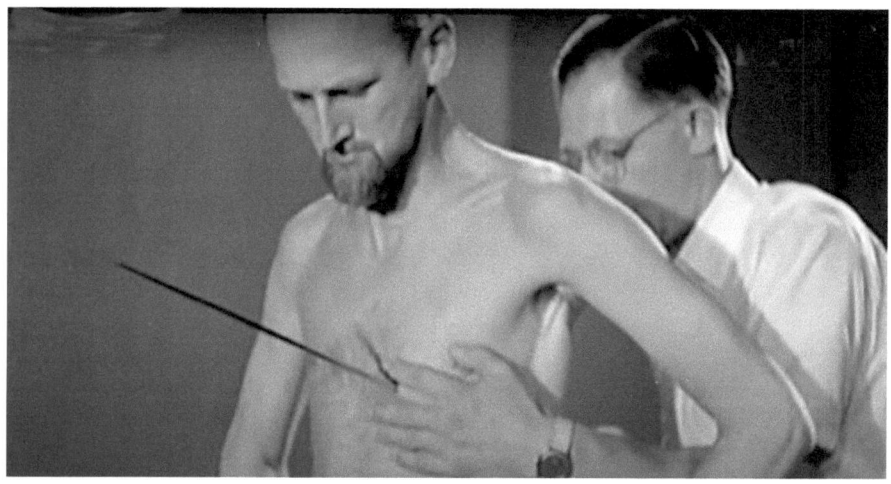

Bild: Screenshot aus einem YouTube-Beitrag

Mit dem durchbohrten Körper begab er sich lächelnd in die Röntgenkammer, wo dann für alle Ärzte auf dem Röntgenbild zu sehen war, wie die Klinge seinen Körper samt lebenswichtigen Organen komplett durchbohrt hatte.

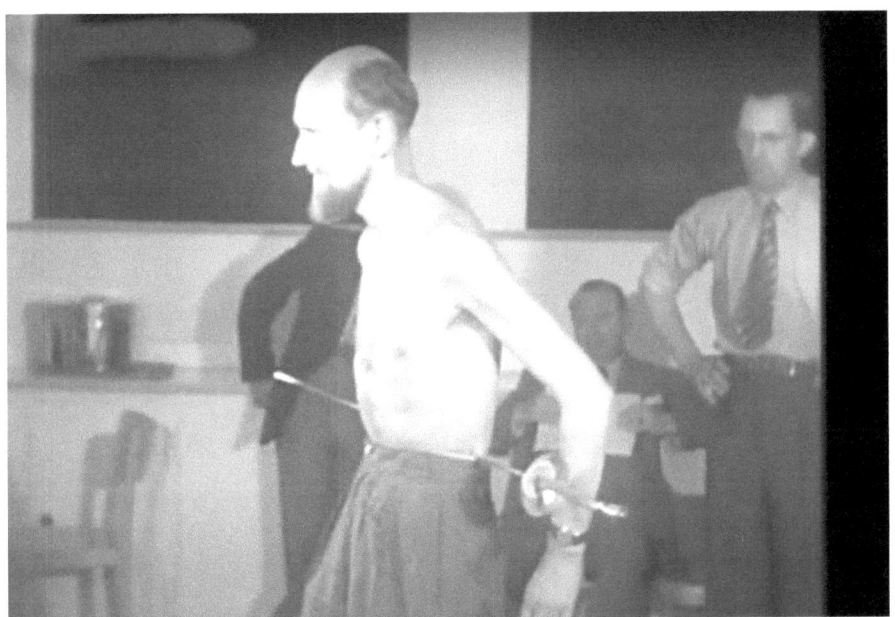

Bild: Screenshot aus einem YouTube-Beitrag

Diese Tortur führte er in der Schweiz öffentlich vor Zuschauern rund 500-mal durch. Sein Körper wurde von Narben übersät, aber nie floss Blut dabei. Sobald die Klinge aus dem Körper gezogen wurde, verschloss sich die Wunde sofort wie von Zauberhand wieder, als wäre nie etwas geschehen. Nachdem einige Ungläubige dies für einen Trick gehalten hatten, benutzte er später mit gleichem Erfolg einen Degen mit einer sehr breiten Klinge.

Mirin Dajo demonstrierte sehr deutlich die Macht des Geistes über die Materie des Körpers. Diese Macht haben wir alle, auch wenn wir bisher noch nicht gelernt haben, sie so krass einzusetzen, wie Dajo es tat. Dies beweist auch, dass wir mit unserem Bewusstsein unseren eigenen Körper erschaffen, mit dem wir dann in der Welt agieren.

Mirin starb 1948 an einer Infektion, nachdem er sich zum ersten Mal mit einem Säbel senkrecht durch den Mund den Magen durchbohrt hatte. Auch diese Prozedur führte nicht zu erkennbaren Verletzungen oder Schmerzen, aber zu einer Infektion, die ihn das Leben kostete. Zu dieser Vorführung hatte er sich überreden lassen, obwohl er nicht hundertprozentig dahinterstand. Möglicherweise waren seine leisen Zweifel die Ursache für dieses Ende.

Zu seinen Motiven sagte Mirin Dajo, dass er den göttlichen Auftrag hätte, den Menschen zu beweisen, dass es der Geist ist, der die Materie erschafft. Jeder einzelne Mensch würde ebenfalls über diese Fähigkeiten verfügen. Er betonte, dass es sich erfüllen würde, wenn die Menschen an den weltweiten Frieden glauben würden. Ausdrücklich warnte er vor den Gefahren eines 3. Weltkriegs, der mit Atomwaffen ausgetragen wird, wenn die Menschen nicht anfangen, an den Frieden zu glauben.

Glücklicherweise sind die damaligen Fotos und Filmaufnahmen von den öffentlichen Durchbohrungen des Körpers von Mirin Dajo erhalten geblieben. Man findet sie bei YouTube unter dem Stichwort Mirin Dajo.

In den Jahren 1984 bis 1987 befand ich nach einer größeren Anzahl von Unglücken und niederschmetternden Ereignissen auf der Suche nach Antworten auf diese Fragen:

„Wie viel Schuld habe ich an allem, was mir zugestoßen ist?"

„Was habe ich mit dem Unglück in meinen Leben zu tun, vor allem mit den Dingen, die plötzlich und unerwartet über mich hereingebrochen sind?"

Zu diesem Zweck hatte ich viele vermeintliche Experten aus den Bereichen Religion, Psychologie und Sozialpädagogik befragt. Beantworten konnte es mir niemand.

Ich war mir immer sicher, dass es eine klare Antwort dazu geben musste und ich war mir sicher, dass ich sie finden würde. Die Antworten bekam ich auch, nur eben auf sehr ungewöhnlichen Wegen.

Im Jahr 1986 fuhr ich mit meinem Firmenwagen und zwei Mitarbeitern auf einer Autobahn zur Arbeitsstelle. Ich befand mich damals in einer schwierigen privaten Situation. Es stand eine schwerwiegende Entscheidung über meine weitere Zukunft an. Ich musste zwischen zwei möglichen Wegen wählen. Einer war mit hohen Verlusten, aber Hoffnung auf ein besseres Leben verbunden. Die andere Möglichkeit bot ständigen Frust und Ärger, aber ein hohes Maß an materieller Sicherheit. Zwischen diesen beiden Möglichkeiten schwankte ich ständig hin und her. Das eine wollte ich genauso sehr wie das andere. Eines Tages hatte ich in meiner Unentschlossenheit Gott angerufen und gebeten, mir den besseren Weg zu offenbaren.

Während ich nun auf der Autobahn den Firmenwagen steuerte, ging urplötzlich während der Fahrt der Motor aus. Ich fuhr rechts ran auf den Standstreifen und wir suchten nach der Ursache. Es fand sich aber keine. Alles war in Ordnung. Plötzlich hatte ich die innere Ahnung, dass alles wieder in Ordnung wäre. Ich startete den Motor und er sprang sofort an. Alles war wieder okay, wir fuhren weiter.

Nach ein paar Kilometern geschah es ein weiteres Mal. Urplötzlich ging der Motor aus und wir mussten wieder rechts ran zum Anhalten auf den Standstreifen. Während wir dort standen und überlegten, woran es liegen könnte, drang mir von innen heraus die Gewissheit ins Bewusstsein, dass ich selbst die Ursache war. Auf eine mir nicht erklärbare Weise nahm ich geistig, mental oder psychisch Einfluss auf die Funktionsfähigkeit des Autos. Es wurde mir schlagartig klar, dass ich die Materie manipulierte, aus der das Auto bestand.

Das erklärte ich meinen Mitarbeitern, die, wie nicht anders zu erwarten war, mich nur irritiert und ungläubig ansahen. Wir konnten daraufhin ungehindert weiterfahren. Nach einer kleinen Weile bat ich die Mitfahrer, mich genau zu beobachten und sorgfältig auf etwaige Bewegungen meiner Hände und Füße zu achten. Dann sagte ich laut JETZT und schlagartig ging der

Motor aus, und zwar, ohne dass ich durch eine Handlung oder Bewegung etwas dazu beigetragen hatte. Ebenso sprang der Motor später wieder an, wenn ich bewusst dachte, dass er nun anspringen würde.

Dieses Spielchen habe ich noch 4- bis 5-mal wiederholt. Allein durch die Kraft meiner eigenen Gedanken konnte ich über die Funktion des Automotors entscheiden. Seitdem besteht für mich kein Zweifel mehr: Die Materie ist kein totes und starres Etwas. Das Bewusstsein erschafft die Materie aus der eigenen, sich selbst bewussten Energie. Alles hat Bewusstsein!

Dieses Ereignis und einige weitere Erlebnisse ähnlicher Art hatten meine Fragen deutlich und unmissverständlich beantwortet:

„Ich bin der Schöpfer meiner individuellen Lebenserfahrungen!"

Zugleich hatte mir dieses Erlebnis jede Angst vor Veränderungen genommen. Wenn ich bisher der Schöpfer aller meiner Lebenserfahrungen war, dann kann ich mir durch die konstruktive Nutzung der universellen Bausteine ohne Zweifel genau die guten Lebenserfahrungen erschaffen, die ich machen möchte. Die Aufgabe besteht lediglich darin, die Macht der Gedanken optimal zu verwenden.

Mit dieser Zuversicht gerüstet, bin ich den Weg mit den hohen Verlusten und der Hoffnung auf ein besseres Leben gegangen. Bereut habe ich das nie. Im Gegenteil, ich hätte keine bessere Entscheidung treffen können.

In der Folgezeit habe ich alle Krisen gemeistert, alle Herausforderungen bewältigt und vor allem ein zufriedenes Leben frei von jeglicher Angst geführt. Was sollte auch schon Schlimmes passieren?

Es gibt keine ausweglosen Situationen. Es gibt immer Alternativen. Fehler und falsche Entscheidungen können korrigiert werden. Nichts ist wirklich endgültig, nicht einmal der Tod!

Der drohende Verlust unserer Freiheit

Wir erleben zurzeit den finalen Griff einer weltweit agierenden Gruppe von Narzissten, Psychopathen, Extremisten und Fanatikern, die sich vorzugsweise als Philanthropen tarnen, nach der Weltherrschaft. Die Absicht dieser Machtmenschen ist es, uns alle in Armut und in eine dauerhafte Abhängigkeit von ihrem Wohlwollen zu bringen. Dieser seit Jahrzehnten von megareichen Familien, mächtigen Dynastien, Multimilliardären, Konzernverbrechern und ihren politischen Möglichmachern vorangetriebene Plan soll jetzt in der Unterdrückung der gesamten Menschheit seine bösartige Vollendung haben. Damit droht uns allen der Verlust unserer Selbstbestimmung und unserer Erde droht wieder einmal der Untergang wegen maßloser Gier auf materielle Güter und die Verleugnung spiritueller Grundwerte.

Schon im November 1975 stellte der Kongressabgeordnete Lawrence P. McDonald fest, dass das wichtigste Problem unserer Zeit der *"Trieb der Rockefellers und ihrer Verbündeten sei, eine Eine-Welt-Regierung zu schaffen, die sowohl Super-Kapitalismus als auch Kommunismus unter demselben Dach vereint, wobei alles unter ihrer Kontrolle steht."* Er warnte, dass dieser Trieb *"in seinem Ausmaß international"* sei und *"unglaublich übel in seiner Absicht"*. [19]

David Rockefeller, ein prominentes Mitglied dieser sagenumwobenen Familie, bekannte sich ganz offen in seiner eigenen Biografie dazu:

„Einige glauben sogar, wir [Familie Rockefeller] seien Teil einer geheimen Verschwörung, [...] und werfen uns vor, wir konspirierten mit anderen [Familien und Multimilliardären] auf der ganzen Welt, um eine neue ganzheitliche, globale, politische und wirtschaftliche Struktur aufzubauen – eine neue Welt, wenn Sie so wollen. Wenn das die Anklage ist, bekenne ich mich gern schuldig und ich bin stolz darauf!"

Der Autor Tilman Knechtel belegt in seinem Buch „Die Rockefellers – ein amerikanischer Albtraum" akribisch, wie die Rockefellers jeden Aspekt des amerikanischen Lebens kontrollieren und damit die unsichtbaren Herrscher der Nation sind. Doch die Beherrschung der USA ist nicht das einzige Ziel der Rockefellers. Sie arbeiten eng mit einflussreichen europäischen Familien daran, die Gesellschaften auf der ganzen Welt in einen riesigen Superstaat zu integrieren, in dem nur noch das Recht einer kleinen globalen „Elite" gelten soll.

Es kann keinen ernsthaften Zweifel geben, dass gegenwärtig eine gigantische Verschwörung im Gange ist! Bestätigt wird dieser Plan von dem aktiv daran beteiligten US-Multimilliardär Warren Buffett, der uns mit einer verblüffenden Offenheit wissen lässt: [20]

„Es herrscht Klassenkrieg, richtig, aber es ist meine Klasse, die Klasse der Reichen, die Krieg führt, und wir gewinnen."

Es ist der gefährlichste Krieg der Menschheitsgeschichte – aus dem Grund, weil er der erste Krieg ist, bei dem die meisten Menschen noch nicht einmal realisieren, dass er gerade stattfindet. Sie können es auch gar nicht erkennen, weil sie darauf programmiert sind, einen Krieg als solchen erst dann wahrzunehmen, wenn Panzer durch die Straßen rollen und feindliche Kampfjets lebenswichtige Ziele bombardieren. Auch die Frontverläufe sind anders. Es kämpft eine Gruppe Milliardäre gegen die Weltbevölkerung.

Wie in jedem Krieg ist auch jetzt wieder die Wahrheit das erste Opfer. Es wird gelogen, getäuscht und mit hinterlistigen Aktionen getrickst. Und so, wie es in allen bisherigen Kriegen feindliche Agenten in den eigenen Reihen gab, die aus Geldgier heimlich und verräterisch mit dem Feind kooperierten, gibt es auch jetzt wieder Verräter, die gegen die Interessen ihrer eigenen Landsleute agieren und aus wichtigen Positionen heraus den Angreifern zum Sieg verhelfen wollen.

Die Verräter durchlaufen eine ideologische Gehirnwäsche beim Weltwirtschaftsforum (WEF), wo sie mit den Programmen „Global Leaders for Tomorrow" (1993 bis 2003) und „Young Global Leaders" (2005 bis 2022) ideologisiert und darauf programmiert werden, die Interessen des WEF durchzusetzen. Praktisch handelt es sich um eine "Verräter-Schulung". Als Entlohnung winkt eine gut bezahlte Karriere in der Politik.

Die megareichen Angreifer geben sich als Retter der Gesellschaft und der Welt aus. Sie tarnen sich als die Guten, indem sie öffentliche Frontorganisationen benutzen, die humanitär zu sein scheinen. Die häufigste Form dieser angeblich gemeinnützigen Zwecken dienenden Organisationen sind Stiftungen. Über diese Stiftungen lassen sich auf legalen Weg und steuerbegünstigt vielfältige Ziele erreichen, die ansonsten den Ruch der Korruption hätten, wie zum Beispiel großzügige Spenden an wichtige Personen, Fernsehmoderatoren, Verlage oder Medienhäuser, um damit Einfluss zu nehmen auf deren öffentliche Darstellung des Spenders und seiner Ziele.

Treffpunkte der internationalen Verschwörer zur Weiterentwicklung ihrer Pläne, wie die angestrebte Herrschaft über die gesamte Menschheit vollendet werden kann, sind zumeist jährlich wiederkehrende Versammlungen wie die Treffen der „Bilderberger" oder die Zusammenkünfte des Weltwirtschaftsforums (WEF) im schweizerischen Davos.

Dem Anschein nach ist das WEF im Laufe der Zeit der wichtigste Versammlungsort zum Ideenaustausch der Weltherrschaftsverschwörer geworden. Hier trifft sich die vermeintliche Elite der Welt aus den Bereichen Technologie, Wirtschaft, Politik, Medien und Finanzen. Selbstverständlich sind dort auch nahezu alle wichtigen Vertreter des alten Adels präsent.

Das WEF bringt jedes Jahr Führungspersönlichkeiten aus der internationalen Wirtschaft im Schweizer Ort Davos zusammen, ursprünglich, um angeblich moderne Managementkonzepte zu diskutieren. Seit 1994 nehmen auch Politiker an den Treffen teil. Klaus Schwab baute die Stiftung über die Jahre zu einer global agierenden Kommunikationsplattform für wirtschaftliche und politische Eliten und intellektuelle Vordenker aus.

Vertreter der Eugenik, wie der israelische Historiker Yuval Noah Harari, der auch Vordenker und wichtigster Berater des WEF in Sachen Transhumanismus ist, dürfen ihre Gedanken zur Bevölkerungsreduktion und die Kontrolle der verbleibenden Menschen durch Gehirnimplantate auf nahezu allen Jahrestreffen den anwesenden „Eliten" unterbreiten. Yuval Noah Harari sagte wörtlich: [21]

> *„(...) wenn die Massen ihre ökonomische Bedeutung und ihre politische Macht verlieren, dann könnte der Staat zumindest teilweise den Anreiz verlieren, in ihre Gesundheit, Bildung und Wohlfahrt zu investieren. Es ist höchst gefährlich, überflüssig zu sein. Die Zukunft der Massen wird somit vom guten Willen einer kleinen Elite abhängen. Vielleicht besteht dieser gute Wille ein paar Jahrzehnte lang. Doch im Falle einer Krise – etwa einer Klimakatastrophe – wäre es ziemlich verführerisch und nicht besonders schwer, die überflüssigen Menschen einfach über Bord zu werfen."*

Harari und die Globalisten haben jede Tarnung abgelegt. Sie äußern sich unmissverständlich über die „Nutzlosigkeit" der einfachen Menschen. In diesen Kreisen spricht man von 2 Milliarden Menschen, die künftig durch den Gitterrost fallen oder „über Bord geworfen werden" könnten. Ein Unterschied zu Hitlers menschenverachtenden Weltbild ist nicht erkennbar. [22]

Das World Economic Forum (WEF) organisiert Programme für den globalen Führungsnachwuchs. Es sind „Global Leaders for Tomorrow" (1993 bis 2003) und „Young Global Leaders" (2005 bis 2022).

Die Schulungen sollen die Teilnehmer auf Ziele und Ideologie des Veranstalters einschwören. Im Ergebnis haben es viele Young Global Leader, vermutlich mit hilfreicher Unterstützung der CIA und jener Medien, die unter der Kontrolle der Weltherrschaftsverschwörer stehen, später geschafft, Präsidenten, Premierminister oder CEOs zu werden. In einer Rede im Jahr 2017 bezeichnete WEF-Gründer Klaus Schwab diesen Prozess als „Kabinettsdurchdringung". Informationen zu einzelnen Personen können jederzeit aus der Datenbank des Programms abgerufen werden. [23]

Zu den Young Global Leader, die es geschafft hatten, wichtige Positionen in der Politik einzunehmen, gehören Kanadas Premierminister Justin Trudeau, Neuseelands Premierministerin Jacinda Adern, Bundeskanzlerin Angela Merkel und Gesundheitsminister Jens Spahn. Gemeinsam ist diesen vier Genannten, dass sie in der Covid-Pandemie einen extrem harten Kurs eingeschlagen hatten, der ihren jeweiligen Ländern wirtschaftlich und finanziell sehr teuer zu stehen kam.

Besonders hart betroffen war durch die Maßnahmen der Politik der Mittelstand in den Ländern Kanada, Neuseeland und Deutschland. Ob absichtlich geplant oder auch nicht, damit war ein wichtiges Anliegen von CIA und WEF gelungen – die erwünschte Schwächung bzw. Zerstörung des Mittelstandes dieser Länder bei gleichzeitiger Stärkung der milliardenschweren US-Großkonzerne.

Es stellt sich deshalb die wichtige Frage: Wem dienen die „Young Global Leader" wirklich?

Dienen sie dem Wohlergehen ihrer Länder, von dessen Bürgern sie gewählt wurden, oder verwirklichen sie über das WEF den „Great Reset" genannten Neustart, der die Neue Weltordnung realisieren soll, dem erklärten Endziel von Schwab und den Weltherrschaftsverschwörern?

Äußerungen und Entscheidungen dieser Politiker lassen kaum einen Zweifel zu, dass die „Young Global Leader" primär den Zielen der machtgierigen Globalisten dienen. Besonders deutlich ist dieses zu sehen bei jenen YGLs, die aktuell im EU-Parlament und in der Bundesregierung sitzen.

Da wäre zuerst einmal Ursula von der Leyen zu nennen. Sie durchlief Schwabs YGL-Programm und steht heute als Präsidentin an der Spitze der Europäischen Kommission. Ihre Amtsführung ist geprägt von Skandalen, Verschwendung und Korruptionsvorwürfen, besonders im Zusammenhang mit überteuerten Einkäufen von fragwürdigen Impfstoffen beim Pharmakonzern Pfizer. Dies alles aufzuführen, würde ein eigenes Buch füllen.

In der Bundesregierung sind es die Minister Annalena Baerbock, Cem Özdemir und Christian Lindner. Deren politischen Entscheidungen haben eines gemeinsam: Sie schaden in einem ungeheuren Ausmaß uns Bürgern, obwohl diese Politiker gewählt wurden, um uns zu dienen, unseren Wohlstand zu mehren und unsere Nation voranzubringen.

Um an die Macht zu kommen, schrecken die WEF-Günstlinge nicht einmal vor übelsten Lügen und schäbigster Wählertäuschung zurück. Es sei daran erinnert, dass die Grünen sich vor der letzten Bundestagswahl explizit als „Friedenspartei" darstellten, die unter keinen Umständen Waffen in Krisengebiete liefern wollte. Heute können sie gar nicht genug Waffen in die Ukraine liefern, um den Krieg, der uns Deutsche in Wahrheit einen Scheiß angeht, ständig weiter anzuheizen. Besonders Baerbock tut sich damit hervor, die Interessen der Ukraine zu vertreten, als wäre sie deren Regierungsmitglied. Große Empörung löste sie mit dieser ungeheuerlichen Äußerung aus: [24]

„Ich werde die Ukraine an die erste Stelle setzen, egal, was meine deutschen Wähler denken oder ob sie demonstrieren: Die Sanktionen bleiben auch im Winter."

Um solche Vorkommnisse zu verstehen, ist es wichtig, einmal einen kritischen Blick auf die Charaktermerkmale jener Personen zu werfen, die für das YGL-Programm infrage kommen. Welche Persönlichkeitsmerkmale müssen solche Kandidaten aufweisen? Was qualifiziert für die Teilnahme an diesen Schulungs- und Förderprogrammen, die mit ziemlicher Sicherheit als bestes Sprungbrett für eine Karriere in der Politik dient?

Natürlich kenne ich die Kriterien nicht, nach denen die Kandidaten für das YGL-Programm ausgesucht werden. Sicher ist allerdings eines: Fachliche Kompetenz und eine hohe Intelligenz sind keine wichtigen Auswahlkriterien. Betrachtet man sich die Absolventen des YGL-Programms etwas näher, dann fällt auf, dass sie mehr oder weniger ausgeprägt Anzeichen für charakterliche Persönlichkeitsstörungen aufweisen.

Es sind hauptsächlich Menschen, die kein Problem damit haben, sich über Ethik und moralische Grundsätze hinwegzusetzen, wenn es um das Erreichen von Geld, Macht und Einfluss geht. Im Allgemein haben sie auch keine Skrupel, gegen die vitalen Interessen jener zu handeln, für deren Wohlergehen zu sorgen, sie in ihr Amt gelangten.

Sehr deutlich erkennbar war das bei Ex-Bundeskanzlerin Merkel. Der bekannte Psychiater und Psychoanalytiker Dr. Hans-Joachim Maaz sah in Merkels Wesen ganz offen eine Bedrohung für unsere Nation. Ihr Verhalten zeige eine „narzisstische Grundproblematik", die zu einer wachsenden Gefahr für unser Land wird, ließ er die erstaunte Öffentlichkeit wissen. Tatsächlich ist Merkels Regierungsbilanz ein Desaster für Deutschland. [25]

Der italienische Psychoanalytiker Piero Rocchini, der über Jahrzehnte Senatoren und Abgeordnete des römischen Parlaments behandelte, behauptet in seinem Buch „Neurose der Macht", dass über die Hälfte der Politiker schwer psychokrank seien, in die Anstalt gehörten und auf keinen Fall über die Geschicke eines Landes bestimmen dürften.

Wenn man willfährige Agenten braucht, die den Willen einer fremden Macht umsetzen und die bereit sind, die eigenen Leute und die eigene Nation zu verraten, sind psychisch abweichende Persönlichkeiten die Idealbesetzung. Vermutlich müssen Charakterdefekte vorhanden sein, wenn man als Kandidat für das YGL-Programm des WEF akzeptiert werden will.

Sobald gewissenlose Politiker Macht in einer Gesellschaft erlangen, wird sich die Gesellschaft nachteilig verändern. Im Allgemeinen wird sie stark korrumpiert sein. Aber da Täuschung ein primäres Wesensmerkmal von psychisch abnormen Persönlichkeiten ist, wird sie nach außen hin eine menschliche Fassade beibehalten.

Der demokratische Rechtsstaat der Bundesrepublik Deutschland durchläuft gerade eine solche Entwicklung. Rechtsstaatliche Prinzipien werden mehr und mehr aufgeweicht, unterlaufen oder gleich ganz ausgehebelt. Vorzugsweise werden bislang gradlinige Amtsinhaber durch untaugliche, korrupte oder inkompetente Personen ersetzt.

Wenn eine Nation einen Prozess der Umwandlung zur Diktatur beginnt, werden Psychopathen und andere psychologisch Abweichende wie ein Magnet davon angezogen. Gleichgesinnte Individuen werden in Schlüsselpositionen mit Einflussnahme eingesetzt. Die Handlungsweisen solcher Charakteropathen beeinflussen die ganze Gesellschaft. Die neue antidemokratische Struktur überzieht schrittweise die ganze Nation und erzeugt eine „neue Klasse", die sich für über dem Gesetz stehend hält. Diese privilegierte Klasse der psychisch abweichenden Menschen fühlt sich andauernd von den „Anderen", d. h. von der Mehrheit normaler und demokratisch denkender Menschen, bedroht.

Die „Anderen" werden reflexhaft zu Menschen, die zur Verfolgung ins Auge gefasst werden. Es sind hauptsächlich Kritiker dieser unheilvollen Entwicklung. Im aktuellen Deutschland sind es all jene, denen man pauschal das

Etikett Rechts, Nazi, Verschwörungstheoretiker, Coronaleugner, Klimawandelleugner, Aluhutträger usw. angeheftet hat.

Wer das Leben in so einer morbiden Gesellschaft verstehen will, in der psychisch Kranke die Macht übernommen haben, sollte sich mit den furchtbaren Zuständen in den Konzentrations- und Vernichtungslagern der Nazis befassen. Es ist noch keine 80 Jahre her, da wurden in solchen Lagern Millionen Menschen zusammengepfercht und ermordet. Es waren die bisher schlimmsten Auswüchse menschlicher Bösartigkeit, die die Welt jemals gesehen hat. In der globalen Diktatur der Neuen Weltordnung wirst du dich an niemanden wenden können, wenn dir Unrecht geschieht, denn für die Herrschenden bist du nur ein rechtloser Sklave!

Durch die komplette Digitalisierung wirst du zu einem gläsernen Bürger, dem man per Knopfdruck bei Missfallen alle Rechte entziehen kann. Und das wird man auch tun, mache dir da keine Illusionen. Man kann dich mühelos kaltstellen, wenn du nicht so funktionierst, wie die Herrscher es von dir erwarten. Die Sperrung deiner digitalen Bezahlmöglichkeit ist dabei nur eine Möglichkeit von vielen!

Du denkst, so weit gehen sie nicht? Täusche dich da mal nicht. Das machen sie längst. Bereits seit Jahren wird in unserem hochgelobten demokratischen Rechtsstaat all jenen ohne nähere Begründung das Konto gekündigt, oder mitsamt Guthaben eingefroren, wenn sie als Kritiker der Regierung das Missfallen der Mächtigen auf sich gezogen haben. Davon sind aktuell betroffen Journalisten wie Michael Stürzenberger, Michael Mannheimer, Boris Reitschuster, Ken Jebsen, Heiko Schrang und viele mehr! In Berlin hat kürzlich die demokratiefeindliche Linksextremistentruppe "Omas gegen Rechts" bei der Volksbank durchgesetzt, das Spendenkonto der AfD aufzulösen. [26]

Sie alle haben nur das „Verbrechen" begangen, ihr Grundrecht auf Meinungsfreiheit nach dem Grundgesetz Artikel 5 in einer Weise in Anspruch zu nehmen, die den Mächtigen absolut nicht gefiel. Daraufhin hat man ihnen die finanzielle Lebensgrundlage entzogen. Aber wie viel einfacher wird dies, wenn es nur noch digitales Geld gibt und ein Mausklick ausreicht, um dich finanziell kaltzustellen, wenn du nicht so spurst, wie du sollst?

Glaubst du immer noch, so weit gehen die Machthaber nicht? Du wirst in der Neuen Weltordnung keine Rechte mehr haben und es gibt für dich auch keine Gerechtigkeit mehr. Deine Menschenrechte kannst du nirgends einklagen. Eigene Entscheidungen darfst du nicht mehr treffen. Deine persönliche Selbstbestimmung gehört der Vergangenheit an. Du bist nur noch eine rechtlose Verfügungsmasse. Jeden Tag aufs Neue bist du auf das Wohlwollen der Elite angewiesen, das dir aber nur bei striktem Wohlverhalten gegeben wird. Dein Leben wird geprägt sein von Angst und angefüllt sein mit Terror und Tyrannei.

Du glaubst, ich übertreibe? Täusche dich da mal nicht, vielleicht sind die Methoden nicht mehr so blutrünstig, aber das Ergebnis wird dasselbe sein. Es ist nämlich der einzige verlässliche Charakterzug bei machtgierigen Psychopathen und ähnlich gestörten: Ihre morbide Freude am Leid anderer, ihr Bedürfnis, andere Menschen zu quälen, sie zu erniedrigen, sie zu demütigen und sie letztlich zu töten, wenn sie als nutzlos erachtet werden.

Aber es gibt einen Hoffnungsschimmer, die düsteren Pläne der Bösen geraten ins Stocken, denn immer mehr Menschen wachen auf und durchschauen die Situation. Die Drahtzieher verlieren zunehmend die Kontrolle. Der Vollzug ihrer bösen Absichten wird durch die Verbreitung von Wissen bedroht.

Das ist der wirkliche Grund, warum die Verschwörer und ihre Helfer die Meinungsfreiheit einschränken, warum sie ihnen nicht genehme Nachrichten zensieren und alles daransetzen, Medien, die sie nicht unter ihre direkte Kontrolle bekommen können, zu vernichten. [27]

Um darüber entscheiden zu können, welche Nachrichten wir erhalten, haben die globalen Drahtzieher weltweit nahezu alle Medien und Verlagshäuser unter ihre Kontrolle gebracht und schreiben uns per Zensur und den Vorgaben ihrer „Faktenchecker" vor, was wir als „Wahrheit" akzeptieren sollen! Sie haben auch kein Problem damit, sich Geschichten einfach auszudenken und uns damit kaltblütig zu manipulieren!

Bereits in den frühen 1900er-Jahren hatte der amerikanische Öl-Tycoon John. D. Rockefeller die Kontrolle über sämtliche Zeitungen und Nachrichtenredaktionen seiner Zeit übernommen. Er wurde Amerikas erster Milliardär und ebnete den Weg für weitere machthungrige Psychopathen. Rockefeller erkannte die Bedeutung der weltweit kostbarsten Ressource, die Auswahl der Nachrichten, die verbreitet werden!

Wir müssen uns ständig darüber im Klaren sein, dass das Böse niemals ein Schild vor sich herträgt mit der Aufschrift:

„Achtung! Ich bin das Böse!"

Das Böse wird seine wahren Absichten nie offen zeigen, sondern immer beste Absichten für seine Handlungen und Entscheidungen geltend machen. Dies gehört einfach zum Wesen von bösartigen Machtmenschen. Das Böse wird immer im Gewand des Guten auftreten. Die Verschwörer und ihre Helfer werden ständig beteuern, doch alles nur zum Wohle der Menschheit zu machen.

Aber das ist gelogen!

Deswegen sind Wachsamkeit und eine gesunde Portion Misstrauen stets angebracht, denn die mit überschwänglicher Begeisterung angepriesenen Veränderungen dienen nur als Vehikel, um die eigentlichen heimlichen Ziele zu erreichen.

Es wird zurzeit viel geredet von dieser Neuen Weltordnung, die von der globalen Elite angestrebt wird. Öffentlich diskutiert wird jedoch nicht darüber, entsprechend gering ist allgemein das Wissen um Details und Hintergründe. Verbreiten ein paar Aufgeweckte in den sozialen Medien dennoch bekannt gewordene Informationen, werden diese zumeist von Verschwörungshelfern als unsinnige Verschwörungstheorien abgetan und ihre Urheber diffamiert.

Die Gründe für die Geheimniskrämerei und das Diffamieren bekannt gewordener Details als Verschwörungstheorien sind einleuchtend. Die neue Weltordnung bedeutet das Ende aller freiheitlichen demokratischen Nationalstaaten durch die Installation einer weltweiten Diktatur, in der eine kleine Gruppe von gewissenlosen Machtmenschen die restliche Menschheit global durch digitale Technologien nach Belieben überwachen, kontrollieren, ruhig stellen und entmündigen kann.

Da die Verschwörer den Widerstand der Massen vermeiden wollen, geschieht die Umsetzung dieses teuflischen Plans zum einen in kleinen, fast unmerklichen Schritten und zum anderen durch die Nutzung von eigens zu diesem Zweck produzierten Krisen, die die Menschen gefügig machen sollen. Die Gruppe der superreichen Verschwörer verfügt praktisch über unbegrenzte Finanzmittel. Sie können sich jede gewünschte Entscheidung von korrupten Politikern kaufen. In diesen Kreisen wird beschlossen, welche Politiker in Zukunft gefördert werden und welche, die nicht bereit sind, sich korrumpieren zu lassen, „abgeschossen" werden sollen.

Selbstverständlich lässt man uns Bürger im Unklaren darüber, was sich genau hinter Begriffen wie „Great Reset" und „Neue Weltordnung" tatsächlich verbirgt. Ehrliche Informationen werden wir in dieser Sache kaum bekommen. Wir müssen uns deshalb die harten Fakten selbst besorgen.

Der unabhängige kroatische Politiker Mislav Kolakušić, seit 2019 Mitglied des Europäischen Parlaments, bezeichnete das WEF als die *„gefährlichste internationale Vereinigung der Welt".*

Weiterhin sagte Kolakušić:

„Es gibt keine größere Gefahr für den Rechtsstaat, die Demokratie und den freien Markt als diese Sekte, deren privates finanzielles Interesse über den Interessen der Menschheit stehen. Sie ist die größte vernetzte Organisation der Weltverschwörer, die all die Agenden erzeugt, die wir in den vergangenen Jahrzehnten erlebt haben: Kriege, Pandemien und eine Politik des sogenannten grünen Übergangs, die zur Verarmung und zum Leid von Milliarden von Menschen auf der ganzen Welt führt."

Die WEF-Eliten wiederum bereicherten sich dabei ungemein. Kolakušić zufolge werden am WEF

„bösartige Ideen entwickelt, die später von den Medien und korrupten Politikern, die sie besitzen, im Detail ausgearbeitet werden."
„Das Weltwirtschaftsforum ist der Definition nach der größte Verursacher von Korruption in der Welt. Ein Ort, an dem diejenigen, die über Tausende Millionen Euro verfügen, mit denjenigen zusammentreffen, die die politische Macht (...) in ganz Europa und der Welt ausüben. Jedes Jahr kommen Tausende Staatsoberhäupter nach Davos, um Aufträge entgegenzunehmen, die sie später ausführen müssen. Und das tun sie gerne, denn sie wissen, dass ihre politische Karriere ohne diese Sekte gar nicht möglich wäre." [28]

Klaus Schwab gibt inzwischen offen zu, dass sein WEF in der Lage ist, die globale Agenda zu steuern, weil seine Agenten erfolgreich in die Kabinette vieler wichtigen Regierungen eingedrungen sind. In einem Gespräch mit dem politischen Kommentator David Gergen beschrieb Schwab, dass der Modus Operandi des WEF darin besteht, Regierungen zu durchdringen, indem es seine „Young Global Leader" einsetzt. Während des Gespräches prahlte Schwab damit, dass die „Young Global Leader" nicht ihrem Volk oder ihren Wählern verpflichtet sind, sondern ihm. [29]

JB Shurk schreibt in einem Artikel des Gatestone-Instituts über die WEF-Hintermänner: [30]

„Sie mögen in Privatjets fliegen und vergessen, wie viele Villen sie besitzen, aber letzten Endes ist die Kabale des Weltwirtschaftsforums nur die größte Ansammlung von Strolchen, die das organisierte Verbrechen je in einem Raum versammelt hat […] in einer gerechteren Ära würde jeder, der an den Versammlungen des WEF teilnimmt, wegen Verschwörung zu Erpressung und Betrug verhaftet werden."

Klaus Schwab vom WEF, machte 2020 in seinem Buch „The Great Reset" diese klare Aussage zu den angestrebten Zielen:

„Sie werden bis 2030 nichts mehr besitzen und glücklich sein!"

Offen ließ Schwab dabei, wer die Dinge bekommen soll, die sich bisher im persönlichen Besitz der Menschen befinden: Häuser, Grundstücke, Autos, Wertgegenstände, Wohnungseinrichtungen, Ersparnisse, Schmuck usw. Aber die Antwort ist einfach, wie sich jeder denken kann. All diese vielen Wertgegenstände gehen über in den Besitz der globalen Mafia.

Das Bundeskriminalamt definiert auf seiner Internetseite die organisierte Kriminalität und mafiöse Strukturen so:

„Organisierte Kriminalität ist die von Gewinn- oder Machtstreben bestimmte planmäßige Begehung von Straftaten, die einzeln oder in ihrer Gesamtheit von erheblicher Bedeutung sind, wenn mehr als zwei Beteiligte auf längere oder unbestimmte Dauer arbeitsteilig unter Verwendung gewerblicher oder geschäftsähnlicher Strukturen, unter Anwendung von Gewalt oder anderer zur Einschüchterung geeigneter Mittel oder unter Einflussnahme auf Politik, Medien, öffentliche Verwaltung, Justiz oder Wirtschaft zusammenwirken."

Nun bin ich kein Jurist, aber meiner Meinung nach erfüllen die Machenschaften von Schwab und seinen Hintermännern, sowie deren Komplizen aus Politik und Medien exakt die beschriebenen Merkmale des Straftatbestandes nach BKA. Hätten wir tatsächlich eine von der Politik unabhängige Justiz, würde vermutlich eine große Anzahl hochrangiger Politiker schon längst dauerhaft einsitzen und keinen Schaden mehr anrichten können.

Um die unheilvolle Entwicklung auch ohne Hilfe der Justiz zu stoppen, ist es völlig unumgänglich, sämtliche Absolventen des YGL-Programms und alle Kollaborateure, die dem WEF zuarbeiten, schnellstmöglich aus allen Machtpositionen zu entfernen. Denn es ist klar, dass die YGL-Agenten in unserer Regierung nicht die Interessen von uns Bürgern wahrnehmen, wozu sie moralisch und rechtlich verpflichtet sind, sondern die von Schwab und seinen Hintermännern.

Es ist eine unbestreitbare Tatsache, dass wir nicht nur für unser eigenes Schicksal sind verantwortlich, sondern auch Verantwortung für unsere Familie, für die Gesellschaft, für das Land und für die Nation, in der wir leben haben. Auch in diesen Zusammenschlüssen haben wir die Hand im Spiel.

Sie sind allesamt, genauso wie das ganze Universum, ihrem Wesen nach Gedankenkonstrukte! An diesen Konstrukten sind wir aktiv beteiligt. Wir können uns einbringen mit friedvollen und versöhnenden Gedanken, Worten und Taten, oder mit Gewaltakten und Streit.

Wir können Unrecht und Gewalt in der politischen Auseinandersetzung gutheißen oder missbilligen. Wir können gegen Lügen öffentlich protestieren oder sie stillschweigend hinnehmen. Wir haben die Wahl, uns von Politiker A oder B vertreten zu lassen. Es liegt an jedem Einzelnen von uns, ob wir in einem funktionierenden Rechtsstaat leben oder unter einer Willkürherrschaft. Wir sind auch dafür verantwortlich.

Das Böse tarnt sich immer als das Gute

Noch nie in der langen Historie der Menschheit hat sich das BÖSE als das BÖSE zu erkennen gegeben. Immer und ausnahmslos präsentierte es sich als das GUTE, das für andere Menschen nur das Beste will. Ein wichtiges Erkennungsmerkmal des als das GUTE getarnten BÖSEN war zu allen Zeiten die Verfolgung und Bekämpfung jener, die Zweifel an Worten und Taten des vermeintlich GUTEN äußerten. Bis zum heutigen Tag werden solche Abweichler vom wahren BÖSEN in der Tarnkleidung des GUTEN als das BÖSE verfolgt und unschädlich gemacht.

Diese Praxis zieht sich wie ein roter Faden durch die Geschichte der Menschheit. Im alten Rom waren das alle Völker und Menschen, die in Freiheit und Selbstbestimmung leben wollten, die als zu bekämpfende BÖSE und als Feinde der GUTEN Römer galten. Die GUTEN Hirten der Kirchen im Mittelalter verfolgten mit ihren berüchtigten Hexenprozessen alle BÖSEN Abtrünnigen von ihren Glaubensdogmen. Der GUTE braune Sozialist Hitler verfolgte und ermordete die BÖSEN Juden, Sinti, Roma und alle BÖSEN Bürger, die nicht seiner Meinung waren. Die GUTEN roten Sozialisten Mao, Stalin und Pol Pot brachten alle BÖSEN Menschen um, die ihnen widersprachen. Für die GUTE blutrote SED-Diktatur waren alle Bürger, die der totalitären Staatsmacht widersprachen und mehr Freiheit verlangten, BÖSE Feinde, die unerbittlich verfolgt wurden.

Das gleiche Muster ist auch gegenwärtig zu beobachten. Große Teile der Bevölkerung, die mit der aktuellen Politik nicht einverstanden sind, werden von den gelben, roten und grünen GUTEN in einem zunehmenden Maß als BÖSE Schwurbler, Rechte, Verschwörungsideologen und ähnlich abwertend bezeichnet. Inzwischen werden die BÖSEN Protestler in bösartigster Absicht von den GUTEN sogar als vermeintliche „Staatsfeinde" diffamiert. Obwohl der Protest gegen staatliche Maßnahmen ein demokratisches Grundrecht ist, wird der Widerspruch als „Delegitimierung des Staates" bezeichnet und als BÖSE dargestellt. Damit wird ein weiteres Mal von den GUTEN eine große Anzahl unschuldiger Bürger mit wachsender Aggressivität und zunehmendem Hass als das BÖSE bekämpft, um sie zu mundtot zu machen und ihre Existenz zu zerstören.

Auch diese Entwicklung und ihre heutigen Täter werden von zukünftigen Generationen als das betrachtet werden, was sie bereits jetzt in Wirklichkeit sind: Das wahre BÖSE in der Tarnkleidung des GUTEN!

Es ist immer dasselbe Muster.

Aktuell müssen wir bedauernd zur Kenntnis nehmen, dass unsere vermeintlich unabhängigen Medien jede abweichende Meinung, die dem staatlichen vorgegebenen Narrativ widerspricht, als Verschwörungstheorie oder Verschwörungsideologie bezeichnen. Genau genommen ist dieses Verhalten nichts anderes als der antidemokratische Versuch, Menschen mit anderen Meinungen mundtot zu machen. Denn jemand, dessen Meinung nur eine Verschwörungstheorie ist, dem muss man nicht zuhören und mit dessen Argumenten muss man sich nicht auseinandersetzen, ist die dahintersteckende Hoffnung der Verleumder.

Demokratie lebt aber vom lebendigen Austausch unterschiedlichster Meinungen. Ohne eine offene Diskussion über unterschiedliche Standpunkte ist eine demokratische Weiterentwicklung menschlicher Gesellschaften nicht möglich. Solange die Grenzen zur Strafbarkeit nicht überschritten werden, sollte deshalb jeder seine Meinung frei äußern dürfen, so abwegig sie auch erscheinen mag. Wäre dieses nicht möglich, würde heute noch der Irrglaube gelten, dass die Erde eine Scheibe ist.

Eine Verschwörung ist der geheime Zusammenschluss mehrerer Personen zur Erreichung eines meist illegalen oder illegitimen Ziels. Sie ist eine gemeinsame und verdeckte Planung einer Unternehmung, die gegen jemanden oder gegen etwas, aber besonders gegen die staatliche Ordnung gerichtet ist.

Verschwörungen hat es zu jeder Zeit in der Geschichte der Menschheit gegeben. Sie sind nichts Neues. Beispielsweise sind verbotene Preisabsprachen verschiedener Anbieter zum Schaden der Kunden ebenfalls Verschwörungen, auch wenn man sie üblicherweise Kartelle nennt.

Gegenwärtig sind wir Zeitzeugen einer historisch einmaligen Verschwörung, die es als ein Ereignis in die Geschichtsbücher schaffen wird, das die Welt für immer verändert hat. Wahrscheinlich sogar mehr als jedes andere historische Ereignis zuvor. Es ist der Versuch der Machtergreifung einer Gruppe menschenverachtender Oligarchen über die gesamte Menschheit.

Und genau das geschieht gerade. Vor unser aller Augen. Auch vor den Augen derer, die es aus Angst, Bequemlichkeit oder Opportunismus nicht sehen wollen und daher verkrampft wegsehen.

Diese weitverbreitete menschliche Charakterschwäche des Wegsehens und nicht Wahrhabenwollens hat bisher noch jedes totalitäre System, jede blutrünstige Schreckensherrschaft überhaupt erst möglich gemacht. Ich kann nur wiederholen, was ich bereits gesagt habe: Wir alle sind gerade Zeitzeugen des wohl einschneidendsten Vorgangs in der bisherigen Geschichte der Menschheit. Leider sind viele der Zeitzeugen derzeit entweder noch mit Blindheit geschlagen oder mit Feigheit.

Die gegenwärtigen Krisen (Corona, Klima, Ukraine) verändern unser aller Leben komplett. Was wir zurzeit erleben, ist im Grundsatz die Umwandlung einer freiheitlichen Lebensart in eine nahezu rechtlose Käfighaltung für Menschen. Es gibt kaum jemanden, der von den drastischen Beschränkungen, die uns die Regierung aus „Sorge um unsere Gesundheit, Klima, Weltfrieden usw." auferlegt, nicht betroffen ist.

Wir erleben die Geburt eines morbiden Systems, in der gewissenlose Verschwörer, psychisch gestörte Politiker und ihre korrupten Helfer über uns Bürger willkürlich Macht ausüben wollen. Wobei viele unserer Politiker von der Hoffnung getrieben werden, in der sich anbahnenden globalen Diktatur, als wohlverdienten Judaslohn für ihren Verrat an den Bürgern, selbst einen Posten oder ein Pöstchen abzubekommen.

Die Tatsache, dass bei der amtierenden Regierung nur solche Fachleute mit ihren Meinungen Gehör finden, deren Expertisen als Basis für schwere Einschränkungen der Bürgerrechte dienen können, während widersprechende Experten, auch wenn sie ein sehr hohes berufliches Ansehen genießen, als Leugner diffamiert werden, beweist ganz eindeutig die bösartige Absicht der Regierenden.

Es geht nicht um den Schutz der Gesundheit, des Klimas, der Umwelt oder der Bevölkerung, sondern es geht um willkommene Gründe für korrupte, mit dem WEF verbundene Politiker, die Grundrechte nur scheinbar aus Sorge um Gesundheit und Leben der Bürger massiv einzuschränken.

Dass die angebliche Sorge nur eine Lüge ist, wird schon daran deutlich, dass es dieselben Politiker nicht im Geringsten kümmert, wie viele Menschen durch die verhängten „Schutzmaßnahmen" Schäden an ihrer beruflichen Existenz, Gesundheit und Leben nehmen. Eine wirklich verantwortungsvolle Politik würde bei ihren Entscheidungen die möglichen Folgen berücksichtigen.

Das nationale Verhängnis bahnte sich bereits vor vielen Jahren an.

Ex-Kanzlerin Angela Merkel hatte schon auf dem Evangelischen Kirchentag 2011 deutlich gemacht, dass eine neue Weltordnung nur zu haben ist, wenn Teile der Souveränität an andere, übergeordnete Institutionen abgeben werden. Mit diesen Worten bereitete sie die Zuhörer darauf vor, dass die Selbstbestimmung der Einzelstaaten beschnitten werden muss, um die NWO zu realisieren. In welchem Ausmaß die Aufgabe der Selbstbestimmung von den Drahtziehern tatsächlich geplant ist, verschwieg sie. [31]

Ihre Worte galten natürlich besonders der Politik in Deutschland, wo sie als Regierungschefin tätig war. Für jeden Demokraten konnte diese Aussage nur ein Alarmsignal sein, denn wer Merkels Persönlichkeit und ihr vernebelndes Geschwurbel durchschaut hatte, dem war sofort klar, wohin die Reise gehen soll.

„ ... unsere gesamte Art des Lebens werden wir in den nächsten 30 Jahren verlassen. Es wird Transformationen von gigantischem, historischem Ausmaß geben. Die gesamte Art des Wirtschaftens und des Lebens, wie wir es uns angewöhnt haben, werden wir in den nächsten 30 Jahren vergessen."

Das sagte Angela Merkel am 23.01.2020 beim Jahrestreffen des WEF!

Merkels Ziel war die Aufgabe der nationalen Souveränität Deutschlands und die Unterordnung unter eine dubiose, demokratisch nicht legitimierte, totalitäre Herrscherkaste. Natürlich alles ohne die Bürger aufzuklären oder diese zu fragen. Die jetzige Regierung setzt diesen Weg unbeirrt fort.

Es gibt seit langem Kräfte auf der ganzen Welt, die eine globale Zentralregierung als neue Ordnung der Welt anstreben. Sie entstammen im Wesentlichen den Bereichen Big-Money, Big-Data, Big-Pharma, Big-Media und Big-Tech. Es handelt sich um einflussreiche Multimilliardäre, die aus ihrer Absicht inzwischen kaum noch ein Geheimnis machen. Man muss diesen Oligarchen nur aufmerksam zuhören, dann wird das globale und menschenverachtende Ausmaß ihrer Verschwörung sichtbar.

Ihre morbide Ideologie haben sie in vielen Jahrzehnten in geheimen Treffen der Think-Tanks wie Bilderberger, Weltwirtschaftsforum (WEF) und ähnlichen Denkfabriken entwickelt. Jetzt halten sie offensichtlich die Zeit für gekommen,

Nägel mit Köpfen zu machen und die Versklavung der Menschheit zu vollenden. Nach Angaben der Stiftung Außerparlamentarischer Untersuchungsausschuss handelt es sich um globale Gruppe von 3.000 Superreichen. Zu dieser Gruppe gehört unter anderem die Davoser Clique um Klaus Schwab. [32]

Die Gleichgesinnten und Erfüllungsgehilfen dieser kranken Ideologie sitzen mittlerweile in fast allen wichtigen Regierungen, Organisationen und Stiftungen. Viele Eingeweihte haben immer wieder ihre Vorstellung von dieser neuen Weltordnung in die Öffentlichkeit gebracht, zuletzt Klaus Schwab, Gründer und Leiter des WEF, mit seinem Buch „Der große Neustart". In diesen Plänen nehmen wir Bürger nur noch die Rolle einer Verfügungsmasse ein, mit der die „Elite" der Welt glaubt, nach Belieben verfahren zu können.

Viele Mitglieder dieser vermeintlichen Elite legen bei näherer Betrachtung die klassischen Merkmale der Psychopathie an den Tag. Vermutlich ist Psychopathie auch eine zwingende Voraussetzung für die Realisierung solcher monströsen Pläne, denn welcher normale Mensch, der anderen Menschen gegenüber Empathie, Liebe und Hilfsbereitschaft aufbringen kann, würde sich für diese zutiefst bösen Absichten hergeben?

Solche Pläne, denen zig Millionen Menschen zum Opfer fielen, gingen in der langen Historie der Menschheit immer und ausnahmslos von Psychopathen aus. Wir können davon ausgehen, dass derartig psychisch Gestörte auch jetzt wieder die Fäden ziehen!

Was wir zurzeit mit den angezettelten Krisen erleben, ist nichts anderes als die Verwirklichung des mörderischen Plans zur Unterdrückung und Dezimierung der Weltbevölkerung. Dass die Coronapandemie ein geplantes Unternehmen war, lässt sich heute kaum noch ernsthaft bestreiten.

Die Rockefeller-Stiftung veröffentlichte 2010 erstmals die Idee zur Unterdrückung der gesamten Menschheit in ihrem Dokument „Szenarien für die

Zukunft von Technologie und internationaler Entwicklung". Auf Seite 18 wird das Pandemie-Konzept vorgestellt, das nun realisiert wurde. Es trägt den Titel:

„Lockstep – eine Welt mit strengerer Regierungskontrolle von oben nach unten und autoritärer Führung, mit begrenzter Innovation und zunehmenden Widerstand aus dem Volk." [33]

Um den Erfolg ihrer inszenierten Pandemie sicherzustellen, gab es vorab ein paar Trockenübungen. Im Jahr 2018 kamen die maßgeblichen Drahtzieher zusammen, um eine Pandemie-Simulation für ein fiktives Virus durchzuführen. Die Übung trug den Namen „Clade X."

Ein Jahr später wurde die Übung als „Event 201" wiederholt. Wie zuvor bei „Clade X" kamen fast alle Sponsoren, Gastgeber und Akteure erneut zusammen, um ihr globales Handeln zur Unterdrückung der Menschheit zu perfektionieren. Es handelte sich im Wesentlichen um dieselben Personen, die auch während der Coronakrise den Ton angaben. [33]

Es ist entlarvend, dass kein medizinisches Fachpersonal wie Virologen, Immunologen, Mikrobiologen und Pandemieexperten zur Erörterung einer möglichen Eindämmung hinzugezogen wurde. Stattdessen waren aber Vertreter von Facebook, Twitter und Co anwesend, mit denen durchgespielt wurde, wie sie angebliche „Fake News" zur Pandemie unterdrücken können.

Unter Berufung auf US-amerikanische Verbraucherschutzgesetze gelang es Kritikern der Corona-Politik, die sogenannten Pfizer-Dokumente „freizuklagen". Die Pfizer-Dateien sind interne Dokumente der US-amerikanischen Pharmafirma Pfizer über die Entwicklung und Erprobung des Coronaimpfstoffes Comirnaty, in Deutschland zumeist unter dem Namen von Pfizers Mainzer Partnerfirma Biontech bekannt. Diese Dokumente sollten nach dem Willen von Pfizer eigentlich 75 Jahre lang geheim bleiben.

Es handelt sich dabei um eine riesige, viele zehntausend Seiten umfassende Datenmenge, deren schnelle Auswertung zunächst praktisch kaum möglich erschien. Es fanden sich aber mehrere Tausend Freiwillige mit der nötigen Expertise, die sich an die Herkulesarbeit machten.

Die Ergebnisse sind entsetzlich. Aus ihnen geht klar hervor, dass sowohl die Firma Pfizer als auch die US-amerikanische Gesundheits- und Zulassungsbehörde FDA zum Zeitpunkt der Markteinführung von Biontech genau wussten, dass der Impfstoff weitgehend unwirksam gegen die Krankheit Covid-19 war, aber seine Anwendung gleichzeitig mit einer Fülle schwerwiegender, zum Teil lebensbedrohlicher Gesundheitsrisiken verbunden war, deren Langzeitwirkung unübersehbar ist. Diese Risiken sind keineswegs gering: Schwere Schädigungen, insbesondere die weibliche Fruchtbarkeit betreffend, wurden in nicht geringer Zahl schon während der Testphase registriert. Dennoch wurde der Impfstoff zur Anwendung freigegeben und milliardenfach injiziert.

Damit ist klar bewiesen, dass die bereits bekannten massenhaften Schäden und Todesfälle durch Coronaimpfungen auf Basis der mRNA-Technologie nicht nur auf Fahrlässigkeit bei Entwicklung und Zulassung der Impfstoffe zurückzuführen sind, sondern dass diese Wirkungen absichtlich in Kauf genommen wurden. Diese Absichten betreffen nicht nur die Firma Pfizer, sondern auch die Zulassungsbehörden und damit die politisch Verantwortlichen.

Die bekannte US-amerikanische politische Aktivistin und Buchautorin Dr. Naomi Wolf, die an der Spitze des Teams steht, das die Pfizer-Dokumente auswertet, erklärt dazu: [34]

> „Für mich steht allerdings fest, dass die Berichte, die von Spitzen-Experten und auf Grundlage der Primärquellen verfasst wurden, aufzeigen, dass wahrscheinlich ein Verbrechen gegen die Menschheit begangen wurde, das in seinem Ausmaß präzedenzlos ist."

Heute können die Kritiker der Impfungen mit Fug und Recht behaupten, dass die Coronaimpfungen der teuflischste Plan sind, den die Menschheit bisher erlitten hat. Hinzuzufügen wäre nur noch, dass Naomi Wolf jüdischen Glaubens ist und diesen auch praktiziert, womit ein starkes Argument für eine eventuelle Verharmlosung historischer Massenverbrechen von vornherein entfällt. [34]

Viele Regierungen, besonders jene, in denen das WEF seine „Young Global Leader" installieren konnte, hatten sich getreulich an die Weisungen aus den Think-Tanks der globalen „Elite" gehalten. Das waren neben Deutschland und Frankreich hauptsächlich Neuseeland und Kanada, die durch eine rigorose Schädigung ihrer Wirtschaft auffielen.

Auf die Frage, warum unsere Politiker dieses miese Spiel überhaupt mitmachen, kommen leider nur wenig schmeichelhafte Gründe für die Beteiligung in Betracht. Tatsächlich lässt sich kein seriöser und entschuldbarer Grund für das Mitmachen erkennen. Den wird es wohl auch nicht geben. Alle Gründe, die denkbar erscheinen, wie z. B. Korruption, Bestechlichkeit, Erpressung etc. sind weit entfernt von einem korrekten Verhalten gegenüber jenen Bürgern, für die solche zweifelhaften Politiker die Verantwortung tragen.

Ernsthafte Besorgnis kommt auch aus den Reihen jener Wissenschaftler, die als Insider einen tiefen Einblick in die Hintergründe der Coronapandemie nehmen konnten. Dr. Mike Yeadon ist Mikrobiologe und ein führender Experte für virale Atemwegsinfektionen. Er arbeitete viele Jahre als Vizepräsident beim Pharmakonzern Pfizer, einem der weltweit größten Medizinunternehmen, das auch ein wichtiger Lieferant der Impfstoffe gegen Corona ist. Heute sieht Yeadon seine wichtigste Aufgabe darin, die Menschen über die wahren Pläne der globalen „Elite" aufzuklären. Er ist ein überaus glaubwürdiger Mensch. In einem Interview am 2. April 2021 sagte er zur aktuellen Coronapandemie: [35]

"Wenn man einen bedeutenden Teil der Welt entvölkern wollte und dies in einer Weise, die weder Umweltzerstörung mit Atomwaffen erfordert noch die Vergiftung von jedermann mit Anthrax oder Ähnlichem, und Sie nach einer plausiblen Möglichkeit suchten, das abstreiten zu können, während eine jahrelange Infektionskrise bei ihnen läuft, dann kann ich mir keinen besseren Ausführungsplan vorstellen als das, was sich vor meinen Augen abzuspielen scheint.
Ich kann nicht behaupten, dass es das ist, was sie zu tun beabsichtigen, aber ich kann mir keine wohlwollende Erklärung dafür denken, aus welchem Grund sie das tun."

Inzwischen können die schweren Nebenwirkungen der Coronaimpfungen nicht mehr vertuscht werden. Eine repräsentative INSA-Umfrage mit 1.700 Teilnehmern erbrachte das Ergebnis, dass 52 % der Befragten, also jeder zweite Deutsche, nach den Corona-Schutz-Impfungen Nebenwirkungen hat, die er auf die Impfungen zurückführt. Mehr als 23 % berichten sogar, schwere Nebenwirkungen davongetragen zu haben. [36]

Ebenfalls gilt es inzwischen als bewiesen, dass die Coronaimpfungen zu einer europaweiten Übersterblichkeit geführt haben. Die Todeszahlen der Geimpften in Deutschland stieg im Zeitraum vom 1. April 2021 bis zum 31. Dezember 2022 nach der ersten Impfdosis um den Faktor 3 (!), während es auch nicht den allergeringsten Hinweis auf eine coronabedingte höhere Sterberate gibt.

Laut Veröffentlichung des Statistischen Bundesamts (Destatis) vom 14. Februar 2023 lag die Übersterblichkeit in Deutschland im Januar bei enormen *"13 Prozent oder etwa 11.000 Fälle über dem mittleren Wert (Median) der Jahre 2019 bis 2022 für diesen Monat."* [37]

Die Regierungen haben Volksvermögen vernichtet und Abermilliarden Steuergelder dafür ausgegeben, um sich von den Impfstoffherstellern mit Vakzinen beliefern zu lassen, die nicht nur keinerlei Effekt auf die Ansteckung mit dem Virus hatten, sondern sogar dazu geführt haben, dass Geimpfte sich noch leichter damit anstecken und es folglich auch am meisten verbreiten.

Der amtierende Gesundheitsminister Deutschlands ist einer der eifrigsten Propagandisten dieser fatalen Entwicklung – und zugleich der wohl abschreckendste Vertreter dieser skrupellosen, gewissen- und verantwortungslosen, krank machenden Politik. [38]

Befassen wir uns mit der Frage, wer diese gewissenlosen Drahtzieher sind, die eine solche Ungeheuerlichkeit, wie die Versklavung und Reduktion der gesamten Weltbevölkerung planen. Es gibt einige Buchautoren, die teilweise Jahrzehnte lang recherchiert haben, um Hintermänner und Organisationen dieser globalen Agenda ausfindig zu machen. Ihre Recherchen führen fast deckungsgleich zu den gleichen Namen.

Dr. John Coleman hat über 30 Jahre lang akribische Detektivarbeit geleistet und die Ergebnisse in seinem Buch „Die Hierarchie der Verschwörer – Das Komitee der 300" veröffentlicht. Demnach haben sich die 300 wichtigsten Persönlichkeiten aus Adel, altem Geldadel, Wirtschaft und Politik schon vor vielen Jahrzehnten in diesem Komitee zusammengeschlossen und diktieren die Weltpolitik. Das Komitee ist die wichtigste Geheimorganisation der Verschwörer. Von hier aus werden aktuell die Fäden in der Politik gezogen.

An der Spitze dieses Komitees steht laut Coleman das Oberhaupt der Familie Rothschild, die auch die mächtigste „Elite-Familie" ist und nach den Angaben von Micheal Morris in seinem Buch „Was Sie nicht wissen sollen" über ein Vermögen von 100.000 Milliarden US-Dollar verfügt. Gemessen an deren Reichtum sind die Multimilliardäre Bill Gates, George Soros, Warren Buffet und andere nur „arme Leute"!

Ich möchte hier nicht alle Namen aufzählen, aber wen es interessiert, der kann die gesamte Namensliste über den Link im Anhang einsehen. [39]

Wie groß die Macht der Rothschilds ist, geht aus einem Ereignis hervor, das als Bild festgehalten wurde. Bei einem Zusammentreffen im Jahr 2015 von Evelyn de Rothschild mit Prince Charles, stieß Rothschild dem heutigen Oberhaupt des britischen Commonwealth belehrend mit dem Finger in die Brust und schien ihn zu maßregeln, so wie ein Vater es mit einem ungezogenen Sprössling machen würde.

Es gibt sehr strenge Regeln der Etikette, wenn man persönlich mit Mitgliedern der königlichen Familie interagiert – und die oberste Regel lautet, absolut respektvoll sein, sich untertänig verhalten und niemals berühren!

Evelyn de Rothschild, selbst ein britischer Lord, wurde in allen Arten der Etikette unterrichtet. Er wusste genau, was er tat. Er kannte die strengen Regeln der königlichen Familie, die ungebetenen körperlichen Kontakt jeglicher Art, insbesondere etwas so Aggressives und Erniedrigendes wie einen „Fingerstoß" gegen die Brust, absolut verbieten.

Es gibt nur einen Grund, warum Rothschild eine so kühne und dreiste öffentliche Zurschaustellung verächtlicher Respektlosigkeit zeigen würde, und das ist, den Thronnachfolger einzuschüchtern und gleichzeitig seine Dominanz als „Alpha-Männchen" des britischen Empire zu demonstrieren. [40]

Nur die „Aktivisten", die praktisch als Frontsoldaten fungieren, möchte ich ins Bewusstsein bringen. Es sind die angeblichen Philanthropen Bill Gates mit der „Bill & Melinda Gates Foundation", der angebliche „Menschenfreund" George Soros, Milliardär Warren Buffet, die Besitzer und Milliardäre von Facebook, Google, YouTube, Ex-Präsident Bill Clinton und seine Frau Hillary Clinton, Klaus Schwab vom WEF, sämtliche Rockefellers mit ihrer Stiftung und ihren zahlreichen Firmen und viele mehr.

Und welch eine Überraschung, auch Joschka Fischer von den Grünen, ehemaliger Außenminister und Autor des Buches „Risiko Deutschland" ist in der Liste als Mitglied des Komitees der 300 aufgeführt. Ebenso wie Al Gore, der Erfinder des menschengemachten Klimawandels. Wie es scheint, ist Fischers Verachtung für Deutschland in der Partei „Die Grünen" lebendig geblieben. Die Anstrengungen vieler grüner Mandatsträger, die indigene Bevölkerung Deutschlands gewissermaßen durch Zuwanderung zu „verdünnen", sind unübersehbar.

Die Rothschilds treten nie offiziell in Erscheinung, sie tauchen nicht einmal in der Forbes-Liste der reichsten Menschen der Welt auf. Das ist aber kein Wunder, denn ihnen gehört das Forbes-Magazin und sie haben der Redaktion untersagt, Angaben über ihr Vermögen zu machen. Der Einfluss der Rothschilds auf Krieg und Frieden dürfte beträchtlich sein. Bedauerlich ist daran vor allem, dass dieser gigantische Einfluss nicht genutzt wird, um den Frieden in der Welt zu sichern. Die Rothschilds haben in vielen Kriegen beide Kriegsparteien finanziert. [41] [42]

Die Ziele der Drahtzieher sind, ich zitiere [43]:

1. Die Errichtung einer Eine-Welt-Regierung/Neuen Weltordnung mit einer einheitlichen Kirche und einem einheitlichen Währungssystem unter ihrer Leitung. Auch die Gründung einer eigenen Kirche unter ihrem Einfluss wird von ihnen für erforderlich gehalten, weil sie erkannten, dass ein der Menschheit innewohnender religiöser Glaube ein Ventil haben muss. Vorsorglich richteten daher ein „kirchliches" Gremium ein, um diesen Glauben in die von ihnen gewünschte Richtung zu lenken.

2. Die völlige Zerstörung aller nationalen Identitäten und allen nationalen Stolzes, was eine Voraussetzung ist, wenn das Konzept der Eine-Welt-Regierung funktionieren soll.

3. Die Zerstörung der Religion und insbesondere der christlichen Religion,

mit der einen Ausnahme: Ihre eigene religiöse Schöpfung (wie oben erwähnt), zu verbreiten und zur Irreführung der Menschheit allgemein durchzusetzen.

Diese Leute geben im Hintergrund den Ton an und Politik, Wirtschaft, Medien und Wissenschaft gehorchen. Die menschenverachtende Elite strebt eine globale Herrschaft an, in der wir Bürger alle ohne einen persönlichen Besitz sein sollen und zu willenlosen Sklaven dieser totalitären Bande degradiert werden. Vorangetrieben wird diese zutiefst totalitäre Entwicklung mit einer beispiellosen Propaganda, wie sie die Welt noch nie gesehen hat.

Da die Verschwörer ihre größenwahnsinnigen Pläne uns Bürgern nicht offen verkünden können, werden die Pläne so verpackt, dass der Eindruck entsteht, es ginge ihnen um eine Verbesserung der Welt, um eine gerechtere Verteilung der Ressourcen, um Nachhaltigkeit, um Schutz des Klimas, um Frieden und Wohlstand für alle. Klaus Schwab, Gründer und Chef des WEF, spricht deshalb gerne vom Stakeholder-Prinzip.

Das Wohlergehen der Menschheit ist aber definitiv nicht die Absicht der Hintermänner. In Wirklichkeit geht es ihnen nur um das eine, was alle Psychopathen wollen, nämlich noch mehr Geld, noch mehr Macht, noch mehr Reichtum und endlose Kontrolle aller Menschen!

Als Stakeholder (frei übersetzt: Anspruchsberechtigter) wird eine Person oder Gruppe bezeichnet, die ein berechtigtes Interesse am Verlauf oder Ergebnis eines Prozesses oder Projektes hat. In der Betriebswirtschaftslehre wird Stakeholder als Anspruchsgruppe übersetzt. Offensichtlich will Schwab mit der Verwendung dieses Begriffes mehr vernebeln als Klarheit schaffen, aber er lässt keinen Zweifel daran, dass er mit Stakeholdern nur uns Bürger meint!

Wir sind für die Shareholder, also für die wahren Besitzer der Unternehmen, als vermeintlich gleichberechtigte Stakeholder, aber nichts weiter als abhängige Kunden, die einem Monopolbetrieb ausgesetzt sind. Wir können nur kaufen, was man uns geben will und wir müssen jeden Preis akzeptieren, den die Bande von uns verlangt, denn es gibt keine Alternativen und keinen Wettbewerb mehr!

Zum Glück werden immer mehr Menschen wach und durchschauen das böse Spiel der globalen „Eliten". Auch der Vorsitzende des WEF, Klaus Schwab, trug mit der Veröffentlichung seines Buches „Der große Neustart" dazu bei. Sein sehr positiv gehaltenes Bild von der nahen Zukunft konnte die beängstigenden Fakten trotz der vielen schönen Worte und inhaltsleeren Floskeln nicht übertünchen.

Die Digitalisierung wird in alle Bereiche des Lebens vordringen, so hofft Schwab. Diese neuen Technologien werden aber vor allem eine lückenlose Überwachung aller Menschen ermöglichen, der kaum noch jemand entkommen kann. In Zukunft sollen künstliche Intelligenz und Roboter viele wichtige Aufgaben übernehmen. Der permanenten Kontrolle aller Bürger sind kaum noch Grenzen gesetzt.

Schwab demaskiert, gewollt oder ungewollt, den Plan der globalen Eliten als ein superböses Machwerk. Seine Ausführungen offenbaren das finale Ziel der Drahtzieher. Sie wollen einen globalen Überwachungsstaat, in dem die psychopathischen Verschwörer an der Spitze die gesamte Menschheit nach Belieben kontrollieren können.

Wir dürfen die Augen nicht davor verschließen, dass gegenwärtig die „Kräfte des Bösen" zielstrebig daran arbeiten, diese „Neue Weltordnung" zu realisieren. Die „Coronapandemie" diente ihnen dabei als wichtiges Instrument, die Menschen durch Angst, Panik und Terror gefügig zu machen, damit sie die „neue Normalität" akzeptieren. Es ist traurig, dass viele korrupte Politiker und Journalisten bei diesem bösen Spiel als willige Helfer mitmachten und es auch weiterhin noch unterstützen.

All dieses kann aber nur funktionieren, wenn wir es uns gefallen lassen. Gerade wir Deutschen werden lernen müssen, zu bestimmten Gesetzen der Regierung NEIN zu sagen und Anordnungen, die unserer Gesellschaft schaden, strikt NICHT zu befolgen.

In bestimmten Fällen ungehorsam zu sein, ist die wichtigste spirituelle Lektion, die die Mehrheit von uns zu lernen hat. Denn Gehorsam ist wahrhaftig keine Tugend, sondern seit jeher die zwingende Voraussetzung für alle Verbrechen an der Menschlichkeit. Ohne blinden Gehorsam der Massen hätte es nie Krieg, Sklaverei oder Genozid gegeben.

Viele von uns werden einen großen Schritt in ihrer Persönlichkeitsentwicklung nach vorn machen müssen. Denn, was eine globale Clique von Machthabern plant, das können wir nicht ändern. Aber was wir ändern können, ist unsere Reaktion darauf. Wir können frei wählen zwischen einem Sklavendasein oder Freiheit und Selbstbestimmung. Diese Wahl liegt ausschließlich bei uns, in uns selbst, in unserer ureigenen Entscheidungsgewalt. Wir können die Versklavung akzeptieren und gehorchen, oder wir lernen individuell und kollektiv NEIN zu sagen und widersetzen uns den Plänen der Unterdrücker. Dafür benötigen wir Mut, Zuversicht und Rückhalt bei einer Macht, die stärker ist als wir selbst. Diese Hilfe kann Gott uns geben.

Es mag sein, dass manche Menschen nicht zum eigenständigen Denken und Entscheiden zu bewegen sind, weil sie es vorziehen, wenn andere für sie denken und entscheiden. Vielleicht ist solch ein Verhalten mit der Hoffnung verbunden, nicht selbst die Verantwortung für das eigene Schicksal übernehmen zu müssen. Dies wäre aber nur der größtmögliche Selbstbetrug.

Mir selbst ist eine gefährliche Freiheit in Selbstbestimmung lieber als eine Sklavenexistenz, die mich vor allen vermeintlichen und realen Risiken des Lebens beschützen will.

Die Coronalüge!

Die Coronapandemie war ein massiv aufgebauschtes Problem, das nicht annähernd so gefährlich war, wie es den Bürgern von Politik, Wissenschaft und Medien dargestellt wurde. Es fällt schwer, für diese künstlich aufgeblähte Coronakrise und den daraus abgeleiteten politischen Maßnahmen eine wohlwollende Erklärung zu finden. Wesentlich glaubwürdiger ist der von sogenannten Verschwörungstheoretikern und „Aluhutträgern" oft geäußerte Verdacht, dass diese „Pandemie" geplant war und nur dem Zweck diente, große Vermögensanteile von unten nach oben zu verschieben und die Freiheiten der Bürger massiv einzuschränken. Für diesen Verdacht spricht auch der Umstand, dass die hauptverantwortlichen Personen, Bundeskanzlerin Merkel und Gesundheitsminister Spahn, eine ideologische Schulung beim WEF durchlaufen haben und eng verbandelt mit dieser globalen mafiösen Vereinigung sind.

Wie sehr eine Vermögensverschiebung im Zuge der „Coronapandemie" stattgefunden hat, wird am Beispiel des Onlinehändlers Amazon deutlich. Bedingt durch das veränderte Kaufverhalten während der Coronakrise konnte Amazon seinen Umsatz im ersten Quartal 2021 um 44 % steigern. Der Nettogewinn verdreifachte sich auf nunmehr 8,1 Milliarden US-Dollar. Diese gewaltige Umsatz- und Gewinnsteigerung wurde möglich, weil viele Kunden ihre benötigten Produkte aufgrund von Ladenschließungen während des Lockdowns nur noch online einkaufen konnten. [109]

Diese Einkäufe und die damit verbundenen Einnahmen sind natürlich den mittelständischen Unternehmen verloren gegangen. Infolgedessen mussten viele klein- und mittelständische Betriebe aufgeben und schließen, weil ihnen diese Einnahmen verloren gingen. Nun kann man darüber diskutieren, so viel man will, aber eine Tatsache lässt sich nicht verleugnen. Diese Entwicklung entspricht genau den angestrebten und öffentlich verkündeten Zielen des WEF und jener Oligarchen, die dort im Hintergrund die Fäden ziehen.

Befassen wir uns nachfolgend mit 7 elementaren Fakten der „Coronapandemie", die nicht zur verbreiteten Mär der verantwortungsvollen Regierung passen, sondern eine zielstrebige Schädigung der Bürger nahelegen.

1. Die Panikmache

Das Coronadesaster begann für Deutschland mit Überlegungen der Regierung, welche Strategie am besten anzuwenden wäre. Das Bundesinnenministerium ließ zu diesem Zweck ein Strategiepapier entwerfen, das sich als „Panikpapier" entpuppte, weil es die klare Absicht verfolgte, die Bürger in Angst und Schrecken zu versetzen. Die Bevölkerung sollte geschockt werden, um eine Bereitschaft zu erzeugen, sämtliche Anordnungen der Regierung kritik- und widerstandslos zu befolgen. Zwecks Dramatisierung wurde fälschlich behauptet, dass innerhalb von zwei Monaten knapp 1,2 Millionen Menschen durch das Coronavirus sterben würden. Kinder wurden als Gefahrenquelle für ihre Eltern und Großeltern dargestellt, wenn sie nicht brav zu Hause bleiben würden. Es wurde den Kindern eine unverzeihliche Schuld unterstellt, wenn sie durch Kontakt zu anderen Kindern ihre Eltern anstecken würden. Es wurde hervorgehoben, dass bei einer Infizierung mit dem COVID-19-Virus ein „qualvolles" Ersticken erfolgen könne. In Weiteren wurde behauptet, dass die medizinischen Kapazitäten nicht ausreichen würden, alle Infizierten zu behandeln. Familien müssten damit rechnen, dass erkrankte Angehörige von Kliniken abgewiesen würden und qualvoll zu Hause den Erstickungstod erleiden, ohne dass man ihnen helfen könne. [110]

Ein fragwürdiger Hauptautor des Corona-Strategiepamphlets war Otto Kölbl, ein fachfremder Chinafan und ein Befürworter der brutalen chinesischen Corona-Politik. Kölbl ist Germanist und hat nicht die geringste Ahnung von Medizin, Viren und Pandemien. Dennoch war er Mit-Verfasser des umstrittenen Corona-Strategiepamphlets des Bundesinnenministeriums und offenbar verantwortlich für jene Passagen, in denen zu einer Angst-Kommunikation und drastischen Verdeutlichung des „Worst Case" -Szenarios geraten wurde. Die nachfolgenden Passagen wurden laut „Welt" von Kölbl verfasst.

Erstens würden viele Schwerkranke von ihren Angehörigen „ins Krankenhaus gebracht, aber abgewiesen und sterben qualvoll um Luft ringend zu Hause. Das Ersticken oder nicht genug Luft kriegen ist für jeden Menschen eine Urangst. Die Situation, in der man nichts tun kann, um in Lebensgefahr schwebenden Angehörigen zu helfen, ebenfalls."

Zweitens empfiehlt das Papier sogar, Kindern Angst zu machen. „Kinder werden sich leicht anstecken, selbst bei Ausgangsbeschränkungen, z. B. bei den Nachbarskindern", heißt es in dem Text. „Wenn sie dann ihre Eltern anstecken und einer davon qualvoll zu Hause stirbt und sie das Gefühl haben, schuld daran zu sein, weil sie z. B. vergessen haben, sich nach dem Spielen die Hände zu waschen, ist es das Schrecklichste, was ein Kind je erleben kann."

Drittens wird vorgeschlagen, an mögliche Langzeitschäden zu erinnern. „Auch wenn wir bisher nur Berichte über einzelne Fälle haben, zeichnen sie doch ein alarmierendes Bild", heißt es in dem Bericht. „Selbst anscheinend Geheilte nach einem milden Verlauf können anscheinend jederzeit Rückfälle erleben, die dann ganz plötzlich tödlich enden, durch Herzinfarkt oder Lungenversagen, weil das Virus unbemerkt den Weg in die Lunge oder das Herz gefunden hat. Dies mögen Einzelfälle sein, werden aber ständig wie ein Damoklesschwert über denjenigen schweben, die einmal infiziert waren." [111]

Ein anderer Mitarbeiter des Bundesinnenministeriums bezeichnete im Mai 2020 in einer "Analyse" die Warnungen vor der Corona-Pandemie als „Fehlalarm", forderte, die geltenden Maßnahmen „vollständig aufzuheben" und behauptete, dass es durch die Corona-Maßnahmen der Bundesregierung zu „vermeidbaren Todesfällen" gekommen sei. Verfasser der „Analyse des Krisenmanagements" war der Oberregierungsrat Stephan K. aus der Abteilung „KM 4". Diese Abteilung des Innenministeriums befasst sich mit dem Krisenmanagement der kritischen Infrastruktur, also den Organisationen und Einrichtungen, die für die Aufrechterhaltung des öffentlichen Lebens und der öffentlichen Sicherheit relevant sind. Der Verfasser der Analyse wurde daraufhin aus dem Dienst entfernt, aber die bis heute bekannt gewordenen Details bestätigen seine frühe Einschätzung: Die Pandemie war maßlos übertrieben, die Kollateralschäden der Coronamaßnahmen waren größer als der Nutzen. [112]

Die Einbeziehung aller Todesfälle, bei denen Coronaviren durch einen PCR-Test nachgewiesen wurden, die aber für den Tod nicht ursächlich verantwortlich waren, in die Statistik der „an Corona Verstorbenen", ist ebenfalls nur eine bösartige Manipulation zur Panikmache, um die Pandemie durch möglichst viele Tote gefährlicher aussehen zu lassen, als sie tatsächlich ist.

2. Der untaugliche PCR-Test

Der PCR-Test (Polymerase Chain Reaction) -Technologie wurde entwickelt von Kary Banks Mullis. Seine Erfindung brachte ihm 1993 den Nobelpreis für Chemie ein. Allerdings sah Mullis den von ihm entwickelten Test als völlig ungeeignet an, um eine Virusinfektion zu erkennen. Der Grund dafür ist, dass die Anwendung dieses Tests immer nur darin bestand, DNA-Sequenzen durch Vervielfältigungen nachzubilden und somit nicht als diagnostisches Werkzeug zum Nachweis von Viren taugte.

Weil in einem Abstrich oftmals nur sehr wenig genetisches Material vorhanden ist, muss dieses zuerst vervielfältigt werden. Dies geschieht mit der Polymerase-Kettenreaktion, die kurz PCR genannt wird. Dafür wird die RNA des Virus mittels eines Enzyms zuerst in DNA umgeschrieben. Anschließend wird die DNA der Probe in mehreren Zyklen vervielfältigt. Wenn genug genetisches Material vorhanden ist, wird dann überprüft, ob in der Probe die Gensequenzen des Virus enthalten sind.

Die Präzision dieses Tests ist aber von der Anzahl der Vermehrungszyklen abhängig, mit denen das virenbelastete Ausgangsmaterial zwecks Untersuchung vervielfältigt wird. Zahlreiche Studien haben gezeigt, dass man ab ca. 22-25 Vermehrungszyklen nicht mehr davon ausgehen kann, dass jemand wirklich infektiös ist. Trotz dieser Kenntnisse, die auch im federführenden Robert Koch-Institut (RKI) bekannt waren, ist in Deutschland ein ergebnisverfälschender Vermehrungszyklus von 35 bis 45 praktiziert worden.

Dies führte dazu, dass die PCR-Testungen bei 86,5 % aller positiv Getesteten falsch positiv waren, was den Verantwortlichen im RKI auch bekannt war! Und es bedeutet weiterhin, dass alle einschränkenden Maßnahmen (Lockdowns, Abstandsvorschriften, Maskenzwang usw.), die aufgrund dieser Testungen verhängt wurden, jeder wissenschaftlichen Grundlage entbehren. Diese Schlussfolgerung ergibt sich aus der internen Datenlage des federführenden RKI!

Bewiesen wurde dieses Ergebnis durch weitere Daten, die ebenfalls vom RKI erhoben wurden. Wurde jemand mit einem Covid-19-Virus infiziert, dann aktiviert der Körper selbständig einen Abwehrmechanismus, indem eine Immunreaktion ausgelöst wird. Es entstehen IgG-Antikörper, die nach 2-3 Wochen im Blut des Infizierten nachgewiesen werden können. Diese speziellen Antikörper entstehen nur bei einer tatsächlichen Infektion. Jeweils nur 13,5 % aller PCR-positiv Getesteten wurden 2 Wochen später auch IgG-positiv getestet, hatten also einen labortechnisch klaren Befund einer durchgemachten SARS-CoV-2-Infektion. Die IgG-Testungen wurden genauso wie die PCR-Testungen vom RKI angeordnet und ausgewertet.

Die RKI-Protokolle beweisen, dass es **nie** diese Riesenbedrohung durch Corona gegeben hat, die durch PCR-Tests angeblich bewiesen wurde. Den Sitzungsteilnehmern, und damit auch der Bundesregierung, war seit März 2020 bekannt, dass 86,5 % aller positiv Getesteten falsch positiv getestet waren und alle Maßnahmen, die aufgrund dieser Falschtestungen verhängt wurden, jeder wissenschaftlichen Grundlage entbehren. Es hat tatsächlich nie einen Grund für Panik und Aufregung gegeben. [44]

3. Nutzlosigkeit der Masken

Die Wirkungslosigkeit der Masken und ihre Schädlichkeit besonders für Kinder waren ebenfalls bekannt, beschlossen wurde der Maskenzwang trotzdem. [45]

Inzwischen gibt es weltweit zahlreiche Studien zu Risiken und Nebenwirkungen der Masken, darunter eine Meta-Studie von den Experten Kai Kisielinski, Paul Giboni, Andreas Prescher, Bernd Klosterhalfen, David Graessei, Stefan Funken, Oliver Kempski und Oliver Hirsch. Die Studie untersucht die Frage: „Ist eine Mund-Nase bedeckende Maske in der Alltagsanwendung frei von unerwünschten Nebenwirkungen und möglichen Gefahren?" Sie kann in deutscher Version als PDF von dieser Adresse heruntergeladen werden: [56]

Die Erkenntnisse und Schlussfolgerungen der medizinischen Experten sind eindeutig. Das längerfristige oder dauerhafte Tragen von Masken kann schwere bis schwerste Erkrankungen nach sich ziehen. Zwar würde das Tragen von Masken nicht durchgängig zu klinischen Abweichungen von der Norm führen, aber aufgrund der langen Tragezeit ist eine deutliche Verschiebung in eine pathologische Langzeitfolge mit klinischer Relevanz zu erwarten. Dazu zählen neben Arteriosklerose und koronare Herzkrankheiten auch neurologische Erkrankungen. Weiter heißt es in der Studie:

„Maskentragen hat das Potenzial, eine chronische Stressreaktion auszulösen, die durch Blutgasveränderungen induziert und von Gehirnzentren gesteuert wird. Diese wiederum induziert und löst die Unterdrückung des körpereigenen Abwehrsystems und das metabolische Syndrom mit kardiovaskulären und neurologischen Erkrankungen aus."

Berücksichtigt wurden diese Tatsachen bei Verhängung des Maskenzwangs nicht! Es interessierte die Regierung auch nicht im Geringsten, welche Folgen ihre Gesetze hatten. Wichtig war und ist ihnen nur, dass der Bürger gehorcht, egal, wie krank er durch die Maßnahmen werden kann. Mit gesundheitlicher Fürsorge hat diese Haltung nichts zu tun!

4. Wirkungslosigkeit der Impfung

Den Veröffentlichten Sitzungs-Protokollen des RKI ist auch diese brisante Information zu entnehmen. Die Anwesenden sprachen über eine Studie der Universität Oxford, wonach *„wonach sowohl symptomatische Infektion als auch die Viruslast bei Geimpften genauso hoch sei wie bei Ungeimpften"*. Der Experte Prof. Stefan Hockertz schrieb dazu auf seinem Telegram Kanal:

„Am 24.08.21 wusste das deutsche Regime glasklar, dass die mRNA Spikung unwirksam ist. Und haben es weiter brutalst durchgesetzt. Das ist der Tatbestand des fortgesetzten Betruges mit besonderer Schwere der Schuld. Und wenn ich dann immer wieder, jetzt noch, diesen Leierkasten höre, die „Impfung" hätte Millionen von Menschen das Leben gerettet. Wie denn? Ohne Reduktion der Viruslast? Das ist schlicht unmöglich. Hier habt ihr es endlich schwarz auf weiß vom Regime, wenn man uns seriösen Wissenschaftlern schon nicht glaubt."

Obwohl das „British Medical Journal" frühzeitig warnte, bei der „95-Prozent-Wirksamkeit" sei „Zurückhaltung geboten", wurde diese wichtige Information nicht beachtet. [105]

Die Impfstoffe gegen Corona boten nie einen nennenswerten Schutz. Der wurde von den Impfstoffherstellern praktisch herbeimanipuliert. Der Trick besteht darin, *relative Risikoreduzierung* statt *absolute Risikoreduzierung* zu verwenden. [106]

Die Impfstoffe gegen Corona wurden öffentlich mit 95 % Wirksamkeit angepriesen. Diese Behauptung beruht auf der Pfizer/BioNTech-Zulassungsstudie, in der Geimpfte und Ungeimpfte miteinander verglichen wurden. Die geimpfte Gruppe bestand aus 18.198 Probanden, die ungeimpfte Gruppe aus 18.325 (Zahlen nach The Lancet). Bei den Geimpften erkrankten nur 8 Menschen an Covid-19, bei den Ungeimpften 162 Teilnehmer. Also wurden 154 Geimpfte vor Covid geschützt (162-8). Bei der Berechnung der *relativen Risikoreduzierung* setzt man diese 154 Geschützten zu den 162 Erkrankten ins Verhältnis. 154 von 162 = 95 Prozent. Diese Rechnung berücksichtigt nicht, wie groß die Probandengruppen waren, womit das Hintergrundrisiko bewusst außer Acht gelassen wird. [108]

Im Gegensatz dazu berücksichtigt die *absolute Risikoreduzierung* auch das Hintergrundrisiko, an Covid zu erkranken – es war in beiden Gruppen sehr gering. Nun vergleicht man 8 Erkrankte von 18.198 Probanden (8 von 18.198 = 0,04 Prozent) mit 162 Erkrankten von 18.325 Probanden (162 von 18.325 = 0,88 Prozent). Die Differenz ist die *absolute Risikoreduktion*: 0,84 Prozent. Das heißt in Klartext übersetzt: Die Risikoverminderung an Corona zu erkranken liegt für einen Geimpften bei unter 1 Prozent. Dem gegenüber hat ein Geimpfter jedoch ein ca. 25%iges Risiko, einer unerwünschten Nebenwirkung zum Opfer zu fallen.

Das bedeutet: Geimpfte senkten ihr absolutes Covid-Risiko nur um 0,84 Prozent. Weil das nicht so imposant klingt wie „95 Prozent Wirksamkeit", nutzen Pharmaunternehmen gern die relative Risikoreduktion. So wird die Öffentlichkeit manipuliert. Man kann es aber auch ganz korrekt so ausdrücken: Für über 99 Prozent der Probanden hatte die Impfung keine Schutzwirkung. [107]

5. Ungeimpfte sind schuld an der Pandemie

Wie bereits unter Punkt 4 hervorgehoben, ist die Viruslast bei Geimpften genauso hoch wie bei Ungeimpften, weil die Impfung nie die gewünschte Wirkung hatte. Hätte die Impfung wie gewünscht gewirkt, konnte das Immunsystem des Geimpften die Viren eliminieren. Der Impfling wäre frei von einer Virenlast! Das war aber definitiv nicht der Fall. Für eine weitere Verbreitung von Coronaviren spielte die Frage geimpft oder ungeimpft deshalb nicht die geringste Rolle. Von beiden Personenkreisen geht gleich große Gefahr aus. Dem RKI und damit der Bundesregierung war diese Tatsache nachweislich allerspätestens am 24.08.2021 bekannt, dennoch wurden von staatlicher Seite die Ungeimpften als Schuldige an der Krise auserkoren.

Die menschenverachtende Hetze war ein ganz besonders schweres Verbrechen von Politik, Medien, Ethikrat und Künstlern gegenüber Menschen, die klüger waren und die Impfung ablehnten. Der Hass und die Hetze gegen Ungeimpfte nahmen unfassbare Ausmaße an. Kerngesunde Menschen, die ihre Gesundheit per Test nachweisen konnten, wurden aus der angeblich „offenen Gesellschaft" ausgeschlossen. Kinder mussten Sportvereine verlassen, sie und ihre Eltern durften nicht in den Einzelhandel, in Restaurants, Kinos, Theater und nicht reisen. Zahlreiche Angestellte wurden unbezahlt von der Arbeit „freigestellt".

Mit dieser 2G genannten Apartheid sollte das letzte Viertel der Deutschen bestraft oder in die Impfung getrieben werden. All dies hatte nichts mehr mit Gesundheitsschutz zu tun, wenn die Maßnahmen es denn jemals hatten. Es ging nur um die sadistische Durchsetzung purer Macht, die eine Mehrheit der Bundesbürger allerdings bereitwillig über sich ergehen ließ. [46]

Es wurde eine bewusste, gezielte und absichtliche Spaltung der Gesellschaft betrieben. Tatsächlich ist es ein so schäbiges und widerliches Verhalten, dass es durch kein scheinbar noch so stichhaltiges Argument gerechtfertigt werden kann. Menschen, die sich nicht impfen lassen wollten, wurden mit hanebüchenen Behauptungen zu Parias gemacht.

Die Webseite „ich-habe-mitgemacht" ist ein privates Dokumentationszentrum für dieses Corona-Unrecht gegen Bürger, die sich nicht impfen lassen wollten. Es wird betrieben von einer Gruppe besorgter Archivare. Da zu befürchten ist, dass die Täter jegliche Beteiligung abstreiten werden, werden auf dieser Webseite die Beweise gesammelt, um den eklatanten Zivilisationsbruch nicht in Vergessenheit geraten zu lassen. Wer möchte, kann sich dort die totalitären und faschistischen Aussagen von exponierten Mitgliedern unserer „toleranten Gesellschaft" ansehen. [47]

Exemplarisch möchte ich hier nur einen Fall von vielen hunderten anführen. Tobias Hans, CDU, damaliger Ministerpräsident des Saarlandes, sagte am 09.12.2021, also nachweislich mehr als 3 Monate nach dem Zeitpunkt 24.08.2021, wo das RKI und die Regierung nachweisbar volle Kenntnis von der gleichen Virenlast bei Geimpften und Ungeimpften hatte, in der ZDF-Sendung „Maybrit Illner":

„Wir müssen diese Welle bremsen. Dazu ist es wichtig, dass man eine klare Botschaft sendet an die Ungeimpften: ‚Ihr seid jetzt raus aus dem gesellschaftlichen Leben.' Deswegen machen wir konsequent 2G."

Zur richtigen Einordnung dieser ungeheuerlichen Verunglimpfung von Impfverweigerern muss daran erinnert werden, dass eine Impfung immer nur dem Eigenschutz dient. Ein Geimpfter ist nach den allgemeingültigen medizinischen Regeln hinreichend vor einer Ansteckung geschützt. Insofern kann ein Geimpfter nicht mehr von einem Ungeimpften angesteckt werden – außer natürlich in dem einen Fall, den es angeblich nicht geben konnte, wenn nämlich die Impfung wirkungslos ist und nicht das Ergebnis zur Folge hat, welches man medizinisch erwarten kann.

6. Übersterblichkeit

Die Bevölkerung unterliegt einem ständigen Wandel durch Sterbefälle und Neugeburten. Diese Vorgänge werden statistisch erfasst. Sie weisen seit jeher eine gewisse kontinuierliche Stabilität auf. Nur selten gibt es Abweichungen von der

Anzahl der Todesfälle binnen eines Jahres. Treten Abweichungen auf, sind sie zumeist auf besondere Umstände zurückzuführen, wie z. B. eine Pandemie.

Sofern man willig ist, die Sterbestatistiken korrekt zu lesen, wird man bemerken, dass die Mehrheit der Corona-Todesfälle aus Menschen mit massiven Vorerkrankungen bestand. Deshalb ist auch die Mehrzahl der Sterbefälle MIT und nicht ausschließlich AN Corona verstorben. Es handelt sich also mehrheitlich um Menschen, bei denen das eigene Immunsystem bereits nicht mehr 100 % Leistungsfähigkeit hatte. Diese Tatsache wird aber gerne unterschlagen.

Unter Berufung auf Daten des Statistischen Bundesamtes schrieb der Leiter des Frankfurter Gesundheitsamtes, Prof. Dr. René Gottschalk, ein renommierter Experte:

„Eine [pandemiebedingte] Übersterblichkeit ist weder in der Gesamtbevölkerung noch in der Gruppe der Hochrisikopatienten (Bewohner von Altenpflegeheimen) zu verzeichnen. Die Sterbestatistik (tägliche Sterbefälle) zeigt im ersten Halbjahr 2020 keine Auffälligkeiten – im Gegensatz zu der erkennbar höheren Sterbezahl während der Influenza-Zeiten 2017 und 2018, sowie während der Hitzeperiode im Juli 2018."

Zudem kritisierte der Professor die massive Gefährdung gesellschaftlicher und wirtschaftlicher Strukturen und mahnt einen offenen Dialog über die verhängten Maßnahmen an. [57]

7. Nebenwirkungen der Impfungen

Obwohl die bundesdeutschen Behörden dazu verpflichtet sind, wurden, vermutlich auf Anweisung der Politik, bis heute keine belastbaren Zahlen über mögliche Impfschäden erfasst. Bis heute wird zu diesem Thema offiziell von Politik und Medien abgewiegelt, verharmlost und falsch informiert.

Doch es ist eine nicht zu leugnende Tatsache, dass eine Coronaimpfung sehr gesundheitsschädigend bis tödlich sein kann. Das ergibt sich aus einer Analyse der Meldungen in der Datenbank der Weltgesundheitsorganisation WHO seit Beginn der Impfungen. Dort sind fast 5 Millionen Fälle von Nebenwirkungen erfasst. Die Wissenschaftler von „ScienceFiles" haben diese Arbeit dankenswerterweise für uns ausgeführt. [102]

Für die Pharmaindustrie sind die Nebenwirkungen kein Grund, auf Produktion und Vertrieb der fragwürdigen Impfstoffe zu verzichten. Im Gegenteil, die medikamentösen Behandlungen der zum Teil extrem schweren Gesundheitsschäden spülen ihnen weiteres Geld in Kassen. [49]

Es lässt sich kaum noch bestreiten, angesichts der sich langsam durchsetzenden Wahrheit gegen die vielen Coronalügen, erwiesen sich die als Verschwörungstheoretiker, Coronaleugner, Terroristen, Schwurbler, Aluhutträger, Bekloppte usw. verunglimpften Impfverweigerer als der klügere Teil der Gesellschaft. Viele gutgläubige Bürger, die auf die Lügen von Politik und Medien hereingefallen sind, müssen jetzt sehen, wie sie, völlig alleingelassen und auf sich gestellt, mit zum Teil schwersten Impfschäden fertig werden. [50]

Wollte man einem Impfverweigerer aus der Ablehnung der Impfung jetzt immer noch einen Vorwurf machen, weil er durch eine mögliche Erkrankung an Corona der Allgemeinheit zur Last fallen könnte, geht dieser Schuss ins Leere. Inzwischen stellt sich nämlich die Frage, welche enormen Kosten durch Impfschäden von der Solidargemeinschaft getragen werden müssen. Schäden, die vermeidbar gewesen wären, wenn die Impflinge nicht dem substanzlosen Geschwätz von Politik und Medien gutgläubig auf den Leim gegangen wären.

Wer immer noch der Meinung ist, unsere Regierungsvertreter wären liebe und fürsorgliche Menschen, die doch nur unser Wohl im Auge haben, der sollte sich mit den unzensierten und ungeschwärzt veröffentlichten Sitzungs-protokollen des Robert Koch-Institutes befassen. Das RKI war in der Corona-Pandemie die federführende Bundesbehörde, in der die maßgeblichen Vertreter unterschiedlicher Organisationen und Behörden zusammenkamen und die Entscheidungen zur „Bewältigung" der vermeintlichen Corona-Pandemie beraten und beschlossen haben. In den Protokollen lässt sich schwarz auf weiß nachvollziehen, wie wir Bürger schamlos belogen und betrogen wurden.

Sämtliche Maßnahmen wie Lockdowns, Maskenzwang, Schließungen von Einrichtungen und Besuchsverbote von Restaurants, Altersheime usw. waren politische Willkürentscheidungen ohne auch nur einen Hauch von wissenschaftlicher Notwendigkeit. Alle Maßnahmen und Konsequenzen, die aufgrund der PCR-Testungen verhängt wurden, sind aufgrund falscher Informationen verhängt worden. Dieser Umstand war allen Akteuren bekannt! Durchgezogen wurde es trotzdem! Download der Protokolle [136]

Welche Motivation steckte hinter der Ignorierung der bekannten Fakten und dem Impfzwang? Steuergelder umleiten zu Pharmaunternehmen? Bewusste Verursachung von Impfschäden und Impftodesfällen? Denn auch die enorme Schadwirkung insbesondere der gentechnischen mRNA- und Vektor-Produkte war natürlich bestens bekannt. Offenbar war die Pandemie genau darauf angelegt, Freiheitseinschränkungen durchzusetzen, Vermögen von unten nach oben zu transferieren und die Bevölkerungsanzahl zu reduzieren.

Es wurde von Politik, Wissenschaft, Medien und Ethikrat fehlinformiert, dass sich die Balken biegen. Deshalb wird auch die von der AfD geforderte Aufarbeitung von denselben Leuten verweigert, sabotiert und blockiert. Diesen Personen willst du weiterhin vertrauen?

Seit Menschengedenken wird die Verbreitung von Angst und Panik von den Herrschenden als Mittel zur Unterdrückung genutzt. Menschen, die eingeschüchtert und verängstigt sind, lassen sich durch Heilsversprechen leichter beeinflussen und manipulieren. Das Muster ist dabei immer gleich und es ist allen Kulturen zu beobachten. Zuerst wird eine gigantische Bedrohung an die Wand gemalt, oder eine Krise erschaffen und dann wird die passende Lösung angeboten, die aber Gehorsam verlangt und bedauerlicherweise mit erheblichen Nachteilen oder Einschränkungen für den Bürger verbunden ist.

Wie sehr die Drahtzieher der Coronapandemie die Medien in ihrem Sinne beeinflussen, offenbart die Spendenpraxis der globalen Verschwörer. Die ZEIT erhielt von der „Bill & Melinda Gates Stiftung" einen Betrag von rund 300.000 US-Dollar, nachdem sie 2017 noch kritisch berichtet hatte: „Der heimliche Chef der WHO heißt Bill Gates". Inzwischen ist die Berichterstattung zu Bill Gates und dessen globalen Impfplänen deutlich positiver geworden. Das dürfte sich für Gates auszahlen.

Denn als Privatmann besitzt Bill Gates große Aktienpakete an den Herstellerfirmen der Impfstoffe und ist somit persönlicher Nutznießer an den Impfungen. Es ist sicher kein Zufall, dass in der ZEIT jetzt nur noch Artikel zu lesen sind, die Gates geschäftliche Interessen fördern.

Das Relotius-Blatt SPIEGEL berichtet ähnlich Gates-freundlich. Das Magazin erhielt 2.537.294 US-Dollar als „Zuschuss" von der „Bill & Melinda Gates Stiftung". Proteste gegen die Coronamaßnahmen stellt der SPIEGEL pauschal in die Verschwörungstheoretiker-Ecke. [51]

Diese Zusammenhänge zeigen deutlich den Einfluss der globalen Verschwörer auf die öffentliche Meinungsbildung. Sie sind exemplarisch für gezielte Manipulationen der gutgläubigen Leser. Aus der Datenbank der „Bill & Melinda Gates Stiftung" geht hervor, dass Gates und seine Ex-Ehefrau über ihre Stiftung insgesamt 319 Millionen Dollar an zahlreiche internationale Medienunternehmen gespendet haben. Warum wohl? [52]

Viel Geld von Gates floss auch zu jenen behördlichen Entscheidungsträgern, die Empfehlungen zu den Maßnahmen gegen Corona abgaben. Die „Bill & Melinda Gates Stiftung" hatte im November 2021 für eine Dauer von zwölf Monaten 499.981 US-Dollar an das Robert Koch-Institut (RKI) gespendet, das von Lothar Wieler geleitet wird. Zuvor hatte die Stiftung im November 2019 für eine Dauer von 59 Monaten eine Summe von 253.000 US-Dollar gespendet. [53]

Auch die Charité des Corona-Gurus Christian Drosten, der neben Wieler als wichtigster Berater der Regierung fungierte, wurde finanziell großzügig bedacht. Sie erhielt von der „Bill & Melinda Gates Stiftung" einen Betrag von 249.550 US-Dollar, wie man der Datenbank der Stiftung entnehmen kann. [54]

Für den angeblichen Wohltäter Bill Gates war das augenscheinlich gut angelegtes Geld, denn Drosten und Wieler traten für eine generelle Impfpflicht ein, die dem Großaktionär Gates an Impfstoffproduzenten vermutlich ein Vielfaches der gespendeten Beträge einbrachte.

Wer nach glaubwürdigen Fakten im Zusammenhang mit Corona sucht, wird bei der Stiftung Corona-Ausschuss fündig. Der Ausschuss wird geleitet von prozesserfahrenen Rechtsanwältinnen und Rechtsanwälten, die engagiert daran arbeiten, Beweise und nachprüfbare Tatsachen über alles zusammenzutragen, was irgendwie von Bedeutung für das Verständnis aller Zusammenhänge der Coronapandemie ist. [55]

Der gesamte Ausschuss hat sich zu einer unabhängigen, transparenten und evidenzbasierten Analyse verpflichtet. Er untersuchte alle Aspekte der Coronapandemie und befragte zu diesem Zweck eine Vielzahl von anerkannten Experten aus allen in Betracht kommenden Bereichen. Das Ergebnis der bisherigen Arbeit stellt der Ausschuss in einer PDF-Datei zur Verfügung, die auf ihrer Webseite heruntergeladen werden kann. [55]

Der Corona-Ausschuss erklärt zu den neuen Impfstoffen, die gegen die Coronapandemie zum Einsatz kommen, Folgendes, ich zitiere:

> *„Gegen SARS-CoV-2 werden sog. mRNA-/DNA-Impfstoffe entwickelt. Sie sind ein erstes gentechnisches Massenexperiment am Menschen. Dabei wird genetisches Material in den Muskel injiziert, welches mit Nanopartikeln oder mit unterschiedlich gentechnisch veränderten Viren in die Zellen geschleust wird. Es programmiert dann die erreichten Zielzellen (Targets), selbst Teile von Viren herzustellen, welche die Körperzellen dann als Antigene präsentieren oder freisetzen. Dies stellt, auch wenn es im Gesetz sprachlich anders gefasst ist, de facto eine gentechnische Manipulation am Menschen dar. Es ist zudem ein Verfahren, das noch nie am Menschen routinemäßig zum Einsatz gekommen ist. Damit sind mehrere sofortige oder spätere starke Fehlreaktionen möglich. Als gefährliche Folgen drohen besonders Thrombosen oder lebensbedrohliche Fehlregulationen des Immunsystems beim nächsten Kontakt mit natürlichen Coronaviren (ADE)."*

Denn warum sonst dürfen bis heute nur Panik verursachende Wissenschaftler öffentlich zu Wort kommen? Warum hörte man nicht auch jene renommierten Wissenschaftler und Experten an, die der ständigen Panikmache widersprachen und auf der Basis nachprüfbarer Fakten zu anderen Ansichten gekommen sind, wie z. B. Prof. Dr. Sucharit Bhakdi?

Nun, ganz einfach, Panik wird bis zum heutigen Tag von böswilligen Politikern gebraucht, um die Bürger gefügig zu halten. Auch die meisten Medien leisten dieser totalitären Entwicklung beträchtlichen Vorschub. Menschen, die keine Maske tragen wollten oder konnten, wurden von ihnen oftmals als asoziale Maskenverweigerer diffamiert.

In meinem Umfeld habe ich es mehrfach erlebt, dass nicht darüber nachgedacht wurde, inwieweit die Einschränkungen überhaupt sinnvoll sind und ob sie für die Gesamtbevölkerung nicht mehr Schaden anrichten, als Nutzen zu bringen. Selbst einfachste Fakten wurden empört bestritten, insbesondere die erwiesene Nutzlosigkeit von Stoffmasken gegen Viren.

Beim Regierungshandeln in Bezug auf die Impfung gegen Corona gibt es noch einen anderen Aspekt, der viel zu wenig Beachtung gefunden hat. Eine Impfung, wie auch jede sonstige medizinische Behandlung, ist nur dann keine Körperverletzung, wenn die Zustimmung des nach bestem Wissen und Gewissen aufgeklärten Betroffenen aus freien Stücken erfolgt. Davon konnte bei der öffentlichen Hetze gegen Ungeimpfte und die ihnen mit 2G angedrohten Ausgrenzungen keine Rede mehr sein. Spätestens ab diesem Punkt könnte man von krimineller Nötigung sprechen.

Nun gibt es Regierungsgläubige, die überzeugt sind, dass wir es allein der Umsicht unserer Regierung zu verdanken haben, dass es nicht mehr Tote gab. Aber auch das ist Unfug, wie ein Vergleich mit Schweden zeigt. Dort gab es keinen Lockdown, keine Maskenpflicht und keine Abstandsregeln. Dennoch ist die Sterberate in Schweden nicht angestiegen.

Die Coronapandemie ist ein Musterbeispiel dafür, wie Menschen durch Angst und Panik zur Duldung von freiheitseinschränkenden Maßnahmen manipuliert werden können, die sie unter anderen Umständen niemals akzeptieren würden. [58]

Nachdem die Coronapandemie nicht mehr als Begründung für weitere Freiheitseinschränkungen und Zerstörung unseres Wohlstandes taugt, gehen die globalen Verschwörer, sowie ihre in Medien und Politik eingeschleusten Agenten des „Young Global Leader- Programms" dazu über, den Klimawandel als tödliche Bedrohung hochzupuschen.

Die Lüge vom menschengemachten Klimawandel

Ähnliches, wie die gewaltsame Durchsetzung der falschen Behauptung durch die Obrigkeit im Mittelalter, dass die Erde eine Scheibe wäre, erleben wir heute wieder. Die Verbreitung der Wahrheit, nach der die Erde eine Kugel ist, die sich um die Sonne dreht, hätte dem Universalgelehrten Galileo Galilei 1633 in einem Prozess der Kirche fast die Todesstrafe eingebracht, wenn er seine Erkenntnisse nicht öffentlich widerrufen hätte. Die Obrigkeit wollte um jeden Preis eine Lüge zur Wahrheit erheben, um die Menschen mit einer falschen religiösen Lehre unter Kontrolle zu halten. Eine Weile gelang das auch.

Heute wird gleichermaßen verfahren. Wissenschaftlern oder einflussreichen Menschen, die sich gegen das Narrativ vom menschengemachten Klimawandel aussprechen, droht die Vernichtung ihrer Reputation, sowie die Zerstörung ihrer beruflichen und finanziellen Existenz. Auch wenn ihnen der körperliche Tod nicht mehr droht, wird alles getan, um sie zum Schweigen zu bringen. Öffentlich werden sie als gerne Klimaleugner, Verschwörungstheoretiker, Schwurbler, Aluhutträger und Ähnliches bezeichnet.

Hinter der Behauptung, der Klimawandel würde von den aktuell lebenden Menschen durch ihren CO_2-Ausstoß und den ihrer Maschinen, Autos, Flugzeugen und Kraftwerken verursacht, stecken auch in diesem Fall die globalen Verschwörer. Sie benutzen käufliche Wissenschaftler, korrupte Politiker, bereitwillig lügende Journalisten und sonstige Profiteure, um das Narrativ vom menschengemachten Klimawandel in den Köpfen der Bürger zu verankern.

Man darf nie aus den Augen verlieren, dass das BÖSE immer getarnt als das GUTE daherkommt. So ist es auch in diesem Fall. Die Behauptung eines durch den Menschen verursachten Klimawandels ist für die globalen Mafiosi ein verlockendes Vehikel, um unter dem Deckmantel der Besorgnis und des Klimaschutzes für nachfolgende Generationen, den gegenwärtig auf der Erde lebenden Menschen gewaltige Freiheitsbeschränkungen aufzuerlegen. Aber es ist eine durchschaubare Lüge, wie ich an drei Beispielen beweisen werde.

Beispiel 1: Der Sender ARTE des ÖRR brachte am 11.02.2023 eine Dokumentation über die geheimnisvollen Krater in der Arktis, die offensichtlich durch den Druck von freigesetztem Methan im gefrorenen Erdreich entstanden sind. Das ARTE-Team ging der Frage nach, wie sich in der arktischen Region das Schmelzen des Permafrostbodens auf das Klima auswirken könnte. Permafrost reicht bis in Tiefen von mehreren 100 Metern. In diesem Zusammenhang besuchte das ARTE-Team gemeinsam mit einem Forscher auch einen Tunnel, der tief in den Permafrost hineinreicht *(zu sehen ab Minute 21:36)*. Der Forscher zeigte ihnen Überreste von Steppenbisons und Mammuts, die tief unter der Erdoberfläche aus den gefrorenen Wänden des Tunnels herausragten. Diese Tiere lebten vor 18.000 bis 40.000 Jahren in dieser Region. Es waren auch große Mengen grünes Gras zu sehen, das hier vor etwa 20.000 Jahre wuchs und durch den permanenten Frost konserviert wurde. Soweit dieser Teil des Berichtes. Hieraus lassen sich mehrere logische Schlussfolgerungen ableiten. [65]

1. Vor etwa 18.000 – 40.000 Jahren war diese Arktisregion eine frostfreie Landschaft mit üppiger Vegetation, die Steppenbisons, Mammuts und auch anderen Tieren wie z. B. Säbelzahntiger ausreichend Nahrung zum Leben bot.

2. Die Tiefe der Knochenfunde im Erdboden beweist die damalige Frostfreiheit in dieser Tiefe, anderenfalls hätten die Knochen dort nicht hingelangen können.

3. Auf diese Periode der gemäßigten Temperaturen in dieser Region folgte eine drastische Abkühlung, was vor rund 20.000 Jahren zu einer Eiszeit führte, bei der die Hälfte von Europa, Amerika und Teile Asiens mit bis zu drei Kilometer dicken Eisflächen und Gletschern bedeckt wurden.

4. Es folgte eine Periode der erneuten Erwärmung, die im Laufe der Zeit die gewaltigen Eisflächen abschmelzen ließ und die darunter begrabenen Landmassen wieder freigab.

5. Dieser Vorgang ist noch nicht abgeschlossen, denn der damalige klimatische Zustand, eine völlig eisfreie Region mit üppiger Vegetation, ist noch nicht wieder erreicht. Dass die weitere Entwicklung aber dahin geht, zeigt das langsame Schmelzen des Permafrostes.

6. Und nun das Wichtigste: Auf diese extreme Klimaschwankung mit der drastischen Abkühlung und der erneuten Erwärmung inklusive der gewaltigen Eisschmelze, die unsere gesamte Erde betrifft, hatte der Mensch keinen wie auch immer gearteten Einfluss. Es gab damals keine Maschinen, keine Autos, keine Flugzeuge oder keine Kohlekraftwerke, die man dafür hätte verantwortlich machen können.

Renommierte Forscher, die bei korrupten Medien und Politikern bewusst kein Gehör finden, behaupten seit Langem, dass eine tatsächlich messbare Erderwärmung lediglich die Fortsetzung dieser bereits seit langer Zeit voranschreitenden Klimaentwicklung ist.

Beispiel 2: Die Sahara ist mit über neun Millionen Quadratkilometern die größte Trockenwüste der Erde. Damit ist sie etwa so groß wie die Fläche der gesamten USA. Ihre Ausdehnung erstreckt sich von der afrikanischen Atlantikküste bis zur Küste des Roten Meeres. Sie umfasst eine Fläche von 4.500 - 5.500 Kilometern in westöstlicher und 1.500 - 2.000 Kilometern in nordsüdlicher Richtung. Sie ist ein lebensfeindliches Gebiet, das von äußerster Trockenheit und zumeist sehr hohen Temperaturen bestimmt ist. In der Sahara herrscht dauerhaft eine extrem niedrige Luftfeuchtigkeit vor.

Das war aber nicht immer so.

Vor rund 11.000 – 5.000 Jahren war die Sahara eine blühende Landschaft, in der es Grün und Wasser im Überfluss gab. Sie war eine von Flüssen durchzogene Region, in der noch Flusspferde und Elefanten lebten. Es gab große Seen und weite grasbewachsene Landstriche, die Giraffen, Gazellen und Antilopen einen attraktiven Lebensraum boten. Die gesamte Fläche der heutigen Sahara war früher von Menschen besiedelt, deren Spuren auch heute noch in der Wüste zu finden sind. Überall in der Sahara sind Knochen von Tieren zu finden, die hier einst lebten.

Das Plateau Gilf Kebir in der abgelegenen südwestlichen Ecke Ägyptens und im Südosten Libyens ist bekannt für seine zahlreichen Felszeichnungen, die eine frühere Epoche des reichen Tierlebens und der menschlichen Besiedlung darstellen. Es sind eine Fülle von Szenen zu sehen, die uns einen Einblick in das Leben der Menschen jener Zeit geben. Neben Bildern von Menschen bei Tätigkeiten wie Jagd, Landwirtschaft und Fischen sind auch Abbildungen vorhanden, die Menschen beim Schwimmen im Wasser zeigen. [66] [67]

Aus Gründen, zu denen es eine Anzahl von Theorien, aber keine endgültige Erklärung gibt, verwandelte sich diese Landschaft mit ihrer üppigen Flora und Fauna ziemlich schnell in eine trockene Geröll- und Steinwüste. Tatsächlich findet man heute noch in abgelegenen Oasen Populationen von Nilkrokodilen, die in diesen Wasserlöchern die Wüstenbildung um sie herum bis heute überlebt haben.

Inzwischen haben Forscher vom Max-Planck-Institut entdeckt, dass durch die Zunahme von CO_2 in der Atmosphäre am Südrand der Sahara ein breiter Grüngürtel entstehen wird.[68]

Hauptgrund für das erwartete Ergrünen ist der Düngeeffekt, den die steigende CO_2-Konzentration in der Luft auf die Vegetation hat, denn Pflanzen benötigen für die Fotosynthese CO_2.

Aus den nachgewiesenen Klimaveränderungen in der Nordhälfte Afrikas lassen sich mehrere logische Schlussfolgerungen ableiten.

1. Es war ein sehr dramatischer Klimawandel binnen kurzer Zeit.

2. Über die Gründe gibt es keine sichere Gewissheit. Fest steht nur, dass der Wandel in der zeitlichen Periode stattfand, in der die letzte Eiszeit endete, die Erde sich allmählich wieder zu erwärmen begann und die lebensfeindlichen Eisflächen abschmolzen.

3. Und hier nun das Wichtigste: Diese extreme Klimaschwankung, die aus einer grünen Landschaft voll üppiger Fauna und Flora binnen kurzer Zeit eine lebensfeindliche Wüste machte, wurde <u>nicht</u> von Menschen verursacht. Es gab damals keine Maschinen, keine Autos, keine Flugzeuge oder keine Kohlekraftwerke, die man dafür hätte verantwortlich machen können.

<u>Beispiel 3:</u> Im Juli 2021 brach über das Ahrtal eine gewaltige Flut herein, die Häuser, ganze Dörfer, Brücken, Straßen und Schienenstränge zerstörten wie in einem Kriegsgebiet. Die Wassermassen der Ahr erreichten gigantische Pegelstände, wie sie die Anwohner bisher noch nie erlebt hatten. 134 Menschen verloren auf tragische Weise ihr Leben.

Von Klimahysterikern und Verschwörungshelfern wurde die Katastrophe sofort instrumentalisiert, um einerseits vom Versagen der verantwortlichen Ministerin Anne Spiegel von den Grünen und der Rheinland-Pfälzischen Ministerpräsidentin Malu Dreyer von der SPD abzulenken und um andererseits die Tragödie als weiteren Beweis für die Lüge vom menschengemachten Klimawandel zu missbrauchen.

Als Frank-Walter Steinmeier am ersten Jahrestag der Flutkatastrophe das Ahrtal besuchte, hatte er zwei Botschaften im Gepäck. *„Wir werden euch nicht vergessen",* schwor der Bundespräsident erstens.

Und zweitens: *„Der Klimawandel hat uns erreicht."* Hitzewellen, Dürreperioden, dann noch die Flutkatastrophe - der Kampf gegen den Klimawandel habe nicht an Dringlichkeit verloren, mahnte Steinmeier. [69]

Unterschlagen wird von Politik, Medien und den korrupten Klimaforschern, die im Dienst der globalen Verschwörer stehen, die schlichte Tatsache, dass dieses Hochwasser im Ahrtal keine Ausnahme war, sondern nur eines von vielen, die in allen Jahrhunderten im Ahrtal, in Deutschland und weiten Teilen Europas auftraten. Die aktuellen Wassermassen im Ahrtal waren noch nicht einmal die schlimmsten.

In einer umfassenden Zusammenstellung der Hochwasserereignisse an der Ahr erfasste der Historiker Karl August Seel insgesamt 64 zerstörerische Wasserfluten, davon 9 mit besonders hohen Pegelständen in den Jahren 1601, 1687, 1739, 1795, 1804, 1818, 1848, 1880 und 1910. Die folgenschwersten Hochwässer sind aufgrund der überlieferten Schäden die von 1601, 1804 und 1910. Sie richteten ähnliche Verwüstungen an wie die Flut von Juli 2021. [70]

Platz 1 der schlimmsten Wasserfluten gebührt jedoch dem Magdalenenhochwasser im Jahr 1342. Es war eine verheerende Überschwemmung, die im Juli 1342 das Umland zahlreicher Flüsse in Mitteleuropa heimsuchte. Bei dieser Flut wurden an vielen Flüssen die höchsten jemals registrierten Wasserstände erreicht. Vermutlich war sie das schlimmste Hochwasser des gesamten 2. Jahrtausends im mitteleuropäischen Binnenland. Es gibt keine Aufzeichnungen oder Hinweise über noch größere Flutkatastrophen. [71]

Betroffen waren unter anderem Rhein, Main, Donau, Mosel, Moldau, Elbe, Weser, Werra und Unstrut. Allein in der Donauregion starben über 6.000 Menschen. Das Hochwasser wird in den Chroniken zahlreicher Städte erwähnt, so in Würzburg, Frankfurt am Main, Mainz, Köln, Regensburg, Passau und Wien. Fast alle Brücken wurden damals zerstört und Flussläufe änderten sich.

Am Packhof in Hann. Münden sind die Hochwassermarken zu den Wasserfluten am Zusammenfluss von Werra und Fulda zur Weser gekennzeichnet. Die oberste Markierung zum 24. Juli 1342 ist der Pegelstand des Magdalenenhochwassers. Dann folgen mit geringfügigen Abständen die Pegelstände

vom 5.1.1643, vom 10.1.1552, vom 16.1.1682 und der Pegelstand vom 19.1.1841, der aber schon deutlich niedriger ausfiel. Noch niedriger fallen die Pegelstände der Hochwässer von 1943 bis 1995 aus, siehe Bild auf Seite 141. Das Bild unten zeigt die Markierungen in Frankfurt am Main.

Bildquelle von Seite 141: Wikipedia - Axel Hindemith Hochwassermarken am Packhof in Hann. Münden.

Die oberste Marke ist der Wert für das Jahr 1342

Bildquelle von Seite 142: Wikipedia - User Mekom Hochwassermarken am Eisernen Steg in Frankfurt am Main.

Die oberste Marke ist der Wert für das Jahr 1342.

Ähnliche Markierungen der Pegelstände gibt es an vielen weiteren Orten. Überall hat das Magdalenenhochwasser von 1342 die oberste Markierung, gefolgt von den Flutkatastrophen aus dem 15ten, 16ten und 17ten Jahrhundert.

Hieraus lässt sich eine logische und unbestreitbare Feststellung ableiten:

Die schlimmsten und höchsten Flutkatastrophen entfallen auf einen Zeitraum VOR der allgemeinen Nutzung von Verbrennungsmotoren, Dieselmaschinen, Autos, Flugzeugen, Kohlekraftwerken usw., die heute pauschal für den menschengemachten Klimawandel und für diese Naturkatastrophen verantwortlich gemacht werden.

Diese Fakten stellen die Behauptung des menschengemachten Klimawandel massiv infrage. Eine schlüssige Erklärung für den aufgeführten Widerspruch, warum die schlimmsten Hochwässer VOR der Nutzung der angeblich umweltschädlichen Verbrennungsmotoren auftraten, die vermeintlich den Klimawandel verursachen, liefern uns die „Klima-Experten" nicht.

Wenn du solchen Widersprüchen begegnest, vergiss niemals diesen Grundsatz: Das BÖSE kommt immer im Gewand des GUTEN daher! So ist es auch hier. Den Menschen sollen massive Beschränkungen ihres Wohlstandes und ihrer Freiheit plausibel gemacht werden. Es geht um das Schüren von Angst und Panik. Um Erfolg mit ihrer Panikmache zu haben, übertreiben manche angeblichen Experten so sehr, dass sie sich schon mal unabsichtlich als Scharlatane entlarven. So durfte der „Experte" Stefan Rahmstorf vom Potsdam-Institut für Klimafolgenforschung am 26.09.2019 im Öffentlich-Rechtlichen-Rundfunk „Radio Berlin Brandenburg" die ungeheuerliche Falschbehauptung aufstellen [103]:

„Wir verlieren die Kontrolle über das Klimasystem!"

Diese manipulative „Experte-Aussage" soll dem unbedarften Zuhörer suggerieren, dass die Kontrolle und Überwachung des globalen Klimageschehens seit jeher eine völlig normale Sache wäre, die den Menschen nun leider zu entgleiten droht. Außerdem impliziert die Wahl dieser Worte, dass man jetzt Maßnahmen ergreifen kann und ergreifen muss, um das Klima in einem von den Menschen festgelegten Rahmen zu halten. Im Grunde sind solche Verlautbarungen einfach nur üble Propaganda.

Zur Bewertung der Glaubwürdigkeit von Personen und Organisationen ist es immer hilfreich, einen Blick auf die Finanzierung und Geldflüsse derselben zu werfen. Gerade im wissenschaftlichen Bereich gilt der bekannte Grundsatz „wessen Brot ich ess´, dessen Lied ich sing´", durch den die übliche Praxis zum Ausdruck kommt, die Arbeitsergebnisse zwecks eigener Existenzsicherung so auszurichten, dass sie dem Geldgeber gefallen. Das gilt besonders für wissenschaftliche Einrichtungen, die vom Staat finanziert werden und sich in der Situation befinden, dass Politiker über den Geldfluss entscheiden können. Die müssen natürlich zufriedengestellt werden.

Das Potsdam-Institut für Klimafolgenforschung (PIK), auf dessen Gehaltsliste Prof. Dr. Stefan Rahmstorf steht, befindet sich in so einer Situation. Auf ihrer Webseite steht zu lesen:

„Das PIK ist ein Institut der Leibniz-Gemeinschaft und wird zu etwa gleichen Teilen von Bund und Land finanziert. Im Jahr 2021 erhielt das Institut insgesamt etwa 12,6 Millionen Euro institutioneller Förderung, dazu kamen etwa 19,2 Millionen Euro Drittmittel für Forschungsprojekte."

Leider ist festzustellen, dass die Klimaverschwörer nur jeweils zwei Beschreibungen der Realität kennen, ihre und die andere. Die eigene Beschreibung ist grundsätzlich wahr, die Fremdbeschreibung ist grundsätzlich falsch.

Auf die vermeintlich falschen Beschreibungen der Realität wird mit dem Versuch reagiert, deren Urheber und Verbreiter zum Verstummen zu bringen, zumeist mit der bekannten und vielfach eingeübten Methode der Diffamierung.

Führt diese Maßnahme nicht zum gewünschten Ergebnis und der Urheber der „falschen" Meinung verbreitet seine „falsche" Meinung weiterhin, werden aus dem Hinterhalt anonym agierende „Existenzvernichter" tätig. Sie setzen Firmenchefs, Hochschulleitungen, Vorstände und sonstige Arbeitgeber unter Druck, sich vom Träger und Verbreiter der „falschen" Meinung zu trennen. Inzwischen sind dies eingeübte Praktiken, die oftmals zum Erfolg führen. Der Verbreiter der „falschen" Meinung, und sei diese auch noch so gut mit Fakten unterlegt, verliert seinen Job.

Wenden wir uns doch einfach mal den gegenteiligen, vermeintlich „falschen" Meinungen zu, die das Märchen vom menschengemachten Klimawandel widerlegen. In dieser Gruppe finden sich keine Scharlatane, die, unabhängig von wissenschaftlicher Evidenz, ggf. zwecks Existenzsicherung liefern müssen, was die Geldgeber erwarten.

Die renommiertesten Experten zum Thema Klima und Energie haben sich in EIKE (Europäisches Institut für Klima und Energie e. V.) zusammengeschlossen. Sie lehnen die Behauptung eines „menschengemachten Klimawandels" als naturwissenschaftlich nicht begründbar und daher als Schwindel gegenüber der Bevölkerung ab. Das Institut finanziert sich aus freiwilligen Beiträgen seiner Mitglieder sowie Spenden. Auf ihrer Webseite ist zu lesen [104]:

> *„EIKE ist unabhängig und wirkt nur in eigenem Auftrag, EIKE ist naturwissenschaftlich orientiert, EIKE sieht sich dem Naturschutz und dem sparsamen Umgang mit Ressourcen verpflichtet, EIKE finanziert sich aus Mitgliedsbeiträgen und Spenden. Spenden werden nur akzeptiert, insofern jede Beeinflussung durch Spender ausgeschlossen ist."*

Wir haben es bei EIKE also mit Wissenschaftlern zu tun, für die es keinerlei Anreize gibt, ihre Expertisen zwecks Joberhaltung an die Erwartungen der Finanziers auszurichten. Für ein wahrhaftig unabhängiges und neutrales wissenschaftliches Forschen und Arbeiten ist es die optimale Voraussetzung – im Gegensatz zu jenen, die sich genötigt sehen könnten, den bekannten Zielen und Interessen ihrer Geldgeber dienlich zu sein.

Warnschuss für die Menschheit! Im Juli 2017 brach einer der größten Eisberge von dem südlichen Kontinent ab. BILD sprach mit dem deutschen Klima-Experten Prof. Mojib Latif über die Folgen dieses Vorgangs: *„Fakt ist, dass die Antarktis nun insgesamt abschmilzt."* Das sagte Klima-Experte Mojib Latif von der Universität Kiel in der Bild. Für ihn sei das ein deutliches Zeichen der Klimaerwärmung, deshalb bezeichnete er den Vorfall als einen *„Warnschuss für die Menschheit".* Jedoch habe niemand damit gerechnet, dass es so schnell gehen werde, so Latif weiter. Zwar steige der Meeresspiegel nicht unmittelbar, doch nun können die Gletscher der Region viel schneller abfließen. *„Wenn Eis abbricht, löst das aber eine Dynamik aus, und neue Eismassen könnten nachrutschen",* warnte Latif. [73].

Die Wissenschaftler von EIKE liefern uns interessante Details zu dieser vermeintlichen Naturkatastrophe und entlarven die Aussagen von Latif als pure Panikmache:

> *„Schelfeis ist überhängendes Eis, welches mit dem Land verbunden ist und dessen aller Zukunft darin besteht, als freischwimmender Eisberg zu enden. Wie jetzt wieder. Ein ganz normaler Vorgang also. Genau wie bei Gletschern, fließt auch das Eis, bzw. der Eispanzer des Südpols, und zwar von seinen höchsten Punkten im Landesinnern, zu seinen Küsten hin. Es gibt kein statisches Eis. Der Eispanzer der Antarktis ist somit ständig in Bewegung. Das Eis fließt zu den Rändern des Eisschildes, also zu den Küsten."*

Satellitenaufnahmen zeigten ab 2010 in verschiedenen Phasen die zunehmende Rissbildung des betreffenden Schelfeisstückes von Larson C. Der Jahre später erfolgte Abbruch kam keinesfalls überraschend und war für echte Experten so vorausschauend, wie die Vorhersage: „Am Südpol ist im Winter mit zunehmender Dunkelheit zu rechnen." [74]

Weiterhin erfahren wir, dass dieser Abbruch Normalität ist, selbst in so einer Größe. Im März 2000 brach vom antarktischen Ross-Schelfeis der Koloss B15 ab. Er war 11.600 Quadratkilometer groß. Das entspricht gut der vierfachen Größe des Saarlands. Es gab in den folgenden Jahren mehrere Abbrüche mit tausenden Quadratkilometern Größe. Allesamt waren nur Normalität in dem sich ständig in Bewegung befindenden Eisgefüge der Antarktis. [75]

Es gibt die beachtliche Anzahl von mehr als 1.931 Wissenschaftlern, die sich in Climate Intelligence (CLINTEL) zusammengeschlossen haben. Diese Organisation ist eine unabhängige Stiftung, die in den Bereichen Klimawandel und Klimapolitik tätig ist. Die Wissenschaftler haben sich mit einem eindringlichen Manifest an die Öffentlichkeit gewendet:

„Es gibt keinen Klimanotstand!"

Sie fordern, dass sich Experten mit Übertreibungen und Panikmache zurückhalten. Denn geologische Untersuchungen belegen, dass sich das Klima stets gewandelt hat, geprägt durch ein natürliches Wechselspiel zwischen Kalt- und Warmphasen. Die kleine Eiszeit endete um 1850, wobei die darauffolgende moderne Erwärmung gut ins Bild passt. [76]

Diese Meinung vertritt auch der ehemalige Hamburger Umweltsenator Prof. Dr. Fritz Varenholdt. Er wandte sich am 9.9.2019 mit einem Schreiben an die Abgeordneten des Deutschen Bundestages, in dem er darauf hinwies, dass mit steigendem CO_2-Anteil in der Atmosphäre die Erde grüner wird und die befürchtete Klimakatastrophe ausbleibt. Das Schreiben löste einige Kontroversen aus. [77]

Vahrenholdts Standpunkt deckt sich mit den Aussagen von Forschern des Max-Planck-Institutes, die ebenfalls überzeugt sind, dass durch die Zunahme von CO_2 in der Atmosphäre am Südrand der Sahara ein breiter Grüngürtel entstehen wird. Es ist und bleibt nun mal eine physikalische und biologische Tatsache, dass CO_2 kein Schadstoff ist, wie man häufig hören kann, sondern ein unverzichtbares Gas, ohne das es kein Leben auf der Erde geben kann. [68]

Die Beseitigung des CO_2 aus der Erdatmosphäre hätte ohne jeden Zweifel die komplette Auslöschung allen Lebens auf der Erde zur Folge. Anders als für uns Menschen ist Kohlendioxid für grüne Pflanzen lebenswichtig. Denn diese nutzen den Stoff, um zusammen mit Licht und Wasser Traubenzucker zu produzieren. Letzterer ist wichtig für das Wachstum. Als „Abfallprodukt" wird von den Pflanzen Sauerstoff abgegeben, den wiederum Menschen und Tiere dringend zum Leben benötigen.

Verliere es nie aus den Augen: *Das Böse tarnt sich immer als das Gute!* Auch mit diesem Narrativ sollst du manipuliert werden, denn die globalen Verschwörer und ihre Hilfstruppen aus Politik und Medien reden nicht einfach mehr nur von der Erderwärmung, nein, sie schwadronieren verlogen von einer **ÜBERHITZUNG** der Erde, was sich gleich viel bedrohlicher anhört. Damit sollst du in Angst und Panik versetzt werden, um dich gehorsam gegenüber unzumutbaren Einschränkungen deiner Freiheiten zu machen.

Aber man kann die globalen Verschwörer leicht entlarven. Gute Wissenschaftler wollen die Welt verstehen – und wägen dazu alle verfügbaren Informationen kritisch ab. Ideologen hingegen wollen ihre vorgefasste Meinung bestätigen, picken sich dazu die passenden Daten heraus und übersehen geflissentlich einen Berg gegenläufiger Belege.

Genau das machen ihren Geldgebern gefällige Klimaforscher laufend – ist der Sommer heiß und trocken, ist das der „Klimawandel". Ist das Frühjahr vorher kalt und nass, ist das nur „Wetter", reiner Zufall. Zieht sich das arktische Sommereis stark zurück, ist das „Klimawandel". Dehnen sich das arktische Eis und die Grönland-Gletscher im Winter wieder ordentlich aus, ist das abermals nur „Wetter", reiner Zufall. [78]

Der in den Medien omnipräsente Rahmstorf, der ein rasches Handeln zur Vermeidung der „Klimakatastrophe" fordert, sagte über Klimamodelle, auf deren Berechnungen er sich aktuell beruft, noch 2013 dieses: [79]

„Aber diese Klimamodelle sind NICHT in der Lage, auf 10, oder 15 oder 20 Jahre Prognosen über den Klimaverlauf zu machen. Das ist in der Wissenschaft allgemein anerkannt."

So gut wie alle Modellrechnungen haben sich als unkorrekt erwiesen, nicht ein einziges hat den Quasi-Stillstand der globalen Mitteltemperatur seit nunmehr rund 15 Jahren vorhergesagt. 2007 prognostizierten mehrere Modelle, dass die Arktis 2013 eisfrei sein werde. Doch Eis gibt es dort auch heute wieder im Überfluss. Trockenzeiten, Überschwemmungen, Hurrikane – die Daten wollen den Modellen einfach nicht folgen.

Bei allen Rückzugsgefechten, die das IPCC jetzt betreibt – das Hauptglaubensbekenntnis bleibt bestehen: Die Modelle sind prinzipiell in Ordnung. Dabei gibt das IPCC ihre traurige Trefferquote nicht nur im vorliegenden Bericht indirekt zu, wenn dies auch in Presse und Öffentlichkeit offenbar wieder nicht wahrgenommen wird. Schon im Klimabericht aus dem Jahr 2001 konnte man auf Seite 774 lesen:

„Klimamodelle arbeiten mit gekoppelten nicht linearen chaotischen Systemen, dadurch ist eine langfristige Voraussage des Systems Klima nicht möglich." [80]

Ein paar Worte noch zum Weltklimarat, dessen Experten gerne herangezogen werden, um Zwangsmaßnahmen der Politik zu begründen und zu rechtfertigen. Das UN-Gremium IPCC ist ein politisches Gremium und kein wissenschaftliches. Der vermeintlich unabhängige „Weltklimarat" IPCC hat nicht die Aufgabe, den Klimawandel zu untersuchen und Maßnahmen vorzuschlagen, wie den gutgläubigen Bürgern vermittelt wird. Nein, das IPCC hat die Aufgabe, den *menschengemachten* Klimawandel zu untersuchen und Maßnahmen vorzuschlagen. Das ist ein wesentlicher Unterschied.

Denn damit wird die einzige Richtung vorgegeben, in die geforscht wird, nämlich Belege für den menschlichen Einfluss auf das Klima zu erbringen. Diese Zielsetzung schließt in allen Sachstandberichten von vornherein sämtliche Forschungen aus, die zu gegenteiligen Ergebnissen kommen. Egal, wie viele es auch sein mögen.

Mit Namensnennung, Anerkennung und Entlohnung können nur solche Wissenschaftler rechnen, die der Vorgabe entsprechend den Klimawandel für menschengemacht darstellen. Forscher mit gegenteiligen Expertisen kommen nicht zu Wort und können auch nicht mit Honorierung ihrer möglicherweise sehr aufwändigen Arbeit rechnen. Selbst wenn das Verhältnis 99 % gegen und 1 % für den menschengemachten Klimawandel wäre, würde nur das lächerliche 1 % die gesamte Marschrichtung des IPCC bestimmen.

Es ist deshalb keine Überraschung, wenn das IPCC nur dieses herausfindet: Der Klimawandel ist menschengemacht. Und zwar ausschließlich! Gegenteilige Forschungsergebnisse sind für dieses Gremium unerwünscht! So wird die Weltöffentlichkeit von den globalen Verschwörern manipuliert, die beim ausschließlich politisch orientierten IPCC die Fäden ziehen! Verliere niemals diesen wichtigen Grundsatz aus den Augen:

Das BÖSE kommt immer im Gewand des GUTEN daher!

Die Lüge von der Bedrohung der Menschheit durch eine selbstverursachte „Überhitzung" der Erde wird von den globalen Verschwörern und ihren Helfern aus Wissenschaft, Medien und Politik lediglich als Begründung gebraucht, um der Abschaffung deines Wohlstandes und deiner Freiheit einen Anstrich der Plausibilität zu geben. Schließlich sollst du mit dem Argument beruhigt werden, dass es nur darum geht, GUTES zu tun und für die nachfolgenden Generationen die Welt zu retten! [81]

Die beiden Professoren William Happer und Richard Lindzen von der Princeton Universität beziehungsweise dem Massachusetts Institute of Technology (MIT) haben der Behauptung eines Klimanotstands einer gründlichen Analyse unterzogen – und kommen zu dem eindeutigen Schluss, dass sie jeder wissenschaftlichen Grundlage entbehrt.

Happer erklärt auch, dass 88 % der physikalisch überhaupt möglichen Erwärmung durch CO_2-Eintrag in der Atmosphäre bereits stattgefunden hätten. Daher könnten weitere Emissionen aus der Verbrennung fossiler Brennstoffe fortan nur noch geringe Auswirkungen auf die globale Erwärmung haben. Eine Bedrohung durch den „Klimanotstand" bestehe schlicht nicht. [82]

Aktuell wurde von der Tagesschau der ARD in einer Umfrage ermittelt, dass 44 % der Bürger mehr Tempo beim Klimaschutz wollen, weil sie den Klimawandel für ihr größtes Problem halten. Dieses Ergebnis offenbart die verheerende Wirkung der dauerhaften Gehirnwäsche durch die Medien. [83]

Die Mehrheit der Deutschen versteht offenbar nicht, dass es für das gesamte Weltklima völlig unerheblich ist, welche Anstrengungen Deutschland zum Schutz des Klimas unternimmt. Dabei würde es schon reichen, das an der Grundschule erlernte Wissen anzuwenden, um den Irrsinn des Klimaschutzes zu erkennen. Machen wir uns doch einmal die Mühe, das Basiswissen aus der Grundschule zu benutzen.

Der Klimaschutz soll hauptsächlich durch eine Senkung des CO_2-Vorkommens in der Atmosphäre bewirkt werden. Dieses Kohlenstoffdioxid ist mit einem Anteil von 0,038 % in der Atmosphäre enthalten. Davon werden 96 % von der Natur selbst eingebracht. Die restlichen 4 % werden von Menschen verursacht, was einem Anteil von 0,0152 % des gesamten CO_2 entspricht. Von diesem kleinen Anteil verursacht Deutschland 1,82 %. Der überwältigende Anteil des auf das Konto der Menschen gehenden CO_2 von 98,18 % wird von Ländern produziert wie USA, China, Russland, Indien und vielen anderen. Besonders die Entwicklungsländer China und Indien sind ausdrücklich nicht bereit, ihren CO_2-Ausstoß zu verringern, sondern werden diesen in den nächsten Jahren noch deutlich vergrößern. [84]

Deutschland ist somit verantwortlich für den winzigen Anteil von insgesamt 0,0728 % des globalen CO_2-Vorkommens! Und du glaubst, die Regierung könnte mit einer Senkung dieses 1,82-prozentigen Anteils die Welt retten, während du dein Auto nicht mehr benutzen darfst, du in einer kalten Wohnung sitzen musst, weil deine Heizung nicht mehr laufen darf und andere Länder so viel mehr CO_2 in die Atmosphäre abgeben, dass alle deutschen Einsparungen hundertfach zunichtegemacht werden?

Denke lieber noch einmal darüber nach, bevor du jubelnd der Vernichtung deines Wohlstandes aus Gründen des „Klimaschutzes" zustimmst.

Verstärkt wird die Gehirnwäsche noch durch irrsinnige Formulierungen von vermeintlichen Experten, wie *„Wir verlieren die Kontrolle über das Klima"* oder *„Es droht der globale Verlust unserer Kontrolle über die menschengemachte Klimakrise"*. [85]

Jedem Bürger, der auch nur einen Funken von Verstand hat, dürfte klar sein, dass die Menschheit noch NIE die Kontrolle über das Klima oder eine Klimakrise hatte, was ja mit solch einer propagandistischen Wortwahl unterstellt wird. Noch nie konnte sich die Menschheit ein Klima nach eigenen Wünschen erstellen. Wir können deshalb keine Kontrolle verlieren, denn wir hatten sie noch nie!

Diese verlogene Propaganda ist sofort durchschaubar, wenn man beginnt selbst nachzudenken und eigene Schlussfolgerungen zu ziehen.

Warum wird dann trotzdem mit solcher Vehemenz an diesen vernunftwidrigen „Klimaschutzzielen" festgehalten? Die Antwort liefert uns der freie Journalist Boris Reitschuster: [86]

- Die Grünen halten daran aus ideologischen Gründen fest, weil sie „die Welt retten" wollen. Ihr Selbstverständnis als Partei ist damit verbunden und wird, wie jedes Dogma (Glaubenssatz), nicht mehr infrage gestellt.
- Die NGOs halten daran fest, weil es ihr Geschäftsmodell ist.
- Die Wissenschaft unterstützt die Narrative, weil deren Gegner längst aus der Debatte verdrängt wurden (was nicht bedeutet, dass man sie widerlegt hat) und von den Medien nicht mehr multipliziert werden. Außerdem hängt sie am Tropf der Drittmittelfinanzierung und ist abhängig wie nie zuvor in ihrer Geschichte.
- Die Regierungen halten daran fest, weil die Öffentlichkeit fest im Würgegriff der linksgrünen Medien ist oder diese sogar, wie in Deutschland, die Politik vor sich hertreiben.

Verstehst du nun, warum es so unglaublich wichtig ist, dass du zu einem Selbstdenker wirst? Wenn du deinen eigenen Verstand benutzt, wirst du sehr schnell immun gegen solche dreisten Lügen - selbst wenn sie dir in einer „wissenschaftlichen Verpackung" geliefert werden!

Die Naivität der Verschwörungsleugner

Das Ende einer langjährigen Freundschaft zwischen einer älteren Dame und mir veranlasste mich, intensiver darüber nachzudenken, warum sich Menschen vehement gegen den Gedanken wehren, dass sie Opfer von politischen Intrigen sein könnten. Für die besagte Ex-Freundin war es schlichtweg unvorstellbar, dass Kanzlerin Merkel etwas anderes sein könnte, als eine gütige Landesmutter. Sämtliche Hinweise auf Widersprüche, Lügen und deutliche Bekenntnisse zu verdeckten Plänen der Regierung wurden von ihr ignoriert und zurückgewiesen.

Selbst unwiderlegbare Beweise über Lügen der Kanzlerin zu politischen Ereignissen vermochten nicht, bei ihr ein Umdenken zu bewirken. Sie äußerte mir gegenüber, dass sie ein „extremes Harmoniebedürfnis" hätte, das sie nicht durch düstere Ansichten gestört haben möchte. Insofern könne ich mit meinen „negativen politischen Meinungen" zu Merkel und deren Entscheidungen nicht länger ihr Freund sein.

Sie war überzeugt, dass ohne die von Merkel und Spahn verfügten Maßnahmen wie Maskenpflicht, Ausgangssperren, Abstandspflicht, Lockdowns und Impfungen alles noch viel schlimmer gekommen wäre. Meine Hinweise auf die unübersehbaren Widersprüche zu dieser Ansicht wurden vehement zurückgewiesen. Dabei war es zu Beginn der Corona-Hysterie der Bundesgesundheitsminister Spahn höchstpersönlich, der die Öffentlichkeit wissen ließ, dass Masken nicht vor einer Infektion schützen, um nur ein Beispiel zu nennen.

Zunächst wurde die Nutzlosigkeit der Masken von den „wissenschaftlichen" Protagonisten der sinnlosen Maßnahmen, dem Tierarzt Lothar Wieler vom Robert Koch-Institut und dem Virologen Christian Drosten, dem Leiter der Virologie an der Berliner Universitätsklinik Charité bestätigt.

Beide änderten jedoch wenig später ihre Meinungen dazu, vermutlich auf Druck der Bundesregierung, die sich mit Berufung auf „wissenschaftliche Berater" aus der Verantwortung zu stehlen gedachte. Jedenfalls verkündeten die zwei Experten von einem Tag auf den anderen, dass Masken nun doch gegen Infektionen schützen würden. Daraufhin wurde eine rigorose Maskenpflicht verhängt, die nach heutigen Erkenntnissen nichts nutzte, aber viel Schaden, besonders bei Kindern, angerichtet hat. [87]

Die Nutzlosigkeit der Maskenpflicht hätte jeder aufmerksame Bürger selbst erkennen können, denn auf der Verpackung jeder FFP2-Maske, die es z. B. im Baustoffhandel zu kaufen gibt, steht bis heute der deutliche Vermerk „Nicht für medizinische Zwecke geeignet" und manchmal sogar deutlicher „Schützt nicht vor Viren". Wenn die Politik plötzlich eine Kehrtwendung macht und fortan das Gegenteil von dem behauptet, was nach allen wissenschaftlichen Untersuchungen der Vergangenheit nicht sein kann, nämlich dass FFP2-Masken vor Viren schützen, sollte doch jeder Bürger nachdenklich und misstrauisch werden.

Mit den Impfungen verlief es genauso. Anfänglich wurde selbst von Merkel eingeräumt, dass es sich bei den Impfstoffen um Produkte handelt, die noch nicht ausreichend getestet wären. Deshalb wurde ihr Einsatz auch nur per „Notfallzulassung" erlaubt.

Am 10. Oktober 2022 fragte niederländische Abgeordnete des Europa-Parlaments Rob Roos in einer Parlamentssitzung Vizepräsidentin Janine Small von Pfizer: „Wurde der Pfizer-COVID-Impfstoff darauf getestet, ob er die Übertragung des Virus stoppt, bevor er auf den Markt kam?" Die Antwort: „Nein. Man hätte eben schnell handeln müssen."

Es gab also nie eine eindeutige wissenschaftliche Klarheit über Wirkungen und Nebenwirkungen des Impfstoffes. Trotzdem wurden die Impfstoffe als hochwirksame und nebenwirkungsfreie Substanzen von Politik und Medien angepriesen – mit tatkräftiger Unterstützung von Prominenten, die sich für ihre Fürsprache Vorteile erhofften. [88]

Trotz aller Zensur setzt sich langsam die Wahrheit gegen die vielen schockierenden Lügen durch, aber es gibt bis heute viele Menschen in der Bevölkerung, die in ihrer Leichtgläubigkeit glauben, ihre Impfungen hätten sie zu Helden gemacht – und die noch immer gegen all jene hetzen, die die Lügen der Pharmaindustrie frühzeitig durchschaut hatten.

Immerhin waren es führende Politiker und Gesundheitsbehörden, die die Covid-Impfung von Beginn an forcierten, indem sie sich auf einen in keiner Weise belegten „Fremdschutz" durch die Genspritzen beriefen und von „Herdenimmunität" fabulierten. Diese Behauptungen setzten sich in den Köpfen leichtgläubiger und naiver Menschen fest.

Diese Vorfälle waren für mich zugleich ein Anlass, einmal grundsätzlich über diese Gruppe von Menschen nachzudenken. Warum sträuben sich so viele ansonsten intelligente und rational denkende Menschen gegen die Behauptung, weltweit würden sich zahlreiche megareiche Oligarchen verschwören, um uns alle zu manipulieren, zu täuschen und um uns in eine globale Knechtschaft zu manövrieren? Was geht in diesen Verschwörungsleugnern vor? Warum verteidigen die Verschwörungsleugner ihre haltlose Position mit solch einem Nachdruck?

Sie müssten es doch besser wissen. Die Geschichte der Menschheit ist voller Machenschaften von Psychopathen, Narzissten, Sadisten, sowie ähnlich psychisch Gestörten und ihren unheilvollen Auswirkungen. Es gibt kein Jahrhundert und kein Jahrzehnt in der langen Historie der Menschheit, in denen nicht irgendwo auf der Welt Psychotiker und Charakteropathen zum Schaden der Allgemeinheit ihr Unwesen getrieben haben. Auch aktuell gibt es viele unübersehbare Beweise für Korruption und gigantische Täuschungen, deren Urheber offensichtlich erhebliche psychische Defekte haben.

Es gibt nicht den geringsten Zweifel daran, dass viele Politiker korrupt sind, dass sie lügen, schummeln und betrügen. Ihre engen Verbindungen zu einflussreichen Personen wie z. B. Bill Gates und karrierefördernden Gruppierungen wie z. B. „Atlantikbrücke", „Bilderberger" oder „Weltwirtschaftsforum" beweisen, dass die vermeintliche Unabhängigkeit nur vorgetäuscht ist.

Immer wieder zeigt es sich, dass Politiker, Medienvertreter, Justizangehörige und Unternehmen eine völlige Verachtung für moralische Normen an den Tag legen. Ertappte Politiker berufen sich auf gigantische Erinnerungslücken (Bundeskanzler Olaf Scholz), wenn von ihnen Aufklärung zu dubiosen Vorgängen verlangt wird, oder belastende Beweise verschwinden durch „versehentliche Löschung" vom Diensthandy (Ursula von der Leyen).

Wir wissen, dass das Lobbysystem massiv Einfluss auf Politiker und damit auf die offizielle Politik nimmt. Es gibt korrupte Aufsichtsbehörden und es gibt käufliche Experten, die den Politikern solche wissenschaftlichen Expertisen liefern, die diese benötigen, um ihre persönlichen Interessen durchzusetzen oder um gegen uns agieren zu können. Es gibt Korruption in den Medien und in der Justiz. Fehlverhalten in den Strafverfolgungsbehörden ist in einem großen Ausmaß an der Tagesordnung, denn es wird häufig mit zweierlei Maß gemessen. Kritiker der Politik werden von der nur scheinbar unabhängigen Justiz oft mit überzogener Härte behandelt, während migrantische Intensivtäter nahezu immer mit verständnisvoller Milde rechnen können – selbst bei Mord und Totschlag.

Die Korruption in Deutschland geht inzwischen so weit, dass verantwortliche Politiker gewalttätige Schlägertrupps der Antifa mit Steuergeldern subventionieren, um sich unerwünschte politische Konkurrenz vom Hals zu halten.

Zahlreiche hochrangige Politiker und Bundestagsabgeordnete bekunden offen ihre Sympathie für diese linksextremen Gewalttäter. Schlägertrupps gegen die Opposition gab es in Deutschland bisher nur unter Hitlers Diktatur. Nun feiert diese unselige Tradition im vermeintlich „besten Deutschland aller Zeiten" ihre unheilvolle Wiederauferstehung.

Im Zuge der Beschaffung von Schutzmasken für die Bürger gegen das Coronavirus sind zahlreiche Korruptionsfälle bekannt geworden. Diese waren so schwerwiegend, dass sich die Fraktionsführung der Unionsparteien genötigt sah, von ihren Bundestagsabgeordneten eine Ehrenerklärung zu verlangen, dass diese keine korrupten Geschäfte tätigen würden. So weit sind wir schon, dass solche puren Selbstverständlichkeiten von Politikern extra eingefordert werden müssen. Alles das ist allgemein bekannt und nichts davon ist wirklich umstritten.

Was genau veranlasst nun die Verschwörungsleugner mit einer erstaunlichen Beharrlichkeit, die Überlegungen zu möglichen Verschwörungen so kategorisch zu bestreiten? Warum verteidigen sie voller Verachtung entgegen jedweder Beweislage die unhaltbare Illusion, dass jene, die da oben sitzen, die Guten sind, alles im Griff haben, dass sie nur unser Bestes anstreben, sowie empathisch, weise und aufrichtig sind?

Warum verteidigen Verschwörungsleugner das illusorische Trugbild, dass die Medien der Wahrheit dienen und nicht den politischen Gangstern, obwohl diese ihren Reichtum nutzen, um sich komplette Medien oder Berichterstattungen zu kaufen? Warum erwarten sie, von den Zeitungen des SPD-Medienkonzerns eine völlig neutrale Berichterstattung zu bekommen? Wieso glauben sie, dass folgenschwere Fehlentscheidungen nur aus Inkompetenz, Fehlern und Versehen resultieren, aber niemals aus Gründen einer Verschwörung? Welcher vernunftbegabte Mensch blendet absichtlich die denkbare und realistische Möglichkeit einer bösartigen Verschwörung aus?

Jemand, der wirklich interessiert die Aktivitäten der mit Macht ausgestatteten Menschen näher betrachtet, kommt zwangsläufig zu der Erkenntnis, dass die erkennbaren Muster nicht unbedingt Einzelfälle sind. Es ist für ihn nur logisch, dass diese Verwerfungen auch anderweitig zu finden sind, nämlich überall dort, wo Menschen Macht ausüben können. Das gilt besonders für Politik, Justiz und Polizei, wo die Machtausübung gesellschaftlich gewollt ist.

Werden die Karrieren von Personen näher betrachtet, die höchste Spitzen erreicht haben, stößt man oft auf große Rücksichtslosigkeit, mangelnde Empathie und einen deutlichen Hang zu Lügen, Täuschung und Betrug.

Darunter sind viele, die sich für elitär halten und glauben, zu einer auserwählten Elite zu gehören, die zum „Führen" bestimmt ist, obwohl sie über keine nennenswerten Kompetenzen, herausragende Bildung, außergewöhnliche Intelligenz oder moralische Geradlinigkeit verfügen. Erstaunlich ist bei ihnen vor allem das sichtbare Ausmaß ihrer Selbstüberschätzung. Zu beobachten ist dies bei nahezu allen Zöglingen des WEF, die offensichtlich darauf getrimmt wurden, sich für eine überlegene Spezies zu halten! Vermutlich können sie nicht einmal ansatzweise verstehen, warum normale Menschen sich im täglichen Wettbewerb durch die Einhaltung von Moral, Ehrlichkeit und Empathie freiwillig selbst beschränken.

Als Verschwörungsleugner trotz dieser bekannten Fakten weiterhin davon auszugehen, dass die politische, mediale und wirtschaftliche Elite unserer Welt nichts mit krimineller Energie zu tun hat, grenzt an rücksichtslose Naivität, wenn nicht sogar an Irrsinn.

Es stellt sich damit die wichtige Frage, woher die abwegige Auffassung der Verschwörungsleugner kommt? Vielleicht aus den Einflüssen der Kindheit?

Ein Kleinkind muss ein angeborenes Vertrauen in die Menschen haben, mit denen es zusammenlebt und aufwächst. Ein Säugling könnte ohne dieses

Urvertrauen nicht überleben. Es muss sicher nicht besonders erwähnt werden, dass dieses Vertrauen fast immer gerechtfertigt ist.

Kleine Kinder sind kognitiv noch nicht in der Lage, korrekte Werturteile zu fassen und sich eine eigene Meinung zu bilden. Grundsätzlich übernehmen sie deshalb vertrauensvoll die Werturteile und Überzeugungen der Eltern. Darunter können sich Glaubenssätze befinden, die förderlich für das Kind sind, oder solche, die für die weitere Entwicklung eher hinderlich, oder sogar extrem schädlich sein können. Unabhängig von ihren Auswirkungen werden sie alle ungeprüft übernommen und für wahr und richtig gehalten. Sie beeinflussen natürlich auch das Vertrauen, das ein Kind der Umwelt, einzelnen Menschen, Sachverhalten oder Dingen entgegenbringt.

Vertrauen spielt im Leben eine herausragende Rolle, denn ohne ein grundsätzliches Vertrauen in andere Menschen sind gute Lebenserfahrungen kaum möglich. Es ist aber wichtig, ein ausgereiftes und wohldosiertes Vertrauen zu entwickeln und zu pflegen. Leider ist diese besondere Verantwortung vielen Menschen offensichtlich nicht bewusst.

Was passiert, wenn wir später als Erwachsene die Inhalte unserer eigenen Psyche nie erforschen, unsere Glaubenssätze nie überprüfen und auch nie hinterfragen, wem wir wirklich vertrauen können und warum? Wenn unsere Motivation, etwas oder jemandem zu vertrauen, auf kindlichem Niveau stehen bleibt?

Die Antwort ist relativ einfach. Es bleibt das Urvertrauen eines Menschen auf seiner ursprünglichen „Standardeinstellung" als Kind stehen. Auch wenn eines Tages der heranwachsende Mensch die Verantwortung für sich und sein Wohlergehen selbst übernommen hat, bleibt häufig der mächtige Grundgedanke, anderen Menschen blind zu vertrauen, unangefochten und unhinterfragt in der Psyche erhalten. Damit verbleibt dieser Urinstinkt unterentwickelt auf dem Niveau eines Säuglings.

Dieser Instinkt verführt vielleicht dazu, auch der präsentesten Kraft um uns herum zu vertrauen, um das eigene Wohlfühlen zu bewahren. Die allgegenwärtige Kraft ist das große Netzwerk aus Politik und Medien, das uns pausenlos ein unzutreffendes Bild von Macht, Ruhe, Kompetenz, Sicherheit und Stabilität vermittelt.

Ich vermute, dass dies der Grund ist, warum sich Verschwörungsleugner an die völlig haltlose Illusion klammern, dass ganz oben an der Spitze der gesellschaftlichen Hierarchie Korruption, Betrug, Bösartigkeit und Lügen nicht mehr vorhanden sind. Im deutlichen Widerspruch zum allgemeinen Wissen über Korruptionsanfälligkeit in diesen Kreisen bilden sie sich wahrscheinlich ein, dass eine Person mit zunehmender Machtfülle auch zugleich mehr moralische Lauterkeit gewinnt.

Aber das ist nicht der Fall und wird es in diesem System auch nie sein. Vermutlich glauben Menschen mit dieser lückenhaften Weltsicht, dass sich Politiker, gewissermaßen stellvertretend als Mami und Papi, Gedanken darübermachen, wie sie am besten sicherstellen können, dass es ihrem kleinen Liebling für immer gut geht, und dass die politische Elite sich ernsthafte Gedanken um das Wohlergehen des Einzelnen machen würde.

Nicht ohne Grund wird von Teilen der Gesellschaft Ex-Bundeskanzlerin Merkel als die gute „Mama Merkel" bezeichnet und so auch wahrgenommen. Merkel ist für viele die Ersatzmama, die gegen jede, auch noch so berechtigte Kritik, in Schutz genommen und verteidigt wird.

Genau das war es, was ich bei meiner eingangs erwähnten langjährigen Freundin erlebt hatte. Der völlig unbegründete Glaube an die Güte von Mama Merkel, der durch meine vermeintlich negativen Aussagen nicht getrübt werden durfte. Die Illusion von der Güte der Kanzlerin durfte, im Interesse des eigenen Seelenfriedens, nicht durch harte Fakten gestört werden.

Störende Fakten, und seien sie auch noch so beweisbar, werden verneint und ausgeblendet, damit das bisherige Trugbild nicht in Trümmer fällt.

Aber nichts ist weiter von der Realität entfernt, als gerade diese Betrachtung, die vermutlich den Kern der Denkweise von Verschwörungsleugnern ausmacht. Diese verfehlte Weltsicht ist auch die Grundlage, aus der sie ihre Rechtfertigung beziehen, all diejenigen, die diese Dinge realistischer sehen, als „Verschwörungstheoretiker" und „Schwurbler" verspotten zu dürfen.

Diese irrige Denkweise erklärt zudem, warum ein Verschwörungsleugner jeden Hinweis darauf, dass sich an der Spitze der Hierarchie vermutlich zahlreiche Psychopathen, Narzissten und ähnlich psychisch Gestörte befinden, die uns alle mit äußerster Verachtung betrachten und behandeln, ablehnen wird. Die Erfahrung im Umgang mit Verschwörungsleugnern beweist, dass sie jeden Hinweis auf solche Monster in den obersten Rängen konsequent ablehnen.

Hierin ist auch der Grund zu finden, warum jeder Hinweis der drei Experten, Psychiater und Psychoanalytiker Hans-Joachim Maaz, Psychoanalytiker und Therapeut Dr. Torsten Milsch und der hoch qualifizierte Psychiater Professor Dr. Wolfgang Sperling, die unabhängig voneinander bei Merkel einen ausgeprägten Narzissmus erkannten, absolut folgenlos blieb, obwohl so eine begründete Vermutung in jeder anderen wichtigen Funktion die sofortige Freistellung des psychisch Gestörten zur Folge gehabt hätte. [89] [90] [91]

Eine narzisstische Persönlichkeitsstörung gehört zu den psychischen Störungen, die mit einer besonders stark ausgeprägten Selbstüberschätzung und einer völlig überzogenen Anspruchshaltung verbunden sind. Und genauso wie den Psychopathen kümmert auch den Narzissten das Schicksal anderer Menschen nicht. Ein Narzisst hat eine ständige Gier nach Bewunderung, eine enorme Empfindlichkeit gegenüber Kritik an der eigenen Person, sowie einen kompletten Mangel an Einfühlungsvermögen gegenüber seinen Mitmenschen. Die eigene Person wird maßlos überbewertet, während alle anderen Personen abgewertet werden. Im Wesentlichen legt ein Narzisst dieselben destruktiven Persönlichkeitsmerkmale an den Tag wie der Psychopath.

Verschwörungsleugner haben vollständig und unbewusst ihr Gefühl des Wohlbefindens, der Sicherheit und das Vertrauen in eine gute Zukunft an diesem Trugbild vom wohlwollenden Staatslenker festgemacht. Ihr Reifegrad in dieser Sache ist nie über den eines Kleinkindes hinausgelangt. Weil sie sich dessen nicht bewusst sind, werden sie jede Bedrohung dieses unbewussten, aber gleichwohl zentralen Aspekts ihres Weltbilds auf das Heftigste angreifen.

Halten wir uns noch einmal ein paar Fakten vor Augen. Politiker lügen uns gewohnheitsmäßig ins Gesicht, ohne dass es Konsequenzen hat. Die Bundesregierung verzeichnet schon seit Jahren keine Minister-Rücktritte mehr, obwohl die Skandale nicht weniger, sondern sogar mehr geworden sind.

Leider ist auch dieses eine Tatsache, es wird niemand kommen, der sich für unsere Freiheit einsetzt. Wir werden uns um unsere Freiheit selbst kümmern müssen, oder sie geht uns allen verloren. Wir müssen selbst aktiv werden. Niemand nimmt uns diese Aufgabe ab. Die Bewahrung unserer Freiheit ist und bleibt unsere ureigene Angelegenheit.

Der Verschwörungsleugner gehört ungünstigerweise jener Menschengruppe an, die nicht vorrangig durch Argumente wachgerüttelt werden kann. Er ist ein gutgläubiger und obrigkeitshöriger Bürger mit der fatalen Neigung zum dienstbeflissenen Untertanen. Gehorsam ist für ihn eine Tugend, die er als unverzichtbar erachtet. Sein Vertrauen in die politische Führung bleibt selbst bei deren gröbsten Fehlern erhalten.

Diese Charaktertypen erreicht man in den meisten Fällen nur durch Leid und Schmerzen. Erst wenn sie persönlich die Folgen ihrer Irrtümer zu spüren bekommen, findet in ihnen ein Umdenken statt. Dann ist das Kind allerdings bereits in den Brunnen gefallen.

Diesen Bevölkerungsanteil bei einem schleichenden Abbau der Grundrechte zum Widerstand für den Erhalt der Demokratie zu gewinnen, stößt auf Schwierigkeiten. Nach einer US-Studie verfügen rund 80 % der Menschen nicht über die psychischen Ressourcen, sich Befehlen eines Vorgesetzten oder der Obrigkeit zu widersetzen, selbst dann nicht, wenn die Befehle erkennbar rechtswidrig sind. Es kommt also auf die 20 % Mutige an, die zudem entschlossen sein müssen, sich ihre Freiheit nicht nehmen zu lassen.

Tatsächlich existieren aktuell massive kriminelle Verschwörungen. Die Beweislage und die Indizien für diese finsteren Machenschaften sind überwältigend. Die Hauptakteure weisen allesamt die Merkmale von psychisch gestörten Charakteren auf. Sie sind Größenwahnsinnige, die sich wechselseitig in ihren morbiden Ansichten bestätigen und ihre menschenverachtenden Pläne skrupellos fortsetzen, wenn sie nicht von uns gestoppt werden.

Bedauerlicherweise finden solche psychisch Deformierten immer wieder willige Unterstützer. Manche dieser Hilfswilligen sind selbst psychopathisch veranlagt, andere erhoffen sich geldwerte Vorteile. Die Hilfstruppen im Dunstkreis der Verschwörer wollen natürlich tunlichst den Eindruck vermeiden, dass sie etwas „Unmoralisches" oder gar „Ungesetzliches" praktizieren würden. Sie unterstützen deshalb die vorgeschobenen Lügen (Pandemiebekämpfung, Klimawandel usw.), die lediglich der Verschleierung der wahren Gründe dienen. Es bestätigt sich die Regel:

Das BÖSE kommt immer Gewand des GUTEN daher.

Das ist die traurige Realität unserer Gegenwart. Es liegt in der wichtigen Verantwortung eines jeden Menschen auf der Welt, diese totalitären Bestrebungen der global agierenden Größenwahnsinnigen aufzudecken. Es muss auch Schluss damit sein, Menschen, die versuchen Licht in diese Verschwörungen zu bringen, wegen ihrer abweichenden Meinungen als Aluhutträger, Verschwörungstheoretiker, Paranoiker oder ähnlich zu diffamieren.

Wer dies dennoch tut, bewegt sich längst außerhalb des demokratischen Konsenses, denn eine abweichende Meinung zu haben, ist keine strafbare Handlung, sondern ein unabänderliches Grundrecht! Und es ist ebenfalls ein demokratisches Grundrecht, dass ein Mensch mit einer abweichenden politischen Meinung nicht benachteiligt werden darf! Wer das nicht verstehen kann, sollte zur Auffrischung seines Wissens gerne noch einmal unser Grundgesetz zurate ziehen.

Wir müssen zurückkehren in eine Gesellschaft, in der unterschiedliche Meinungen wieder als Normalität betrachtet und behandelt werden. Sogenannte Faktenchecker, deren eigentlicher Zweck nur darin besteht, im Auftrag der „Eliten" unerwünschte Meinungen zu diskreditieren, haben in einer Demokratie keine Existenzberechtigung. Warum sonst wohl ist die Stiftung des US-Milliardärs Soros an der Finanzierung des größten Faktencheckers CORRECTIV beteiligt, wie übrigens andere fragwürdige Spender auch, wenn nicht wegen der Unterdrückung von unerwünschten Meinungen? [92]

CORRECTIV ist Teil des Establishments und finanziell abhängig von Konzernen, politischen Parteien und Verlagshäusern. Die Akteure hinter CORRECTIV sind ideologisch verkrustete Medienbeschäftigte mit langjähriger Erfahrung und beruflichen Verstrickungen in die großen Verlagshäuser. Unter dem Anstrich einer vermeintlich unabhängigen Rechercheinitiative verbirgt sich das bekannte Netzwerk der alten Eliten. Diese angeblich gemeinnützige Arbeit dient nur dem Zweck der Herrschaftssicherung. [93]

Dr. Mike Yeadon, Mikrobiologe und ehemaliger Vizepräsident beim Pharmakonzern Pfizer, hat umfangreiche Recherchen betrieben und kann überzeugende Beweise vorlegen, dass Unterdrückung und Reduzierung der Weltbevölkerung tatsächlich das eigentliche Ziel der Drahtzieher im Hintergrund sind. Aber auch er hat es, obwohl er ein überaus glaubwürdiger Experte ist, mit einem Phänomen zu tun bekommen, das jeglicher Aufklärung im Wege steht: Die Unfähigkeit oder der Unwille vieler Menschen, so etwas abgrundtief Böses überhaupt für möglich und real zu halten. Diesen Umstand hebt er in einem Interview auch besonders hervor: [94]

„Es ist mir völlig klar geworden, selbst wenn ich mit intelligenten Leuten, Freunden und Bekannten rede und sie merken, dass ich ihnen etwas Wichtiges erzähle, aber wir an den Punkt kommen, wo ich ihnen sage, ‚Eure Regierung lügt euch in einer Art und Weise an, die zu eurem Tod und den eurer Kinder führen könnte‘, wo sie abblocken, weil sie sich nicht darauf einlassen können.

Ich vermute, vielleicht verstehen 10 % von ihnen, was ich gesagt habe, aber 90 % von ihnen blenden es aus ihrem Bewusstsein aus, da es zu schwierig ist. Meine Sorge ist, dass wir verlieren, weil die Menschen sich nicht mit der Möglichkeit auseinandersetzen werden, dass jemand so böse sein kann."

„Wir müssen nur zwei oder drei Generationen zurückblicken. Überall um uns herum sind Menschen, die so schlimm sind wie jene Menschen, die das getan haben. Sie sind überall um uns herum. Also sage ich den Leuten, das Einzige, was dies hier wirklich unterscheidet, ist das Ausmaß, mit dem wir zu tun haben."

„Doch eigentlich ist es gegenwärtig weniger blutig, weniger persönlich, nicht wahr? Die Menschen, die dies steuern, haben es heute viel einfacher. Sie brauchen niemandem ins Gesicht zu schießen.

Sie müssen niemanden mit einem Baseballschläger zu Tode prügeln, oder sie erfrieren oder verhungern lassen, oder sie dazu bringen, sich zu Tode zu schuften. All das geschah vor zwei oder drei Generationen. So nah sind wir dran.

Und alles, was ich sage, ist, dass solche Entwicklungen zurzeit wieder passieren, aber jetzt benutzen sie die Molekularbiologie."

Dr. Yeadon erleidet gegenwärtig dasselbe Schicksal wie viele andere, die Aufklärungsarbeit über die wahren Pläne der globalen Elite und ihren politischen Helfern leisten. Er wird, hauptsächlich von korrupten Faktencheckern, als Verschwörungstheoretiker, Schwurbler und Aluhutträger diffamiert.

Ein wichtiger Punkt der Impfungen gegen Corona wird inzwischen überhaupt nicht mehr erwähnt, es ist die Frage der Beweislast. Bei wem liegt sie? Bei uns Bürgern liegt sie ganz sicher nicht! Wenn es um Arzneimittelsicherheit geht, liegt die Beweislast für die Unbedenklichkeit immer bei den Herstellern, in der Folge dann bei den Zulassungsbehörden – aber nie beim Patienten.

Die Regierung, ihre Behörden oder das Pharmaunternehmen sind es, die beweisen müssen, dass eine Impfung notwendig, sicher und wirksam ist. Begründeten Hinweisen auf schädliche Wirkungen muss bis zu ihrer Entkräftung nachgegangen werden. Das ist und bleibt ihre Pflicht, aber sie haben sie nicht erfüllt. [95]

Inzwischen gibt es trotz aller Statistikmanipulationen eindeutige Beweise, die Yeadons Vermutungen stützen. In UK wurde die erste Studie veröffentlicht, die einen klaren Zusammenhang zwischen COVID-19-Impfungen und einer späteren Übersterblichkeit herstellen konnte. Das Ergebnis lässt sich ganz simpel in einem Satz ausdrücken: Je mehr COVID-19-Impfungen verabreicht wurden, umso mehr Todesfälle gab es anschließend. [96]

Auch in Deutschland gibt es eine erhebliche Übersterblichkeit seit den massenhaften Impfungen gegen Corona. Laut aktueller Veröffentlichung des Statistischen Bundesamts (Destatis) vom 14. Februar 2023 liegt die Übersterblichkeit in Deutschland nun auch im Januar bei enormen

„13 Prozent oder etwa 11.000 Fälle über dem mittleren Wert (Median) der Jahre 2019 bis 2022 für diesen Monat." [97]

COVID-19 Impfstoffe erbringen für ihre Hersteller Profit, der nicht mehr im Rahmen des sittlich Erträglichen angesiedelt ist, und sie tun das, indem sie große Lücken in die Bevölkerung schlagen.

Mit 13 Millionen Toten haben die Gen-Spritzen fast doppelt so viele Opfer gefordert, wie laut WHO an oder mit dem Coronavirus verstorben sind. Das ist das Ergebnis einer aktuellen Studie. Für die USA schätzt man 670.000 tot geimpfte Amerikaner bei rund 670 Millionen verspritzten Impfdosen. In Deutschland sind es demnach 192.000 Impf-Opfer, die mit dem Tod bezahlt haben. Das schockierende Fazit: Pro eintausend verspritzter Impfdosen stirbt ein Mensch! Es ist eine Kausalität, die man nicht mehr abstreiten kann. Die brisante Studie kann man als PDF herunterladen: [98]

Die Covid-19-Impfstoffe haben also nicht nur keine Leben gerettet, sondern sie haben viele Menschen vorzeitig ins Grab gebracht. Ganz offensichtlich war das auch die geplante Absicht. [99]

Wie bereits auf Seite 109 ausführlich beschrieben, sollten die Zulassungsdokumente zu den Impfstoffen von Pfizer/Biontech 75 Jahre unter Verschluss gehalten werden. Eine Gruppe von mehr als 200 Ärzten, Wissenschaftlern, Professoren und Fachleuten konnten die Herausgabe der Pfizer/FDA-Dokumente einklagen. Seither werden die insgesamt über 300.000 Dokumente aufgearbeitet.

Das Team um Naomi Wolf und Steve Bannon hat die freigeklagten Dokumente des Pharma-Giganten Pfizer über seine Covid-Impfstoffe mithilfe von tausenden Fachleuten inzwischen weitgehend ausgewertet und die Ergebnisse jetzt publiziert. Die Auswertung zeigt die gezielten Lügen von Pfizer und die Gefährlichkeit ihrer Impfbrühe für Leben und Gesundheit der Geimpften.

Wolf spricht resümierend von einem möglichen *„Verbrechen gegen die Menschheit, das in seinem Ausmaß beispiellos ist"*. [100]

Für jeden mündigen Bürger ist es eine unverzichtbare Pflicht, diesem Staat und seinen Vertretern ein gesundes Misstrauen entgegenzubringen. Blindes Vertrauen in Kompetenz und Rechtschaffenheit der politischen Akteure ist völlig unangebracht. Besonders Politiker, die Verbindungen zum WEF haben, wie die „Young Global Leader", sind absolut nicht vertrauenswürdig!

Was den eingangs erwähnten Verlust meiner langjährigen Freundin angeht, ich bedauere ihn nicht. Es hat sich nur Spreu vom Weizen getrennt. Mehr ist nicht geschehen.

Hass und seine Folgen

Hass ist ein intensives Gefühl der Abneigung und Feindseligkeit. Er kann gegen Fremde, aber auch gegen sich selbst und das Eigene zum Ausdruck kommen. Hass ist ein sehr starkes Gefühl, das unkontrolliert und in starker Ausprägung den „Hasser" dazu veranlassen kann, dem Objekt seines Hasses schweren Schaden zuzufügen. Das gilt auch dann, wenn es die eigene Person oder die eigene Nation betrifft. Grundsätzlich trübt Hass einen neutralen und vorurteilsfreien Blick auf das Hassobjekt und vergiftet zudem die eigene seelische Verfassung.

Wie sehr der Hass auf alles Deutsche die Gemüter vieler Politiker und „Aktivisten" vergiftet hat, die als eigene Landsleute für mehr Zuwanderung plädieren, ist erschreckend. Jedem vernunftbegabten Menschen, der logisch denken kann und der nicht ideologisch verblendet ist, wird sofort klar, dass dieser große Hass auf das Eigene keine reale Grundlage hat. Er ist lediglich Ausdruck einer tiefen geistigen Verwirrung, die ein korrektes Bewerten der individuellen Realität verhindert.

Seinen Ursprung hat der Hass in einem verfehlten Denken. Hass entsteht aus Gedanken und Glaubenssätzen, die extrem destruktiv über das Hassobjekt ausgerichtet sind. Vom spirituellen Standpunkt aus gibt es keine Rechtfertigung für Hass, denn es ist die Aufgabe aller Menschen, Liebe zu allem, was ist, zu entwickeln. Das schließt jene Menschen, die wir als Feinde oder Monster betrachten, grundsätzlich mit ein. Auch ihnen soll unsere Liebe zuteilwerden.

Es ist mir bewusst, dass die Aufforderung auch die Feinde zu lieben, sehr lebensfremd erscheint. Aber es ist durchaus möglich, einen etwaigen Hass auf andere Menschen oder gegen Dinge jeglicher Art durch einen veränderten Blickwinkel zu verlieren und in mehr Gelassenheit umzuwandeln. Man sollte sich immer vor Augen halten, dass alle Menschen Teile des einen lebendigen Gottes sind – selbst die bösartigsten Tyrannen. Zumindest sollte man keinen glühenden Hass gegen solche Personen empfinden.

Der einzige Unterschied zwischen friedfertigen Bürgern und blutrünstigen Psychopathen besteht in der unterschiedlichen Nutzung der Gedanken. Es liegt in der Macht jeden Individuums, sich ein Schicksal aus guten Bausteinen (positiven, konstruktiven Gedanken) oder eben aus weniger schlechten Bausteinen zu erschaffen. Dies schließt natürlich die psychischen Eigenschaften, den individuellen Charakter, mit ein.

Die Wesensmerkmale eines Menschen sind keine in Stein gemeißelte Konstante, sondern das Ergebnis von voraus gegangenen Gedanken und daraus gebildeten Glaubenssätzen. Das ist der Grund, warum sich ein Saulus zu einem Paulus verändern konnte, wie es die Bibel beschreibt.

Alle Charaktereigenschaften einer Person lassen sich durch eine Veränderung der Gedanken über sich selbst modifizieren. Wenn man das Prinzip verstanden hat, hat man es in der Hand, weniger gute Eigenschaften kurzfristig und einfach loszuwerden. Aber dieses Prinzip muss man erst einmal verstanden haben! In den folgenden Kapiteln werde ich dieses Thema ausführlicher behandeln.

Die zerstörerische Wirkung des Hasses zeigt sich vorrangig in unserer politischen Landschaft. Dort haben sich hasserfüllte Menschen extrem destruktive Glaubenssätze zu eigen gemacht, die jeden Funken Liebe zu unserem Land und seinen gegenwärtigen Bewohnern ersticken. Ihr Hass kommt durch Überzeugungen wie diese zum Ausdruck:

„Deutschland, du mieses Stück Scheisse!"
„Nie wieder Deutschland!"

Oder auch *„wir Deutsche wären nicht normal"*, sondern sind als indigene Einwohner nur *„Menschen mit Nazihintergrund"*, wie wir aus dem linksradikalen Trashmedium ZEIT erfahren können. [113]

Um sich selbst als die besseren und ehrenhaften indigenen Deutschen darzustellen, versuchen manche Irregeleiteten sich mit vermeintlichen Hilferufen von der großen Masse der „biodeutschen Nazis" abzugrenzen. [114]

„Ausländer, lasst uns nicht allein mit den Deutschen!"

Unbestreitbar entsteht Hass innerhalb der Psyche durch eine untaugliche Art des Denkens. Diese Tatsache lässt sich nicht ernsthaft bestreiten. Es gibt aber auch vermeintliche Experten, die Fremdenfeindlichkeit als Ausdruck des Hasses auf Fremdartiges für eine „genetische Veranlagung" halten, die in einem „sehr einfach strukturierten Teil unseres Gehirns angesiedelt" ist. Diese Ansicht wird von Politikern begrüßt, die liebend gerne alle indigenen Deutschen als potenzielle Nazis betrachten wollen, weil ihnen diese Fehleinschätzung als willkommene Rechtfertigung ihres eigenen Hasses auf die eigenen Landsleute dient. [115]

Unterstützt wird diese falsche und bösartige These bedauerlicherweise auch von hochrangigen Kirchenvertretern. Eine frühere Ratsvorsitzende der Evangelischen Kirche in Deutschland (EKD), sagte auf einem Evangelischen Kirchentag in Berlin im Zusammenhang mit Familie diese verächtlich machenden Worte: [116]

„Zwei deutsche Eltern, vier deutsche Großeltern: Da weiß man, woher der braune Wind wirklich weht."

Damit wird genau genommen jeder biodeutsche Nachkomme einer ganz normalen Familie mit einem Handstreich zum „Nazi" erklärt. Denn wer deutsche Vorfahren hat, kann nun mal vererbungsbedingt nichts anderes sein. Erstaunlicherweise wurde diese pauschale Diffamierung aller indigenen Deutschen von den anwesenden Kirchenmitgliedern sogar noch bejubelt. Ich betrachte dies als sichtbares Zeichen des moralischen Verfalls dieser scheinheiligen und pseudoreligiösen Organisation. [119]

Für bösartige Politiker sind solche Äußerungen natürlich hochwillkommene Argumente, um den politischen Gegner mit teils unterschwelligen oder offenen Stigmatisierungen als Nazis zu diskreditieren. Das erspart ihnen vermeintlich die Auseinandersetzung mit Sachargumenten, die sie in den meisten Fällen mangels Kompetenz und Bildung ohnehin nicht gewinnen könnten.

Im Prinzip wird von den Deutschlandhassern stillschweigend unterstellt, dass innerhalb der indigenen deutschen Bevölkerung der Hang zum Nationalsozialismus vererbt wird. Natürlich hüten sich die Hasser der eigenen Landsleute davor, eine offene Diskussion über diese unterstellte Vererbung zu führen. Das ist verständlich, denn das Ergebnis einer solchen Debatte stünde von vornherein fest: Es gibt kein „Nazi-Gen"!

Trotzdem werden zur Abwehr der fälschlich unterstellten Vererbbarkeit des Naziwahns entsprechende „Umzüchtungsmaßnahmen" durchgeführt.

Der linksextreme und von purem Hass getriebene „Seenotretter" Axel Steier fordert auf X (ehemals Twitter) die „Wegvolkung" aller indigenen Deutschen mit weißer Hautfarbe: „Weißbrote", wie er uns Menschen mit weißer Hautfarbe abwertend nennt, soll es in 50 Jahren in Deutschland nicht mehr geben. Biologische Zielsetzung des Imports von Schwarzafrikanern nach Deutschland sei letztlich die Wegzüchtung der Indigenen mit weißer Hautfarbe. [120]

Damit ist er nicht allein. Bereits 2015 wies der ehemalige Bundestagspräsident Wolfgang Schäuble darauf hin, dass der Staat im Zuge der Massenansiedlung von überwiegend arabischen Männern durch Angela Merkel eine Verehelichung dieser Araber mit indigenen deutschen Frauen erwartet und die Ansiedlung dieser Araber daher einer biologischen „Degenerierung" durch „Inzucht" entgegenwirke. [117]

Die „Weißbrote" oder „Kartoffeln", wie man uns indigenen Deutsche „im besten Deutschland aller Zeiten" verächtlich nennt, sollen in fünfzig bis hundert Jahren nicht mehr existieren, und deshalb wäre es gut, dass Migranten zu uns kommen und sich mit den „Weißbroten" vermischen.

Das ist purer bösartiger Rassismus, der gegen die einheimischen Deutschen betrieben wird, von deren Steuerzahlungen diese Rassisten ihre Einkommen beziehen. Vor einem solchen Rassismus würde uns in jedem anderen Land der Welt die Genfer Flüchtlingskonvention von 1953 schützen. Wenn von Politikern und Haltungsjournalisten behauptet wird, ein Rassismus gegen Weiße oder gegen Deutsche würde es nicht geben, dann bedeutet dies, dass politische Verfolgung aus rassischen Gründen gegen Weiße erlaubt ist. Grundsätzlich wird damit nichts anderes getan, als der indigenen Mehrheit die Gleichwertigkeit gegenüber Migranten abzusprechen.

In der Vorbemerkung zu seinem aktuellen Buch „Der alte, weiße Mann: Sündenbock der Nation" fasst der Medienwissenschaftler Norbert Bolz prägnant zusammen, worum es tatsächlich geht: [118]

„Für alle Übel und das Böse in unserer Welt haben die Kulturrevolutionäre der politischen Korrektheit einen Sündenbock gefunden: den alten, weißen Mann. Er steht für Kolonialismus, Rassismus und Sexismus; er soll schuld sein an der Armut der Dritten Welt, an der Zerstörung der Natur und am menschengemachten Klimawandel. Wenn man den Sündenbock in die Wüste schicken könnte, gäbe es keine Diskriminierung mehr, die Welt wäre endlich friedlich, tolerant, divers, bunt, und die Menschen stünden wieder im Einklang mit der Natur."

Dieses Denken ist Ausdruck einer neuen Rassenlehre, nach der Weiße als Angehörige einer minderwertigen Rasse angesehen werden und weshalb man arabische und afrikanische Männer ins Land holen muss. Dieser neue Rassismus ist in den Köpfen von hasserfüllten Antideutschen entstanden. Mittlerweile haben sich viele grüne und auch sozialdemokratische Politiker diese destruktiven Auffassungen zu eigen gemacht.

Ich bin nach 1945 geboren, also eindeutig nach den beiden Weltkriegen. Diese beiden Kriege habe ich nicht mitzuverantworten. Die Unterstellung, ich wäre als gebürtiger Deutscher mit weißer Hautfarbe aufgrund meiner Gene ein potenzieller Mörder und würde zudem die Verantwortung für frühere Kriege, sowie für Unterdrückung und Sklaverei an den Ureinwohnern Afrikas tragen, ist genauso falsch, wie sie auch zugleich in einem hohen Maß rassistisch ist, denn diese Behauptung wird ausdrücklich mit einer genetischen Vererbung und der Hautfarbe begründet.

Für mich ist das ein handfester Beweis für den blindwütigen Fanatismus, der viele menschenverachtende Ideologen antreibt und deren unbändigen Hass auf das Eigene befeuert.

Viele politisch aktive Jugendliche sind nur angepasste Mitläufer, die unreflektiert alle möglichen Glaubenssätze übernehmen, um dazuzugehören oder um ihre Gruppenzugehörigkeit nicht zu verlieren. Das führt zu einer raschen Verbreitung bestimmter Ansichten und wird fälschlich für „Schwarmintelligenz" gehalten.

Bedauerlicherweise ist dieses Verhalten tatsächlich nur der Ausdruck einer großen „Schwarmdummheit", wie man sie den Lemmingen nachsagt, denn das Überprüfen neuer Informationen unterbleibt. Die Folge ist, dass diese denkfaulen Menschen ihrer Verantwortung für die Inhalte ihres Denkens und der Auswahl ihrer Glaubenssätze nicht einmal ansatzweise gerecht werden.

Andere bestimmen darüber, was der Mitläufer zu glauben hat. Das ist pure Gehirnwäsche, der sich der Einzelne aber freiwillig unterwirft, um „dazuzugehören"! Leider ist den Betroffenen gar nicht bewusst, dass sie damit zugleich die Kontrolle über das wichtigste Instrument aus der Hand gegeben haben, über das sie verfügen, um das eigene Schicksal konstruktiv zu meistern – die Entscheidung über Auswahl und Inhalt ihrer Gedanken!

Direkt damit steht eine weitere Verantwortung im Zusammenhang, die ebenfalls jedes Individuum persönlich zu tragen hat. Es ist die Verantwortung darüber, ob wir als Menschen Hass oder Liebe empfinden. Dies ist eine Sache, die in der persönlichen Entscheidungsgewalt liegt.

Gefühle sind ein Ergebnis vorangegangener Gedanken. Das individuelle Denken mitsamt den daraus resultierenden Vorstellungsbildern und Fantasien entscheidet über die individuell entstehenden Gefühle. Wer sich vorzugsweise negativen Gedanken, Glaubenssätzen, Vorstellungen und Bildern über andere Menschen hingibt, prägt auch seine Gefühle entsprechend. Sie werden ganz zwangsläufig die Färbung von Ärger, Zorn und Hass annehmen.

Den Zusammenhang zwischen Gedanken und Gefühlen kann jeder an sich selbst feststellen, wenn man eine Weile aufmerksam die eigenen Gedanken beobachtet. Deutlich wird es, wenn man sich einmal ganz bewusst glückliche Erinnerungen mit Bildern und Gedanken ins Bewusstsein ruft. Umgehend verändert sich auch das Gefühlsleben hinein in den Bereich des Wohlfühlens.

Umgekehrt funktioniert es natürlich auch, man kann sich mit den entsprechenden Gedanken in Wut, Zorn und Hass hineinsteigern. Es ist deshalb dummes Zeug, andere Menschen für die Gefühle verantwortlich zu machen, die man über sie empfindet. Andere Menschen sind immer schuldlos an den Gefühlen, die man selbst in sich wachruft. Diese Verantwortung wird dennoch häufig den daran Unschuldigen untergeschoben.

Fakt ist, dass jeder Mensch selbst dafür verantwortlich ist und bleibt, welche Emotionen er in sich trägt. Das ist eine unerschütterliche Tatsache! Wer Hass empfindet, ist selbst verantwortlich dafür, diesen Hass durch Änderung seiner Gedanken, Glaubenssätze und Fantasien in Liebe umzuwandeln. Diese Arbeit kann und muss jeder Mensch in sich selbst vollbringen. Es ist deshalb irrsinnig zu glauben, man könnte den Hass durch Gesetze verbieten und hoffen, er würde dann erlöschen. Das funktioniert nicht! Niemals!

Dieses Prinzip ist universell und gilt für jeden einzelnen Menschen auf dieser Welt: Allen Handlungen und Unterlassungen gehen immer die entsprechenden Gedanken voraus. Aus Gedanken werden Glaubenssätze (Grundüberzeugungen) gebildet, die mit entsprechenden bildlichen Vorstellungen eingehen. Diese beeinflussen das Gefühlsleben und steuern die oft unbewusst vonstatten gehenden Handlungen.

Grundsätzlich kann man deshalb an den Taten und Unterlassungen eines jeden Menschen ziemlich genau erkennen, welches Gedankengut er verinnerlicht hat. Das gilt im Besonderen für unsere Politiker. Narzissten, Psychopathen, Extremisten und Fanatiker erkennt man immer an ihren Handlungen – egal, welche wohlklingenden Absichtserklärungen sie auch von sich geben. Es sind ihre Taten und Unterlassungen, die ihre wahren inneren Ansichten offenbaren.

Ich habe diese Zusammenhänge so ausführlich beschrieben, weil ich dir zeigen will, welche destruktiven Auswirkungen der Hass auf die eigenen Landsleute nach sich zieht. Wenn du deine Stimme bei einer Wahl abgibst, solltest du es dringend vermeiden, Politiker in Ämtern zu befördern, die Abneigung und Hass gegenüber den eigenen Leuten empfinden.

Solche Politiker werden zwangsläufig immer schädigende Handlungen gegen jene Bürger begehen, für deren Wohl sie rechtmäßig zu sorgen haben. Diese Tatsache kannst du als unabänderlich in Stein gemeißelt betrachten.

Der aus Bösartigkeit und Dummheit geborene Plan, Gerechtigkeit auf der Welt durch Auslöschung der weißen Rasse zu erzeugen, ist ganz zweifellos zum Scheitern verurteilt. Er wird nicht gelingen und wird auch nie gelingen können. Die einzigen Folgen dieses Plans werden neue Ungerechtigkeiten durch Herabsetzung der einen Gruppe bei Bevorzugung einer anderen sein.

Denn dieser Plan geht von völlig falschen Voraussetzungen aus. Es wird außer Acht gelassen, dass es das unsterbliche Bewusstsein ist, das den menschlichen Körper und alle Charaktermerkmale eines Individuums erschafft. Es mag vielleicht gelingen, ein paar Facetten der äußeren Erscheinung zu verändern, damit wird aber nicht das Wesentliche beeinträchtigt, auf das die neue Rassenlehre abzielt: der menschliche Geist mitsamt seiner Intelligenz und seiner schöpferischen Kreativität! Er bleibt von diesen fragwürdigen „Zuchtexperimenten" unberührt.

Tatsächlich sind die gesamten Pläne der globalen Verschwörer von Anfang an zum Scheitern verurteilt. Es mag sein, dass die diabolischen Menschenfeinde ein paar Siege gegen den Rest der Welt für sich verbuchen können. Scheitern werden sie dennoch, daran führt für sie kein Weg vorbei.

Es ist eine gottgegebene Tatsache, dass unsere materielle Welt zuallererst einmal so etwas wie eine Schuleinrichtung ist. Wir sind zwar geistige Wesen, aber eingebunden in einen dreidimensionalen Körper erleben wir in dieser Welt, wie sich in einem zeitlichen Ablauf unsere Gedanken materiell verwirklichen. Wir erleben, wie wir Glaubenssätze formulieren und akzeptieren, die im Verlauf der Zeit als materielle Ereignisse in unserer Außenwelt sichtbar werden.

Dieses Lehrprogramm funktioniert aber nur dann wirklich konsequent, wenn die Glaubenssätze aller Menschen irgendwie im Laufe ihres Lebens zur Geltung kommen. Das gilt natürlich auch für die Glaubenssätze jener Menschen, die ganz bewusst und gezielt an den Frieden, an die Freiheit, an die Selbstbestimmung und an die Einhaltung der Menschenrechte für alle Menschen glauben. Diese Glaubenssätze werden sich verwirklichen. Sie werden zu erlebbaren Ereignissen in der Außenwelt. Da können die globalen Verschwörer machen, was sie wollen. Sie werden es nicht verhindern können.

Zur Weiterentwicklung der individuellen Persönlichkeit gehört auch der Ausbau der Fähigkeiten zum Erlangen von Erfolg, Reichtum, Fülle und Überfluss. Wünsche dieser Art sind natürlich zuerst einmal als Fantasien, Überlegungen und Glaubenssätze im Bewusstsein eines Menschen vorhanden. Es würde keinen spirituellen Lernprozess geben, wenn diese sich nicht materiell verwirklichen könnten – egal, wie realitätsfern sie zunächst auch erscheinen mögen. Auch dieses werden die Verschwörer nicht verhindern können.

Was die Verschwörer und ihre Helfer in Politik und Medien nicht wahrhaben wollen, ist die Tatsache, dass alle Menschen individuelle und unsterbliche Geistwesen sind. Menschen können nicht wirklich ausgelöscht werden. Jeder „gestorbene" Mensch lebt als individueller Energiepersönlichkeitskern weiter – mit all seinen Erfahrungen, seinem gesamten Wissen und seiner hohen Intelligenz. Darum ist das beabsichtigte „Herunterzüchten" von Menschen, die klug genug sind, um Maschinen zu bedienen, aber zugleich auch dumm genug, um die Verhältnisse nicht zu durchschauen, ein Plan, der nicht aufgehen wird.

Des Weiteren sollte man sich auch ein paar Gedanken über das Karma machen. Am Ende seines irdischen Daseins wird jeder Mensch im Jenseits Rechenschaft über seine Taten ablegen müssen. Manche Dinge, die er besser gelassen hätte, können direkt zum Anlass für die nächste irdische Existenz werden, wo dann die Gelegenheit besteht, es diesmal besser zu machen – notfalls über schmerzliche Erfahrungen.

Ich betone es an dieser Stelle noch einmal. All das hier Geschriebene kann jeder Mensch selbst herausfinden und bestätigt bekommen, wenn er sich um die Erweiterung seines spirituellen Wissens kümmert und den Schöpfer um Wissen, Weisheit und Erleuchtung bittet.

Du solltest akzeptieren, dass die irdische Existenz vorwiegend ein Lernprozess ist. Konzentriere dich deshalb darauf, deine Lektionen zu lernen, für die du auf diese Welt gekommen bist. Für dich besteht die Aufgabe nicht darin, andere Menschen ändern zu wollen, sondern darin, bei dir selbst anzufangen und zu lernen, Gefühle von Hass in Liebe zu transformieren.

Dies gelingt am besten durch eine Veränderung des bisherigen Blickwinkels. Betrachte das Hassobjekt als eine gute Gelegenheit für dich, mehr Gelassenheit zu Personen und Ereignissen zu entwickeln, die sich aktuell deiner Einflussnahme entziehen. Höre auf, dich mit schlechten Gedanken auf das Objekt deines Hasses zu konzentrieren. Vermeide es auch, in Zorn zu geraten.

Mache dir bewusst, dass sich alle Missetäter ein Karma erschaffen, welches sie läutern wird – selbst wenn es viele Wiedergeburten braucht und diese mit viel Leid und Schmerzen erfüllt sind.

Das gesamte Universum samt der winzig kleinen Erde darin ist ein Gedankenkonstrukt, denn das Bewusstsein erschafft die Materie. Das gilt für den gesamten Kosmos, wie auch für den Erdkörper. Mit unseren Gedanken und Glaubenssätzen erschaffen wir unsere gesellschaftlichen Strukturen. Unsere Demokratie besteht allerdings nicht materiell, sie existiert lediglich als ein Konstrukt unserer Gedanken, die in Gesetze niedergeschrieben wurden. Die Interpretation dieser Texte ändert sich, wenn sich das Denken der Menschen ändert.

Setze dich für eine Verbesserung der Welt ein, aber nicht durch Anwendung von Gewalt und auch nicht durch Unterstützung von Gewaltanwendungen, sondern durch ein besseres Denken! Glaube unerschütterlich an Frieden, Freiheit und Selbstbestimmung aller Menschen. Damit bewirkst du das Entstehen dieser Zustände, denn Gedanken werden zur Realität.

Herr über sich selbst sein

Der Psychologe Stanley Milgram stellte mit einem von ihm entwickelten Experiment fest, dass 80 % der Bevölkerung nicht über die psychologischen oder moralischen Ressourcen verfügen, um sich der Anordnung oder dem Befehl einer Autorität zu widersetzen, ganz unabhängig davon, wie unmoralisch und gesetzwidrig diese Anordnung auch sein mag. [124]

Diese 80 % der Bevölkerung sind jene überwältigende Mehrheit, von der kaum eine Gegenwehr zu erwarten ist, wenn Machthaber einer Nation zu rechtswidrigen Maßnahmen greifen, um eine Diktatur zur dauerhaften Festigung ihrer Machtbasis zu errichten. Zwar werden die illegalen Maßnahmen von den meisten Personen dieser Mehrheit korrekt erkannt, es fehlt aber an den Fähigkeiten der einzelnen Menschen sich dagegen aufzulehnen. Vielmehr wird oft versucht, die eigene Nachgiebigkeit gegenüber solchen illegalen Handlungen vor sich selbst und dem eigenen Gewissen mit fadenscheinigen Argumenten schönzureden. Daraus ergeben sich zwei wichtige Erkenntnisse:

- *Umwälzende Veränderungen innerhalb einer Gesellschaft können aktuell nur von jenen Mitgliedern der Bevölkerung bewirkt werden, die keine Opportunisten und Duckmäuser sind. Nur sie bringen den Mut auf, zu ihrem Gewissen zu stehen und laut NEIN zu Unrecht und Fehlentwicklungen zu sagen!*

- *Es besteht die Notwendigkeit, dass auch die phlegmatische Bevölkerungsmehrheit aufwacht, Manipulationen erkennt und NEIN zu sagen lernt, wenn Frieden, Freiheit und Selbstbestimmung von den Inhabern der Macht abgeschafft werden sollen.*

Zu jeder gesellschaftlichen Fehlentwicklung gehören immer zwei Elemente, ein Machthaber, der Macht ausübt und ein Befehlsempfänger, der die fragwürdigen Anordnungen widerstandslos hinnimmt. Im Allgemeinen lässt sich der Machthaber nicht ohne Weiteres austauschen, wenn eine Veränderung der maßgeblichen Anordnungen gewünscht ist. Das gilt besonders für Diktaturen. In Demokratien sollen konkurrierende Personen und Parteien diesen Wandel gewährleisten.

Aber auch die demokratische Möglichkeit kann durch eine ausgesuchte Personalpolitik, die korrupte Politiker bevorzugt, unterlaufen und ausgehebelt werden. Gegenwärtig erleben wir genau diesen Umstand, dass unqualifizierte und unfähige Personen in Positionen lanciert werden, die ganz besonders fachlich kompetente und charakterlich gefestigte Persönlichkeiten erfordern.

Es verbleibt nur ein Weg, solche Fehlentwicklungen zu stoppen. Der Befehlsempfänger muss lernen selbst nachzudenken, eigene Entscheidungen auf der Basis eigener Überlegungen zu treffen und konsequent NEIN zu sagen, wenn Gesetze, Anordnungen und Befehle der Machthaber nicht mehr mit dem eigenen Gewissen vereinbar sind.

Genau daran mangelt es bei vielen deutschen Bürgern. Die Coronakrise hat es gezeigt. Das damalige Merkel-Regime hatte kein Problem damit, massive Beschneidungen der Grundrechte durchsetzen, um eine angeblich tödliche Pandemie in den „Griff zu bekommen". Bis auf eine kleine Minderheit von Selbstdenkern hatte die Mehrheit der Bürger sämtliche Freiheitseinschränkungen der Regierung jubelnd begrüßt, auch wenn vorab mühelos erkennbar war, dass die verhängten Maßnahmen mehr Schaden anrichten würden, als das Coronavirus es jemals könnte.

Es hat durchaus seine Berechtigung, wenn den Deutschen nachgesagt wird, ein Volk zu sein, was sehr gerne bereit ist, totalitäre Maßnahmen widerspruchslos hinzunehmen. Die Coronapandemie hat es bewiesen. [125]

Es geht deshalb an der moralischen Reifung des Individuums kein Weg vorbei, wenn Demokratie, Frieden, Freiheit und Selbstbestimmung dauerhaft Bestand haben sollen. Es wird, wenn unsere Freiheit bedroht ist, niemand von außen als Retter oder Erlöser kommen. Wenn wir aus einer unerträglichen Situation befreit werden wollen, müssen wir bei uns selbst anfangen. Wir müssen lernen, uns selbst zu erlösen. Wir müssen uns selbst befreien. Es liegt an uns selbst. Niemand kann und wird uns diese Aufgabe abnehmen.

Doch woher kommt diese unerfüllbare Erwartung eines äußeren Erlösers?

Hier spielt gewiss falsch verstandene Religiosität eine große Rolle. In christlich geprägten Ländern werden die Bewohner schon als Kinder dazu erzogen, dass eine gewünschte Veränderung zum Besseren nur durch Hilfe von außen möglich ist. Im bekanntesten Gebet der Christenheit, dem „Vater unser", wird ausdrücklich die Bitte an Gott gerichtet, uns von dem Bösen zu erlösen. So lehrt uns die „Vater unser"- Bitte, dass wir dem Bösen nur dadurch entkommen können, wenn wir Gott inständig darum bitten.

Erlösung ist ein Zentralbegriff der christlichen Religionen, der das vorrangige Ziel umfasst, den einzelnen Menschen, die Menschheit und/oder die Welt von allem Negativen zu befreien. Die Erlösung in der christlichen Tradition meint ein zielgerichtetes Handeln Gottes zugunsten erlösungsbedürftiger Menschen. Die Erlösung, also die erwünschte Befreiung von Dingen und Umständen, die für Menschen quälend und belastend sind, wird von außen kommend durch einen gütigen Gott bewirkt – sofern dieser sich gnädig dazu herablässt, den Gläubigen diesen Wunsch zu erfüllen.

Zugleich wird mit dieser Auffassung die Machtlosigkeit der Menschen gegenüber negativen Dingen und Umständen betont, und die Möglichkeit zur

Veränderung etwaiger Missstände aus eigener innerer Kraft bestritten. Infolgedessen erwarten viele Menschen eine Erlösung oder die Befreiung von allem Bösen als ein Ereignis, das nur von außen kommen kann.

Diese Konditionierung ist anscheinend sehr wirkungsvoll und weitverbreitet. Denn die Praxis, wirksame Hilfe stets von außen zu erwarten, zieht sich wie ein roter Faden durch alle Bereiche des menschlichen Lebens. Kaum jemand kommt im Krankheitsfall auf den Gedanken, sich selbst von innen heraus zu helfen und zu heilen, obwohl wir alle über diese Fähigkeit verfügen. Aber damit hört es nicht auf, es gibt kaum einen menschlichen Bereich, in dem wir uns nicht selbst helfen könnten.

Sich selbst heilen, jede Art von Sucht überwinden, erfolgreich Konflikte beilegen, einen neuen Job bekommen, einen liebevollen Partner finden, was auch immer – alles das ist erreichbar aus eigener innerer Kraft ohne die Hilfe Dritter in Anspruch nehmen zu müssen.

Das gilt selbstverständlich auch für unsere persönliche Unabhängigkeit, Freiheit und Selbstbestimmung. Sie können uns nicht von anderen gegeben werden. Sie sind unser ganz persönlicher Erbteil an der göttlichen Schöpfung. Unabhängigkeit, Freiheit und Selbstbestimmung sind ein Geschenk Gottes an uns, an seine Kinder, die wir alle sind. Es ist unsere Aufgabe, diese spirituellen Grundrechte wahrzunehmen und zur Geltung zu bringen.

Unsere Grundrechte auf Unabhängigkeit, Freiheit und Selbstbestimmung können wir als gottgegeben akzeptieren oder sie in Abrede stellen. Sie können uns aber weder genommen noch erteilt werden. Diese Grundrechte sind immer in uns präsent. Niemand kann sie von außen in uns zum Leben erwecken oder in uns unterdrücken. Das können nur wir selbst tun.

Es ist deshalb Unsinn, auf einen Erlöser zu warten, der uns im Außen aus misslichen Situationen befreit. Ein solcher Erlöser wird nicht kommen. Das gilt auch in diesem besonderen Fall, in dem eine globale Elite mit ihren politischen, wissenschaftlichen und medialen Helfern daran arbeitet, die gesamte Menschheit zu unterjochen. Egal, an welche Menschen, Anführer oder Organisationen die Erlösungserwartungen auch gestellt werden, sie werden es nicht vollbringen können. Sie werden unsere Einstellungen in unserem Inneren nicht ändern können. Das können nur wir selbst tun.

Es ist unsere Obliegenheit, unsere Freiheit zu ergreifen und festzuhalten, wenn wir uns ein selbstbestimmtes Schicksal gestalten wollen. Niemand kann das für uns übernehmen. Wir können uns nur selbst erlösen. Das kann man nicht oft genug betonen, denn es ist eine grundsätzliche Wahrheit, die für jedes einzelne Individuum weltweit gilt. Wir müssen uns im eigenen Inneren ermächtigen, freie und selbst bestimmende Persönlichkeiten zu sein. Wir müssen die Ängste überwinden, die uns daran hindern wollen. Einen anderen Weg zur Freiheit gibt es für uns nicht.

Es ist unsere Aufgabe, die Herrlichkeit Gottes zu verwirklichen, die in uns ist. Gott lebt in uns allen. Wenn wir unsere eigene Freiheit zum Ausdruck bringen und unser Licht leuchten lassen, ermuntern wir andere Menschen, dasselbe zu tun. Wenn wir uns von unseren Ängsten befreit haben, ermutigt unser Beispiel auch andere, es uns gleichzutun.

Bedenke immer dieses: Gedanken werden zur Realität. Gedanken formen auch deine Persönlichkeit! Du wirst zu dem, was du über dich selbst denkst!

Wahre Freiheit zu erleben, kann nur bedeuten, die vollständige Macht über sich selbst zu haben und das eigene Schicksal, nur dem eigenen Gewissen unterworfen, selbstbestimmt zu führen. Das ist für jeden Menschen erreichbar!

Möchtest du die Freiheit für dich selbst erlangen, erreichst du dieses Ziel durch eine Veränderung deiner Gedanken und deiner Glaubenssätze, die du über dich selbst als Person hast.

Empfehlenswert ist es, solche und ähnliche Glaubenssätze über sich selbst zu haben:

Ich bin ein freier und unabhängiger Mensch.

Ich bin ein selbst bestimmender Mensch.

Ich bin niemandes Knecht.

Ich habe die uneingeschränkte Macht über mich selbst.

Ich bin mein eigener Herr.

Ich entscheide selbst über mich.

Ich entscheide selbst darüber, ob ich Gesetze befolgen will oder nicht.

Ich folge der Stimme meines Gewissens.

Ich lasse mir von niemandem vorschreiben, wie ich zu leben habe.

Ich bin meines eigenen Glückes Schmied.

Ich nehme mein Schicksal selbst in die Hand.

Ich erschaffe mir das Schicksal, das ich selbst will.

Ich erschaffe mir die Erfahrungen, die ich machen will.

Ich lasse mein Licht leuchten.

Ich bringe mein Leben kreativ und schöpferisch zum Ausdruck.

Ich nutze meine eigenen Begabungen, Talente und Fähigkeiten voll aus.

Mein Leben gehört allein mir selbst.

Darüber hinaus entscheidest du über deine weiteren Glaubenssätze, die du über das Leben im Allgemeinen, über ganz bestimmte Dinge, Umstände und Personen akzeptiert hast, von welchen Ereignissen du in deinem Schicksal betroffen sein wirst.

Glaubst du insbesondere, die Welt wäre schlecht und die Menschen wären böse, werden dir entsprechende Lebenserfahrungen immer wieder bestätigen, dass du damit völlig recht hast. Es wird sich in der Außenwelt bestätigen, was du an Glaubenssätzen in deiner Innenwelt für wahr hältst.

Besser ist es, von vornherein so zu denken, dass deine Glaubenssätze die erfreulichen Ereignisse in der Außenwelt nach sich ziehen, die du machen möchtest.

Von deinen Veränderungen sind nicht unbedingt alle anderen Menschen begeistert. Es kann sein, dass Menschen in deinem Umfeld dich lieber weiterhin als manipulierbare Person behalten würden. Wenn es nicht anders geht, wirst du dich von ihnen trennen müssen.

Auch die Machthaber würden dich aus Eigeninteresse lieber unterdrückt und machtlos halten. Denn nichts benötigt die politische Führung einer Nation zum „problemlosen Durchregieren" mehr als einen ihr blind ergebener Untertan, der gehorsam alle Anordnungen kritiklos befolgt.

Der mündige Bürger, den sie in ihren Sonntagsreden gerne beschwören, ist ihnen in Wirklichkeit ein Gräuel. Diesen Bürgertyp kann die Politik nicht so einfach mit Framing, Agitation und Propaganda manipulieren und ruhig stellen, wie die Masse jener, die sich eher als folgsame Untergebene einer allmächtigen Regierung begreifen. Der mündige Bürger hat ein gesundes Misstrauen gegenüber Machthabern. Er weiß, wie schnell Macht missbraucht werden kann.

Ein Bürger, der kompromisslos seine Interessen vertritt, ist unbequem. Er hinterfragt, denkt selbst und zieht seine eigenen Schlussfolgerungen. Genau diese Eigenschaften machen ihn schnell zum Gegner der Machthaber, wenn er es wagt, deren „edlen" Motive anzuzweifeln, sie zu hinterfragen, die Fehler einer Regierung zu benennen und die Machthaber daran zu erinnern, dass sie ihre Macht lediglich zeitlich befristet ausüben dürfen, und dieses zwingend zum Wohle der eigenen Bevölkerung zu geschehen hat.

Es geht aber kein Weg daran vorbei, Macht muss immer begrenzt und wirksam kontrolliert werden. Es darf im Interesse der freien Persönlichkeitsentfaltung aller Menschen keine mit Allmacht ausgestattete Regierungsform geben, die bis ins intimste Privatleben hinein den Menschen vorschreiben kann, was diese zu tun haben.

Bedauerlicherweise verfolgen die derzeit Regierenden aber genau dieses Ziel. Nichts ist vor ihrer Reglementierungswut sicher. Egal, ob es ums Autofahren, um die Wohnverhältnisse, das Heizen oder die tägliche Ernährung geht, alles wollen sie den Bürgern bis ins kleinste Detail diktieren.

Prinzipiell ist so ein Regierungshandeln ein Programm zur Herstellung der völligen Unmündigkeit der Bürger. Es soll genau das Gegenteil von dem erreicht werden, was einen mündigen Bürger ausmacht. Zu diesem Zweck müssen die Menschen durch die Inhaber der Autorität und jenen, die Nutzen daraus ziehen, von Narrativen überzeugt werden, die ihr realistisches und kritisches Denkvermögen einschläfern.

Im verhängnisvollen Zusammenspiel von Politik, gekaufter Wissenschaft und korrupten Medien werden deshalb Gefahren erfunden, die die Bürger verdummen und gefügig machen sollen. Der mündige Bürger soll zu einem unmündigen Bürger werden. Praktisch zu einem Duckmäuser, der nicht mehr seinem eigenen Verstand und seiner eigenen Urteilskraft vertraut. Dieses bedeutet in der Konsequenz das Ende jeder individuellen Freiheit und Selbstbestimmung.

Aus spiritueller Sicht wäre dieses eine Katastrophe, denn die meisten Menschen wählen die materielle Existenz zu dem Zweck, sich in bestimmten Bereichen weiterzuentwickeln. Das ist ohne die Freiheit, ungehindert seinen eigenen Lebensweg gehen zu können, kaum möglich. Insofern kann man zu solchen menschenverachtenden Planungen nur NEIN sagen.

Totalitären Pläne durchzusetzen und eine Demokratie in eine Diktatur umzuwandeln funktioniert nur, wenn die Bürger es widerspruchslos hinnehmen. Es ist nun mal eine grundsätzliche Wahrheit, dass derartige Planungen nur gegenüber Duckmäusern und gehorsamen Untertanen durchführbar sind.

Insofern sind solche Pläne vorrangig eine Aufforderung an jeden davon Betroffenen, an sich selbst zu arbeiten und einen robusten Widerspruchsgeist zu entwickeln. Wer der Meinung ist, dass Gehorsamkeit gegenüber Machthabern eine Tugend wäre, der sollte diese Position noch einmal gründlich überdenken.

Das jüdische Mädchen Anne Frank wanderte 1934 mit der Familie von Deutschland in die Niederlande aus, um der Verfolgung durch die Nationalsozialisten zu entgehen. Dort lebte der Teenager ab Juli 1942 mit der Familie in einem versteckten Hinterhaus in Amsterdam. In diesem Versteck hielt Anne ihre Gedanken und Erlebnisse in einem Tagebuch fest, das nach dem Krieg als *„Tagebuch der Anne Frank"* veröffentlicht wurde.

Das Versteck wurde von unbekannten Mitwissern verraten. Anne Frank fiel am 4. August 1944 den Nazis in die Hände, sie wurde verschleppt und verstarb als 15-Jährige im März 1945 im KZ Bergen-Belsen.

Halte dir an dieser Horrorgeschichte Folgendes vor Augen:

Die Beschützer und Helfer von Anne Frank hatten gegen geltendes Recht verstoßen! Verfolgten Juden Schutz und Unterkunft zu gewähren, war damals ein schweres Verbrechen und wurde sehr hart bestraft.

Anne Franks Mörder hingegen handelten völlig rechtskonform, sie befolgten gehorsam alle Gesetze und Anordnungen, die letztlich zum beabsichtigten

Tod dieses unschuldigen Kindes führten! Die willigen Erfüllungsgehilfen des Unrechts hatten vom damaligen Regime keine Strafen zu fürchten. Im Gegenteil, sie wurden als vorbildliche Bürger in besonderem Maße wertgeschätzt von den damaligen Machthabern.

Nach dem Krieg und dem Zusammenbruch des Nazi-Regimes beriefen sich die gehorsamen Untertanen bei der Aufarbeitung der begangenen Verbrechen alle auf den sogenannten Befehlsnotstand. Sie machten geltend, dass sie sich doch nur, wie alle anderen auch, an die bestehenden Gesetze gehalten hätten. Angeblich hätten sie keine andere Wahl gehabt, als den Gesetzen, Befehlen und Anordnungen Folge zu leisten.

Diese Gehorsamkeit der Menschen ist seit Menschengedenken die unverzichtbare Basis für jedes totalitäre Regime, für jeden Krieg und für jede Tyrannei. Kein Unrechtsregime und keine Diktatur kann errichtet werden oder Bestand haben, wenn die Bürger den Machthabern den Gehorsam verweigern.

Also denke lieber noch einmal gründlicher und intensiver nach, wenn du nach wie vor glaubst, dass Gehorsam eine erstrebenswerte Tugend ist!

Wir alle sind nicht dafür verantwortlich, wie andere Menschen mit einer bestimmten Situation umgehen. Deren Handlungsweisen können und müssen uns egal sein, solange sie uns selbst mit ihren Handlungen nicht schaden. Alles, was andere tun, müssen die anderen auch selbst verantworten. Wir tragen die Verantwortung nur für unser eigenes Handeln und Unterlassen. Es ist und bleibt unsere ewige Pflicht, bei uns selbst anzufangen, wenn uns eine gesellschaftliche Entwicklung missfällt.

Aber geht das auch? Kann man sich in der Persönlichkeit von einem ängstlichen Mitläufer zu einem selbst bestimmenden Menschen wandeln?

Klare Antwort: JA, es geht!

Es liegt an uns, an jedem einzelnen Menschen selbst, über welche Charaktereigenschaften wir verfügen. Der Charakter eines Menschen ist keine unabänderliche Veranlagung. Die Beschaffenheit jedes menschlichen Charakters lässt sich in gewünschte Richtungen formen. Damit meine ich nicht die Bemühungen eines Erziehers auf eine andere Person, sondern die vorhandene Möglichkeit eines Individuums, sich selbst zielgerichtet in bestimmte Richtungen charakterlich verändern zu können.

Sich selbst zu verändern ist wesentlich leichter zu bewerkstelligen, als sich mit erzieherischen Maßnahmen an die Arbeit zu machen, eine andere Person nach eigenen Vorstellungen umwandeln zu wollen. Die freiwillige Selbsterziehung stößt nicht auf Widerstand, wie es regelmäßig der Fall bei einer Fremderziehung ist.

Ich weiß, wovon ich rede. Vor einigen Jahrzehnten habe ich mich selbst ganz zielstrebig in meiner Persönlichkeit verändert. Als mir die Macht der Gedanken und der Glaubenssätze bewusst wurde, erkannte ich auch, dass es an mir selbst liegt, welche Fähigkeiten ich habe und wie mein Charakter beschaffen ist.

Das liegt keineswegs an den Genen, wie es unwissende Vertreter der materialistischen Weltsicht behaupten.

Verantwortlich dafür sind die Glaubenssätze, die man über sich selbst hat. Die eigenen Glaubenssätze über sich selbst sind entscheidend über die Ausprägung des eigenen Naturells. Sind sie unvorteilhaft, bekommt man das im Laufe der Zeit deutlich zu spüren.

Deshalb trägt auch jeder Mensch die Fähigkeit in sich, die Wandlung von einem schüchternen und unsicheren Menschen zu einer selbstsicheren und selbstbewussten Persönlichkeit zu vollbringen. Dies ist möglich durch eine entsprechende Anpassung der eigenen Glaubenssätze über sich selbst. Jeder

Mensch wird zu dem, was er über sich selbst glaubt. Das ist ein grundsätzliches Prinzip. Nichts davon hat mit Vererbung oder den Genen zu tun. Es ist der Geist, der die psychischen Eigenschaften einer Person gestaltet. Die Werkzeuge sind Gedanken und daraus resultierende Glaubenssätze, die Kraft der bildlichen Vorstellung und die dazugehörigen Emotionen. Folgende Glaubenssätze könnten nützlich für dich sein:

Mein Leben hat Wert, Sinn und Bedeutung!

Der Sinn meines Lebens erfüllt sich!

Mein Leben ist wichtig!

Ich bin ein wertvolles, nützliches und akzeptiertes Mitglied der Gemeinschaft.

Heute haut mich gar nichts mehr um.

Heute wirft mich nichts mehr aus der Bahn.

Ich bin allen Anforderungen meines Lebens gewachsen.

Ich bewältige alle Herausforderungen meines Lebens zu meiner vollen Zufriedenheit.

Ich habe einen guten Charakter.

Ich habe einen gesunden Egoismus.

Ich habe einen gesunden Menschenverstand.

Ich habe einen gesunden Selbstbehauptungswillen.

Ich habe eine schnelle Auffassungsgabe.

Ich lerne schnell.

Ich bin eine starke und stabile Persönlichkeit.

Ich bin selbstbewusst und selbstsicher in jeder Situation.

Ich habe volles Vertrauen zu mir selbst.

Auf mich selbst kann ich mich immer verlassen.

Für mich gibt es keinen Grund, Angst zu haben.

Ich bin mutig, wenn es sein muss.

Ich muss mich vor nichts fürchten.

Ich bin ehrlich … treu … ein erfolgreicher Geschäftsmann … liebenswert … glaubwürdig … vertrauenswürdig … ordentlich … tolerant … usw.

Dies sind nur einige erprobte Beispiele. Weitere Glaubenssätze kannst du dir selbst ausdenken. Du wirst zu dem, was du widerspruchsfrei über dich denkst und glaubst. Darum denke und formuliere einen Glaubenssatz über dich selbst stets zielführend, also positiv in seiner Aussage. Vermeide Negationen wie z. B. „*Ich habe nie mehr Angst*"! Formuliere solche Sätze besser so:

„Ich habe den Mut, den ich benötige, wenn es darauf ankommt".

Glaubst du stattdessen negatives über dich selbst, dann wirst du auch in solchen Fällen die Richtigkeit deiner Meinung irgendwie in Form von schlechten Erfahrungen bestätigt bekommen.

Fazit: Es steht völlig außer Zweifel, dass wir mit unseren eigenen Gedanken unsere Persönlichkeitsstruktur formen. Wir haben die Macht, charakterlich zu dem Menschen werden zu können, den wir sein wollen. Niemand kann uns an einer solchen Wandlung hindern – nur wir uns selbst.

Es ist deshalb kein unüberwindbares Problem, zu einer Persönlichkeit zu werden, die den Mut aufbringt, NEIN zu sagen, wenn sich die Machthaber das Ziel setzen, uns Frieden, Freiheit und Selbstbestimmung zu nehmen.

Du bist allwissend - nutze es!

Die menschliche Psyche besteht aus bewussten und unbewussten Anteilen. Zum bewussten Teil gehört das, was wir im Allgemeinen als unser ICH, als das Ego betrachten. Der weitaus größere Teil unserer psychischen Persönlichkeit ist jedoch das Unbewusste. Der Verlauf zwischen bewussten und unbewussten Bereichen ist keine starre Grenze. Zwischen bewussten und unbewussten Teilen unsere Psyche gibt es Wechselwirkungen, genauer gesagt einen Informationsaustausch, der wiederum teils bewusst und teils unbewusst vonstattengeht. Die Grenze zwischen diesen Bereichen lässt sich durch Meditation und entsprechenden Übungen hin zu mehr Bewusstheit verschieben.

Tief im Unbewussten unserer Psyche gibt es eine Instanz, die ich „Inneres Selbst" nenne. Andere Menschen bezeichnen es als „Höheres Selbst". Es ist ein psychischer Anteil, den man sich durch „Bewusstseinserweiterung" zugänglich machen kann. Dieser unbewusste psychische Anteil ist allwissend und hochintelligent. Wir werden mit unserem bewussten ICH nie an diese Geisteskraft heranreichen.

Das „Inneres Selbst" ist jener Bereich in unserer Psyche, der auf unbewusster Ebene alle Lebensvorgänge unseres Körpers steuert, zu denen wir mit unserem nach außen gerichteten Ich-Bewusstsein überhaupt nicht in der Lage wären. Das umfasst die Erschaffung des Körpers, die Bildung aller Zellen und Organe sowie die Steuerung aller vegetativen Körperfunktionen, wie Atmung, Verdauung, Stoffwechsel etc.

Ebenso erschafft das „Innere Selbst" unsere äußeren Lebenserfahrungen, indem es unsere Glaubenssätze als Ereignisse in unserer Außenwelt verwirklicht. Dazu gehört auch die Erschaffung von Krankheiten aller Art, wenn man entsprechende Glaubenssätze akzeptiert hat, sowie die Heilung von sämtlichen Krankheiten, wenn man daran glaubt.

Man kann das „Innere Selbst" auch direkt ansprechen, um wichtige Anliegen, wie die Lösung eines besonderen Problems, die Bewältigung einer Krise oder die Heilung von einer Krankheit zu erreichen. Aus eigener Erfahrung kann ich bestätigen, dass dies eine sehr kluge Option ist.

Für das „Innere Selbst" gibt es die Zeit als solche nicht. Für das „Innere Selbst" ist alles, was wir in der irdischen Welt erleben, nur zu einer Zeit vorhanden, nämlich JETZT! Das bedeutet in seiner ganzen Konsequenz, dass das „Innere Selbst" bereits JETZT über alles Wissen und alle Erfahrungen verfügt, die aus unseren Entscheidungen entstehen werden, genauer gesagt zukünftig bereits entstanden sind.

Das „Innere Selbst" weiß daher, welche Entscheidungen, die wir im Laufe unseres Lebens zu treffen haben, für uns die besten sind und welche Wege wir besser nicht einschlagen sollten.

Diesen Umstand kann man sich zunutze machen, indem man sich zur besten aller möglichen und erreichbaren Welten vom eigenen Bewusstsein „hinziehen" lässt! Man weiß dann sehr sicher auf eine intuitive Weise, wie man sich in einer jeweiligen Situation am besten entscheidet. Diese Technik lässt sich leicht erlernen. Und wer bereits verstanden hat, dass Gedanken zur Realität werden, dem ist sicher schon klar, dass diese Technik nur aus einem entsprechenden Denken besteht.

Jede Entwicklung, jede Entscheidung und jeder mögliche Weg sind zuerst einmal als eine fiktive Wahrscheinlichkeit vorhanden, bevor die materielle Verwirklichung erfolgt. Bereits in diesem nicht materiellen Stadium hat das „Innere Selbst" allerdings schon alle wahrscheinlichen Möglichkeiten durchgespielt und kennt die beste erreichbare Welt.

Um dahin zu kommen, empfiehlt es sich etwa so zu denken:

„Ich erschließe mir die beste aller wahrscheinlichen Welten, die ich in diesem Leben erreichen kann. Es gibt einen wahrscheinlichen XXXXX (eigener Name), der diese Welt bereits jetzt erreicht hat. Dieser zukünftige XXXXX (eigener Name) zieht mich jetzt ganz unwiderstehlich zu sich hin in diese beste aller möglichen Welten."

Dies geschieht auf der aktuellen Basis dessen, was jeder Mensch für sich selbst für das Beste und Erstrebenswerteste hält. Du solltest also schon eine klare Vorstellung von dem haben, was speziell für dich wichtig und bedeutsam ist. Überlege genau und schreibe es dir notfalls detailliert auf. Denkbar wären Gesundheit, ein toller Job, Reichtum, eine glückliche Beziehung, was auch immer. Werde dir aber darüber im Klaren, was für dich die höchste Priorität hat.

Verfährst du so, wirst du immer von innen heraus deutliche Impulse bekommen, die dir helfen, die richtigen Entscheidungen auf deinem Lebensweg zu treffen.

Sich in Spiritualität weiterzubilden, bringt noch mehr Vorteile mit sich. Tatsache ist, dass die Kommunikation aller Menschen untereinander auf der unbewussten Ebene des „Inneren Selbst" mittels Gedankenübertragung, bzw. Telepathie abläuft. Der Schweizer Psychiater C. G. Jung bezeichnete diese Bereiche als „kollektives Unbewusstes". In diesen tiefen Schichten des Unbewussten ist allen alles bekannt. Hier gibt es keine Geheimnisse mehr.

Hier ist auch bekannt, welche kriminellen Absichten und Pläne böswillige Menschen verwirklichen wollen. Deshalb ist es kaum noch möglich, Menschen, die einen guten Zugang zum inneren Wissen haben, zu belügen und zu täuschen. Mir selbst hat mein inneres Wissen immer wieder geholfen, selbst die kunstvollsten und glaubwürdigsten Lügengebäude, die mir vorgetragen wurden, sehr schnell zu durchschauen.

Das gilt besonders für die politischen Machenschaften, die seit Merkels Regentschaft darauf abzielen, mit vorgeschobenen „edlen" Gründen unsere Freiheit, unseren Wohlstand und unsere Lebensfreude zu zerstören.

Gegenwärtig vollstrecken korrumpierte Politiker zum Schaden von uns allen die destruktive Agenda des WEF, die per Great Reset zur Neuen Weltordnung führen soll. Aktuell gibt es keinen Zweifel, dass unsere Machthaber nicht mehr uns dienen, sondern aktiv gegen unsere vitalen Interessen arbeiten. Natürlich immer aus scheinbar guten Gründen, womit ein weiteres Mal die bereits bekannte Regel sichtbar wird:

Das BÖSE kommt immer im Gewand des GUTEN daher!

Aktuell besteht für mich nicht der geringste Zweifel daran, dass der geplante „Neustart" des WEF, der zu einer Neuen Weltordnung führen soll, ein gigantischer Schwindel ist, der nur zu dem Zweck betrieben wird, die gesamte Menschheit zu versklaven, damit eine Gruppe von globalen Verschwörern die Alleinherrschaft über die Welt übernehmen kann. Viele charakterschwache Politiker, gekaufte Wissenschaftler und korrupte Medienvertreter sind willige Helfer bei der Verwirklichung dieses ungeheuer bösartigen Plans.

Das Wissen über diese destruktiven Planungen kann sich jeder Mensch im eigenen Inneren bewusst machen. Es ist ganz zweifellos die beste Informationsquelle, die uns Menschen offensteht. Sobald man diese Quelle nutzt, beginnt man zunehmend Lügen, Täuschungen und Manipulationen zu durchschauen.

Aber zuerst einmal muss man diese Option überhaupt für möglich halten und akzeptieren, und dann ist im Weiteren auch ein wenig Training erforderlich. Dieses Training besteht hauptsächlich aus einem bewussten und zielorientierten Gebrauch der Gedanken. Es gibt keine unüberwindbaren Hindernisse für die Nutzung der inneren Wissensquelle.

Diese wunderbare Möglichkeit zur Wissenserlangung habe ich mir bereits vor mehr als drei Jahrzehnten nutzbar gemacht. Zwar war es mir nie möglich spezifische Dinge vorherzusagen, wie die Lottozahlen, oder welchen Wert die nächste Karte hat, die von einem Kartenstapel aufgedeckt wird. Das funktionierte bei mir nie.

Es hatte vor allem im Geschäftsleben einen großen Nutzen für mich. So wusste ich immer urplötzlich und intuitiv von innen heraus Bescheid, wenn andere Menschen betrügerische Aktionen gegen mich planten. Manchmal war mir deren ganze Planung sogar bis in die Details bewusst, sodass ich mich entsprechend wappnen konnte. Natürlich funktioniert dieses auch bei politischen Machenschaften, mit denen uns allen Schaden zugefügt werden soll – selbst dann, wenn die Pläne gut getarnt werden. Die dahintersteckenden Absichten wurden mir immer intuitiv sofort klar. Das ist bis heute so.

Darauf allein beschränkt sich der Wissensfluss aber nicht. Über das Wohlergehen mir nahestehenden Personen flossen mir ebenfalls von innen heraus wichtige Informationen zu. Zum Beispiel, wenn jemand Hilfe benötigte, weil es ihm schlecht ging.

Es waren überwiegend Informationen, die ich niemals über meine körperlichen Sinne hätte erfahren können. Natürlich habe ich meinem inneren Wissen vertraut und entsprechend darauf reagiert. Ein weiterer Vorteil der Nutzung von innerem Wissen besteht darin, andere Menschen sehr schnell richtig einschätzen zu können.

Das innere Wissen ist von unschätzbarem Wert, wenn es um Fragen von Vertrauen und Glaubwürdigkeit geht. Inneres Wissen kann helfen, nur noch solchen Personen Vertrauen entgegenzubringen, die tatsächlich vertrauenswürdig sind. Das erspart schmerzhafte Enttäuschungen. Es hilft, besonders solche Personen zu entlarven, die aufgrund charakterlicher Deformationen darin geübt sind, anderen Menschen ein Bild von sich vorzutäuschen, das in keiner Weise ihrem wahren Wesen entspricht, wie es bei Narzissten und Psychopathen regelmäßig der Fall ist.

Wer inneres Wissen nutzt, kommt sehr schnell dahinter, wie unverschämt psychopathische und narzisstische Politiker mit dem unschuldigsten Gesicht und dem freundlichsten Lächeln uns Bürger anlügen, während sie in Wahrheit daran arbeiten, uns möglichst schwer zu schaden. Solche psychisch Kranken sind Spezialisten darin, durch ihre äußere Erscheinung und ihr seriöses Auftreten andere Menschen zu blenden. Dennoch können sie durch die Nutzung von innerem Wissen sehr schnell enttarnt werden.

Insofern ist die weitverbreitete Meinung, dass Gedanken im Kopf eingeschlossen wären, auch nur ein Glaubenssatz, aber ein einschränkender, der geändert werden kann, wenn man es denn will.

Nun ist ein intuitives Vorauswissen keine Fähigkeit, über die nur ich allein verfüge. Umfangreiches Wissen über die Zukunft und über andere Menschen ist grundsätzlich in uns allen vorhanden und viele nutzen es auch, allerdings oft völlig unbewusst. Diese Tatsache erklärt, warum sich unter anderem Menschen urplötzlich vor dem Abflug entscheiden, ein Flugzeug nicht zu besteigen, welches dann später abstürzt. Der Grund für diese Entscheidung war das Vorauswissen, das als solches noch nicht einmal ins Tagesbewusstsein dringen muss, um die richtige Reaktion auszulösen.

Ein bekanntes und eindrucksvolles Beispiel für die umfangreiche Nutzung des inneren Wissens war der sogenannte „schlafende Prophet" Edgar Cayce aus den USA. Cayce (* 1877; † 1945) war ein US-amerikanisches Medium. Ihm wurden Fragen von Ratsuchenden gestellt, die gewöhnlich nicht anwesend waren. Er gab seinen Kunden präzise Antworten zu Fragen über Themen wie Gesundheit und Reinkarnation, während er sich in Trance befand. Es war ihm in diesem Zustand möglich, detailliertes Wissen über andere Menschen aus seinem eigenen Unbewussten zu beziehen. [131]

Seine Kundschaft nannte ihm Namen, Ort und Geburtsdatum eines Kranken. Danach legte sich Cayce auf ein Sofa, versetzte sich selbst in Trance und begann mit Erklärungen, die die Krankheit und ihre Ursachen dieser Person oft überraschend exakt darstellten. Im Zustand der Trance machte er sehr genaue medizinische Angaben zur Heilung, die dem Kranken helfen würden, obwohl ihm diese kranken Personen völlig unbekannt waren und er ihnen niemals persönlich begegnet war. Eine Gehilfin notierte die Mitteilungen, die anschließend den Angehörigen des Kranken übergeben wurden.

Später bezog er Antworten auf Fragen nach früheren Leben und Karma mit ein, um den Ratsuchenden zu helfen, ein besseres Leben zu führen.

Cayce begab sich innerhalb von 43 Jahren zwischen 1901 und 1944 schätzungsweise rund 25.000- bis 30.000-mal in Trance; seine Antworten nannte er readings (Lesungen). Derzeit sind schriftliche Notizen von rund 14.000 readings verfügbar. Die Notizen sind noch heute einsehbar im „Edgar Cayce Center" in den USA und in 25 weiteren Ländern. Die erhaltenen Aufzeichnungen behandeln unter anderem diese Themen:

Ursprung und Schicksal der Menschheit:

Cayce lehrte, dass die Seelen mit dem Bewusstsein ihrer Einheit mit Gott geschaffen wurden. Die Erde samt ihren bekannten Grenzen wurde seiner Meinung nach als ein Ort für angemessenes spirituelles Wachstum erschaffen.

Reinkarnation:

Cayce lehrte die Existenz von Reinkarnation und Karma, allerdings als Instrumente eines liebenden Gottes. Nach Cayce ist der Sinn und Zweck von beidem, dass wir bestimmte spirituelle Lektionen gelehrt bekommen.

Körper, Geist und Seele:

Cayce berief sich oft auf diese drei Begriffe oder ihre Synonyme, um die menschliche Beschaffenheit zu beschreiben. „Die Seele ist das Leben. Der Geist ist der Bauherr. Die Physis ist das Resultat." Diese Beschreibung kennen wir bereits von Paracelsus, dem großen Heilkundigen.

Meditation:

Neben besonderen Meditationstechniken lehrte Cayce insbesondere das Öffnen für göttliche Einflüsse. In seinen Bänden The Search For God (Die Suche nach Gott) schrieb er: „Durch unsere Gebete sprechen wir zu Gott. In der Meditation spricht Gott zu uns."

Außersinnliche Wahrnehmung:

Cayce akzeptierte psychische Experimente und außersinnliche Wahrnehmung als natürliches Nebenprodukt des Seelenwachstums. Nach ihm spricht Gott in Träumen oder durch Intuition zu uns.

An der Echtheit von Cayces Sitzungen und der praktizierten Art der Wissenserlangung besteht nicht der geringste Zweifel. An vielen Sitzungen nahmen ungläubige Experten teil, um die Vorgänge als Scharlatanerie zu entlarven. Sie wurden alle eines Besseren belehrt.

Dennoch werden Cayces Äußerungen bis heute von Vertretern aus den Reihen der irregeleiteten Wissenschaft, die an die tote Materie glauben, wie auch von den dogmatisch verblendeten Führern der evangelischen und katholischen Kirchen, aufs heftigste bestritten und bekämpft. Diese Bedauernswerten sind zumeist unbelehrbare Dogmatiker, die außerstande sind, korrekt zu denken. Es ist ihnen leider nicht bewusst, dass sie ihre weitere menschliche Entwicklung mit diesem Verhalten selbst behindern.

Ein wichtiger Schlüsselbestandteil des irdischen Lebens ist laut Cayce das Karma. Das Wort Karma ist ein Sanskrit-Begriff, der „Arbeit, Tat oder Handlung" bedeutet; es wird auch oft so interpretiert, dass es „Ursache und Wirkung" bedeutet. Das bedeutet, dass unsere Handlungen nicht nur Auswirkungen auf uns selbst haben, sondern auch auf die Menschen um uns herum und auf die Welt im Allgemeinen. Insgesamt ist Karma ein Konzept, das uns dazu ermutigt, achtsam zu sein und bewusst zu handeln. Es erinnert uns daran, dass unsere Handlungen Konsequenzen haben und dass wir die Macht haben, unser Leben und unsere Welt zu gestalten. Karma soll uns lehren, solchen Gedanken, Worten und Handlungen den Vorzug zu geben, die erfreuliche Auswirkungen auf andere Menschen haben.

Das Karma betrifft immer nur uns selbst, nicht andere Menschen, auch wenn diese an unserem Schicksal teilnehmen. Es geht immer nur um die eigene Weiterentwicklung, die durch das Karma gefördert wird, auch dann, wenn andere Menschen in die für das nächste Leben geplanten Erfahrungen einbezogen werden. Zum Beispiel, wenn Mörder und Opfer ihre Rollen tauschen.

Mit unserem freien Willen können wir die Herausforderungen, die uns das Leben beschert, als Sprungbretter in Richtung Wachstum verwandeln, oder wir können sie als Hindernisse und Stolpersteine sehen und resignieren. So oder so ernten wir, was wir gesät haben.

Die gute Nachricht ist, dass unsere Talente und Fähigkeiten nie verloren gehen. Wenn wir eine Fähigkeit in einem Leben entwickelt haben, steht sie uns auch in weiteren Leben zur Verfügung. Unsere Fähigkeiten werden in die Richtungen geleitet, die uns am besten helfen, unseren Zweck für ein bestimmtes Leben zu erfüllen. Weil es Zeit nicht gibt und alle Leben in der zeitlosen Dimension praktisch gleichzeitig stattfinden, stehen alle neu erworbene Fähigkeiten nicht nur den folgenden, sondern auch den Individuen in den in „früheren" Leben zur Verfügung.

Wenn wir sterben, treten wir nicht sofort in das nächste Leben ein, denn zunächst wird uns die Chance gegeben, eine Bestandsaufnahme von allem zu machen, was wir in dem nun beendeten Leben erfahren und gelernt haben und wo wir in der Entwicklung stehen. Eine wichtige Lehre besteht darin, dass wir konfrontiert werden mit den Folgen unserer Taten. Wir erfahren, wie unsere Handlungen auf die betroffenen Menschen gewirkt haben und wie sie empfunden wurden.

Dann entscheiden wir für uns selbst, welche Lektionen wir als Nächstes lernen müssen. Wenn wir in die Ebene der dreidimensionalen Welt zurückkehren wollen, ist es wahrscheinlich, dass wir uns entscheiden, unter den Menschen zu sein, die wir vorher gekannt haben. Das tritt häufig auf und wird als Bewusstseinsfamilien bezeichnet. Wir können wählen, ob wir männlich oder weiblich in einem bestimmten Leben geboren werden. Die Entscheidungen für ein bestimmtes Leben werden so getroffen, dass sie den gewünschten Zweck am besten erfüllen. Wir wählen die Umgebung (Eltern, Familie, Lage, Zeitraum usw.) aus, die es uns am besten ermöglicht, die Lektionen zu lernen, die wir für unsere seelische Entwicklung benötigen.

Wir treffen Verabredungen mit anderen Menschen, die wir anschließend vergessen und oft kommt es vor, dass Rollen getauscht werden. Der Mörder im vergangenen Leben wird zum Mordopfer im nächsten. Das ist nicht ungewöhnlich.

Reinkarnation ist ein Konzept, dass uns ermöglicht, mehr Mitgefühl und Verständnis füreinander zu haben. Es ist ein Weg, wie wir gehen können, um alle Facetten des Lebens gezielt zu betrachten. Wenn wir das Schicksal anderer Menschen betrachten, sollten wir immer bedenken, dass wir in die dahintersteckende Lektion keinen Einblick haben. Wenn wir einem „Penner" begegnen, sollten wir uns bewusst machen, dass es sich um ein selbstgewähltes Schicksal handelt, um eine spezielle Lektion zu lernen.

Um in jedem Bereich dazulernen und sich weiterzuentwickeln zu können, ist es unerlässlich, den eigenen Verstand einzusetzen und sich vorurteilsfrei auch mit solchen Fakten auseinanderzusetzen, die den bisherigen Ansichten komplett widersprechen. Man muss bereit sein, alles bis dahin für richtig gehaltene Wissen infrage zu stellen und zu korrigieren, wenn beweisbare Informationen hinzukommen, die unvereinbar mit dem gegenwärtigen Wissensstand sind. Ohne diese Art des Denkens ist menschlicher Fortschritt nicht möglich.

Ich hoffe, dass du klüger bist als solche ideologisch versteinerten Personen. Cayce hatte immer wieder hervorgehoben und betont, dass jeder Mensch die Fähigkeit besitzt, inneres Wissen zu erschließen und für sich nutzbar zu machen. Ich habe die Erfahrung gemacht, dass es stimmt.

Damit bin ich aber nicht der Einzige. Ein guter Freund von mir bekommt aus seinem Inneren immer wieder wertvolle Informationen in Form von Vorauswissen. In bestimmten Situationen weiß er meistens etwa 10 – 30 Sekunden vorher, was als Nächstes geschehen wird. Diese Informationen tauchen urplötzlich in seinem Bewusstsein auf und weisen ihn auf mögliche Komplikationen hin, die sich ergeben könnten, wenn ein soeben gefasster Entschluss oder der eingeschlagene Weg weiterverfolgt wird. [134]

Ein typischer Fall ist diese Geschichte. Er wollte mit seiner Frau und dem Hund in der bewaldeten Gegend an einem See in Kiel spazieren gehen. Der Spazierweg gabelte sich in einiger Entfernung Y-förmig auf, ein Weg ging nach links, der andere nach rechts. Die beiden weiterführenden Wege waren aber aufgrund der landschaftlichen Gegebenheiten von seinem Standpunkt aus nicht einsehbar.

Unvermittelt drang ihm ins Bewusstsein, dass gleich von rechts ein Mann mit zwei Hunden kommen würde. Ein direktes Zusammentreffen mit ihm könnte zu einer unerwünschten Kabbelei der Hunde führen. Also sagte er zu seiner verblüfften Frau, dass es besser wäre, noch einen Moment zu warten, denn von rechts würde gleich ein Mann mit zwei Hunden kommen.

Wie zuvor erwähnt, der Weg war nicht einsehbar und es gab auch sonst keine Hinweise auf dieses Trio. Also warteten mein Freund und seine verwunderte Frau eine kleine Weile. Nach geschätzt etwa 15 Sekunden tauchte der Mann mit seinen zwei Hunden dann auf und verschwand in der anderen Weggabelung. Nun war der weitere Spazierweg wieder frei.

Solche und ähnliche Dinge erlebt mein Freund immer wieder. Unvermutet taucht Wissen in seinem Bewusstsein auf, das er nutzen kann, um Unannehmlichkeiten zu vermeiden. Das gilt besonders im Straßenverkehr, wo er mitunter viele Augenblicke vorher weiß, dass ein Autofahrer vor ihm abrupt bremsen wird, um nur ein Beispiel anzuführen.

Wenn es richtig wäre, dass Gedanken im Kopf eingeschlossen sind, weil der Mensch zufällig aus toter Materie entstand und sein Leben zu 100 % von einem intakten Körper abhängig ist, kann es logischerweise weder solche Möglichkeiten von Vorauswissen, noch spirituelles Heilen geben. Gemeint ist damit ein Heilen, das komplett auf einer rein geistigen, telepathischen Ebene stattfindet. Dabei handelt es sich um einen Bereich, der sich völlig außerhalb der menschlichen Sinneswahrnehmung befindet.

In Großbritannien, wo es nicht die strikte Abgrenzung der wissenschaftlich geprägten Schulmedizin von den alternativen Heilern gibt, wie es in Deutschland üblich ist, arbeiten Krankenhäuser und spirituelle Heiler zum Wohle der Patienten vorurteilsfrei zusammen. Bei uns im Lande wäre das kaum möglich, weil die Standesregeln der Mediziner eine solche Zusammenarbeit nicht erlauben. Dementsprechend gibt es in Deutschland auch keine aussagekräftigen Berichte oder gar Studien zu diesem Thema.

Mangels positiver Berichte fällt es der Schulmedizin daher leicht, alternative Heilmethoden als Scharlatanerie zu diffamieren. In England ist das nicht möglich. Dort gibt es eine erste wissenschaftliche Studie zum Thema spirituelles Heilen, die die hohe Wirksamkeit dieser Methode eindrucksvoll beweist.

Die Studie geht auf eine Initiative der Geistheilerin Sandy Edwards zurück. Ihr gelang es, die finanziellen Mittel zu beschaffen und die renommierte Universität von Birmingham für die wissenschaftliche Leitung der Studie zu gewinnen. Die zweijährige Forschung führte zu sensationellen Ergebnissen, die nicht mehr den geringsten Zweifel daran lassen, dass spirituellen Heilen tatsächlich wirkt, selbst bei schwersten Erkrankungen wie Gicht, Lähmungen oder Krebs. Bedauerlicherweise wird diese Studie vom medizinischen Establishment und den Mainstream-Medien ignoriert. [135]

Diese Ignoranz muss aber niemanden wirklich verwundern, denn wenn Allgemeinwissen wird, dass geistiges Heilen tatsächlich funktioniert, und dieses auch noch ohne gesundheitsschädigende Nebenwirkungen, dann fallen die Aktienkurse von Pfizer und Co. in den Keller. Dann kann man den Menschen keine Angst mehr mit Krankheiten machen und sie auch nicht mehr mit Impfbrühen zwecks Ausrottung traktieren.

Verständlicherweise gefällt besonders Bill Gates, dem Großaktionär von Pharmakonzernen, diese Entwicklung nicht, weshalb er mehrere hundert Millionen US-Dollar an Medien und Verlagshäuser „spendet", damit sie in seinem Sinne, also möglichst NICHT von dieser Studie, berichten.

Diese gigantische Quelle an innerem Wissen steht auch dir zur Verfügung, aber eine gezielte Ausrichtung der Glaubenssätze ist der einzig mögliche Weg, sich die innere Wissensquelle zunutze zu machen. Man muss entsprechend denken und glauben. Letzteres heißt, man suggeriert sich selbst die entsprechenden Glaubenssätze ein. Sie könnten etwa so lauten:

„Ich gebe alle Glaubenssätze auf, die schlecht für mich sind, ich versuche nicht, etwas zu erzwingen. Ich habe volles Vertrauen in mein Inneres Selbst, es versorgt mich jetzt mit nützlichen Informationen. Ich habe Teil am Wissen meines Inneren Selbst! Ich beziehe jetzt nützliches Wissen von innen! Ich erfahre alles, was für mich wichtig ist. Das glaube ich jetzt und alle gegenteiligen Gedanken haben keine Gültigkeit mehr für mich."

Wie immer bei einer Veränderung des bisherigen Glaubenssatzsystems ist es wichtig, an keinen gegenteiligen Glaubenssätzen mehr festzuhalten, wenn der neue Glaubenssatz sich realisieren soll. Wenn dir bisherige Überzeugungen ins Bewusstsein drängen, dann überlege genau, ob sie noch zu deinen neuen Absichten passen oder ob sie nicht eher hinderlich sind. Wenn du beispielsweise weiterhin glaubst *„Hinterher ist man immer schlauer"*, wirst du das volle Potenzial des Vorauswissens kaum nutzen können. Weitere gute Glaubenssätze in diesem Zusammenhang sind:

Ich lasse mich durch nichts und niemanden zu meinem Schaden oder Nachteil manipulieren oder beeinflussen.

Ich denke selbst und bilde mir immer meine eigenen Meinungen.

Ich durchschaue die Menschen sehr schnell.

Ich merke es sofort, wenn ich belogen werde.

Für spirituell ungebildete Menschen und solchen, die am materialistischen Weltbild festhalten, mag es ja unglaublich sein, dass Wissen auch von innen heraus zu bekommen ist, aber lasse dich von dummen Zweiflern nicht ablenken.

Mache dir immer wieder dieses bewusst: Du bist auf dieser Welt, um deine Lektionen zu lernen und dich um deinen individuellen Fortschritt zu kümmern! Es geht um dich! Es geht um deine Entwicklung! Das Lernen deiner Lektionen für steht für dich im Vordergrund!

Ein angstfreies Leben führen

Angst ist nicht generell etwas Schlechtes, sondern auch eine mobilisierende Emotion. In besonderen Fällen sind Menschen, die sich vor einer drohenden Gefahr ängstigen, manchmal zu Leistungen fähig, zu denen sie unter normalen Umständen nicht in der Lage gewesen wären. Dann ist die Empfindung von Angst eine gesunde Reaktion auf eine bedrohliche Situation. Schädigend ist die Angst, wenn sie dauerhaft und ohne adäquaten Grund empfunden wird, wie beispielsweise bei einem Gefühl des unkontrollierbaren Ausgesetztseins in einer Welt voller Gefahren.

In einigen Fällen kann sich Angst zu einer generalisierten Angststörung ausweiten. Der Betroffene befürchtet, die normalen Alltagsdinge nicht mehr bewältigen zu können. Es entsteht eine große, aber unbegründete Angst vor Unfällen, Krankheit oder Missgeschicken aller Art. Im Kopf kreisen die Gedanken ständig um die befürchteten Szenarien.

Die beste Möglichkeit, wenn du dir dauerhaft die Lebensfreude zerstören willst, besteht also darin, exakt solch ein Leben in ständiger Angst zu führen. Angst ist ein mächtiger und zuverlässiger Killer von Happiness, Heiterkeit und Unbeschwertheit. Wenn das Gefühl der Angst die dominierende Kraft des täglichen Lebens ist, wird jeder neue Tag zu einer neuen Bedrohung der Existenz. Die Angst wird jeden Anflug von Wohlbefinden ersticken.

Überdies kann Angst krank machen, denn der Körper reagiert mit unterschiedlichen Symptomen auf permanente Angstzustände oder Panikgefühle. Zu den häufigsten Beschwerden gehören: Herzrasen, Atemnot, Schwindel, Schwitzen, Zittern, Mundtrockenheit, Enge im Hals, Druck oder Enge in der Brust, Übelkeit, Muskelverspannungen, Magen-Darm-Symptome, Hitzewallungen oder Kälteschauer, Kribbeln, zum Beispiel in den Beinen oder Händen, und vieles mehr.

Die Kenntnis dieser Zusammenhänge gehört zum Basiswissen jedes Heilkundigen. Es ist deshalb eine Ungeheuerlichkeit, wenn ein Strategiepapier zur Aufklärung der Öffentlichkeit über die Coronapandemie nicht von Medizinern, sondern von Fachfremden ausgearbeitet und verbreitet wurde. Aber genau das ist geschehen.

Zu Beginn der Coronapandemie entschloss sich das Bundesinnenministerium, die Bürger mit Panikmache zur Duldung der geplanten, aber unverhältnismäßigen Maßnahmen zu nötigen. Um bei den Bürgern die Akzeptanz der massiven Freiheitsbeschränkungen zu erreichen, setzten die verantwortlichen Politiker auf eine bewusst übertriebene Schockwirkung. Zu dem Zweck ließen sie ein Strategiekonzept erarbeiten, dass die Menschen gezielt in Angst und Panik versetzen sollte, wie auf Seite 119 beschrieben.

Die wesentlichen Passagen dieses Horrorkonzeptes stammten aus der Feder eines kommunistischen Mao-Fans, der zwar viel von totalitärer Diktatur versteht, aber nichts von Medizin. In dem Panik-Konzept wurden für die Öffentlichkeit drei konkrete Szenarien ausgemalt. [126] [127]

Das erste Szenario beschrieb die fiktive Situation, dass viele Schwerkranke von ihren Angehörigen ins Krankenhaus gebracht, aber abgewiesen wurden. Die Kranken starben daraufhin qualvoll nach Luft ringend zu Hause. Beide Situationen, das Ersticken, sowie den in Lebensgefahr schwebenden Angehörigen nicht helfen zu können, sind Urängste der Menschen.

Das zweite Szenario empfahl den Kindern Angst zu machen. Den Kindern sollte eine Schuld am Tode der Eltern eingeredet werden. Wenn Kinder sich trotz Ausgangsbeschränkungen bei Nachbarskindern infizieren und anschließend ihre Eltern anstecken, die daraufhin qualvoll zu Hause versterben, sollten die Kinder das Gefühl bekommen, schuldig daran zu sein. Es ist das Schrecklichste, was ein Kind jemals erleben kann.

Das dritte Szenario sah vor, auf mögliche Langzeitschäden aufmerksam zu machen. Es sollte betont werden, dass selbst anscheinend Geheilte nach einem milden Verlauf jederzeit Rückfälle erleben könnten, die dann ganz plötzlich durch Herzinfarkt oder Lungenversagen tödlich enden würden, weil das Virus unbemerkt den Weg in die Lunge oder das Herz gefunden hatte.

Es ging nie um sachliche Aufklärung, oder um die Frage, wie die Pandemie am besten einzudämmen wäre, sondern immer nur darum, die Bürger in Angst und Panik zu versetzen, um von vornherein keinen Widerstand gegen die zerstörerische Politik entstehen zu lassen. Jede Kritik an den geplanten Maßnahmen, wie z. B. Ausgangsbeschränkungen oder Verbot von Restaurantbesuchen sollte in Anbetracht der gigantischen Auswirkungen der Coronapandemie als unvertretbar erscheinen. [128] [129]

Die Folgen einer solchen Angstmache können beträchtlich sein. Häufig entwickeln Betroffene neue Verhaltensweisen, um die angstauslösende Situation zu vermeiden. Das kann zu sozialem Rückzug führen und die Lebensqualität schwer beeinträchtigen, wenn angstvolle Menschen die Kontakte zu anderen Menschen meiden, nicht mehr zur Arbeit gehen oder nicht mehr mit öffentlichen Verkehrsmitteln fahren, oder keine Theater oder Kinos mehr besuchen, oder nicht mehr in Restaurants einkehren.

Inzwischen gab es einen Regierungswechsel und damit den neuen Gesundheitsminister Karl Lauterbach. Der toppte zügig die Panikmache seines Vorgängers Spahn. Statt sachliche Aufklärung gab es von Lauterbach ständig neue Horrorvisionen zwecks Panikmache. Sogar Bundesjustizminister Marco Buschmann (FDP) bezichtigt seinen Kabinettskollegen Karl Lauterbach (SPD) inzwischen der Panikmache in der Corona-Politik. [130]

Der Grund für dieses Verhalten lässt sich kaum leugnen. Die gezielte Angstmacherei soll die Fähigkeit der Bürger zum rationalen Denken einschränken.

Menschen in Panik haben beträchtliche Probleme damit, einen klaren Kopf zu behalten und die Ruhe zu bewahren. Bei vielen Betroffenen überwiegt in Situationen der Angst die Neigung, die angebotene Hilfen völlig kritiklos zu ergreifen. In solchen Ausnahmesituationen wird nicht lange überlegt, sondern oft schnell und unüberlegt gehandelt. Im konkreten Fall der Coronapandemie führt die Panikmache häufig zur Akzeptanz der vermeintlich lebensrettenden Impfspritze, die man sich geben lässt, ohne über die Risiken und Nebenwirkungen ausreichend informiert worden zu sein.

Die Strategie der Panikerzeugung und Angstmacherei findet sich auch bei der zweiten aufgebauschten Bedrohung – dem angeblich von Menschen verursachten Klimawandel. Auch in diesem Fall soll die Panikmache eine sachgerechte Überprüfung der Fakten verhindern und zu schnellen und vor allem unüberlegten Zustimmungen der Bürger zu drastischen „Rettungsmaßnahmen" führen.

Die von den globalen Verschwörern geförderte Klima-Ikone Greta Thunberg macht sich nicht einmal mehr die Mühe zu vertuschen, dass es nur darum geht, dich in Panik zu versetzen. Ihr Buch trägt ganz offen den Titel:

„Ich will, dass ihr in Panik geratet!"

So viel Unverschämtheit erlebt man nicht alle Tage. Denn jemanden in Panik zu versetzen, geht für den Betroffenen immer einher mit starken Stressreaktionen des gesamten Organismus. Es kann zu vielfältigen vegetativen, körperlichen und psychischen Beschwerden kommen. Das Gift der Panik kann krank machen. Das Verhaltensspektrum eines von Panik befallenen Menschen wird stark eingeschränkt und die Angst kann zunehmend zum handlungsleitenden Motiv werden. Bei zunehmender Panik besteht die Gefahr, dass die Reaktionen des Menschen nicht mehr kontrollierbar sind. Es kann beispielsweise zu einer lähmenden Starre oder einem kopflosen

Fluchtverhalten kommen. In jedem Fall wird die Fähigkeit zum rationalen Denken eingeschränkt.

Wir können davon ausgehen, dass die Drahtzieher hinter Greta Thunberg keine angemessene Reaktion auf den behaupteten Klimawandel auslösen wollen, sondern ganz bewusst eine Verminderung des rationalen Denkens bei den Menschen anstreben, um eine Diskussion über diese Thematik zu vermeiden. Denn umso leichter kann man dich in die Irre führen. Darum verliere nie diesen Grundsatz aus den Augen:

Das BÖSE kommt immer Gewand des GUTEN daher!

Das ist auch hier wieder der Fall! Aber – zu solchen Interaktionen gehören immer zwei! Einer der Panik verbreiten will und ein weiterer, der sich in Panik versetzen lässt. Wir werden Greta Thunberg und ihre Komplizen nicht überzeugen können, von ihren destruktiven Plänen zu lassen. Den Erfolg der Panikmache können wir trotzdem unterbinden, indem wir bei uns selbst anfangen und uns nicht in Panik versetzen lassen.

Angst vor solchen Dingen und Personen zu haben, bedeutet im Wesentlichen, dass wir uns auf die absurde Realität der Panikmacher einlassen. Wir geben ihnen Macht über uns. Damit räumen wir ihnen einen unangebrachten Einfluss auf uns und unser persönliches Schicksal ein.

Besser ist es, die ständig verkündeten Panikbotschaften auf ihren Wahrheitsgehalt hin zu überprüfen und sie zurückzuweisen. Frage dich immer selbst, was genau das für Dinge sind, die du fürchten sollst. Sind sie für dich tatsächlich eine Gefahr? Oder musst du dich vor den aufgebauschten Bedrohungen gar nicht fürchten, weil sie nun mal nicht deine Realität sind?

Stelle dich deinen Ängsten. Sei ehrlich zu dir selbst und untersuche genau, was dir Angst macht. Was sind die Dinge, die du fürchtest? Angst ist im

Wesentlichen eine Emotion deiner Innenwelt, die auf Dinge oder Umstände der Außenwelt projiziert wird. Denn grundsätzlich sind die Erlebnisse eines Menschen in der äußeren Welt ein Abbild seiner Innenwelt.

Ereignisse geschehen nach der Regel, die schon der spirituelle Lehrer Jesus den Menschen immer wieder deutlich gemacht hatte:

Dir geschieht nach deinem Glauben.

Gemeint ist damit nicht der Glaube an Gott, an die Kirche oder an eine Religion, sondern der Glaubenssatz, den du für richtig und gültig hältst. Diese Regel ist auch die einzige Möglichkeit, um unliebsame Erlebnisse in der Außenwelt zum Besseren zu verändern. Es gilt schlechte Glaubenssätze durch bessere zu ersetzen, oder sich überhaupt positiv wirkende Glaubenssätze anzueignen, wenn man bisher keine hatte.

Schau dir also genau an, was dir vielleicht Angst machen könnte, welcher deiner Glaubenssätze die Basis einer starken Angst ist.

Angst vor dem eigenen Tod?

Die kann man haben, muss man aber nicht. Der Tod ist ein unverzichtbarer Bestandteil des irdischen Lebens. Ohne den Tod wäre das Leben auf der Erde nicht möglich. Alle Lebewesen streben vom Tag ihrer Geburt an unaufhaltsam dem eigenen Tod entgegen. Der Tod kommt für jeden von uns so sicher, wie auf den Tag die Nacht folgt.

Kein Mensch kann dem Tod entkommen! Egal, wie gesund man sich ernährt, oder wie sehr man jedes Risiko vermeidet oder den Kontakt zu anderen Menschen auch reduziert, um am Leben zu bleiben. Es hilft trotzdem nichts! Irgendwann schlägt für jeden die letzte Stunde!

Der Tod eines Menschen ist etwas sehr Individuelles. Jeder stirbt seinen eigenen Tod, unabhängig davon, wie und wann andere Menschen sterben werden. Der eigene Tod wird nicht dadurch entsetzlicher, weil er zugleich mit dem Tod vieler anderer Menschen stattfindet. Auch bei einem Massensterben bleibt der eigene Tod ein ganz persönliches und unvermeidbares Ereignis, das jeden von uns eines Tages ereilen wird.

Bei nüchterner Betrachtung ist der Tod nichts, was ein Mensch fürchten muss. Hängt jemand der materialistischen These an, dass der Tod die endgültige Auslöschung einer Persönlichkeit bedeutet, dann muss man sich davor nicht fürchten, weil in diesem Fall das menschliche Bewusstsein samt allen Empfindungen komplett beendet wird. Das auf den Tod folgende Nichts verhindert, dass man ein Bedauern über das Ende des irdischen Lebens empfinden könnte. Der Verstorbene ist durch die Auslöschung seines Bewusstseins außerstande, überhaupt noch irgendetwas zu spüren, zu fühlen, zu denken oder zu beurteilen. Mit dem Tod endet jegliches Empfinden, inklusive eines möglichen Bedauerns oder Schmerzes über das Ende der irdischen Existenz.

Wenn du hingegen erkannt hast, dass dein Tod nicht die Auslöschung deiner Person bedeutet, sondern dass deine eigene Existenz den körperlichen Tod unbeschadet überdauert, musst du diesen Vorgang ebenfalls nicht mehr fürchten. Du kannst dich freuen, dass dein Leben ungehindert weitergeht. Das ist zugleich der einzig richtige Standpunkt, denn der Mensch ist in Wahrheit ein lebendiges, energetisches Bewusstsein, ein Energiepersönlichkeitskern, der ewig lebt und nicht ausradiert werden kann.

Unabhängig davon, welcher Lebensauffassung die Menschen auch anhängen mögen, emotionslos betrachtet, gibt es keinen triftigen Grund, den unvermeidbaren Tod zu fürchten.

Das Einzige, was man mit panischer Furcht, sinnloser Risikovermeidung und Isolation aus Angst vor Krankheit und Tod wirklich verhindern kann, ist die gegenwärtige Freude am Leben!

Wir können uns vielleicht nicht aussuchen, wie und wann wir sterben, aber wir können uns immer aussuchen, wie wir leben - entweder voller Angst oder voller Freude am Dasein! Mein Tipp: Genieße den Tag, Angst haben kannst du später immer noch, wenn es dir vielleicht einmal wichtig werden sollte!

Angst vor dem Tod von Angehörigen?

Die kann man haben, muss man aber nicht. Alle Menschen sind gleichermaßen Geistwesen, die in unserer Welt eine Verbindung mit dem materiellen Körper eingegangen sind, um Erfahrungen zu machen, die anders nicht möglich wären. Das betrifft auch unsere Angehörigen. Ihr Tod, ihr Abschied von dieser Welt ist ebenfalls unausweichlich. Aber auch sie leben als energetisches Bewusstsein weiter, genauso wie du.

Wir werden sie alle in anderen Sphären wiedersehen. Ihr irdischer Tod ist nur ein vorübergehender Verlust für uns. Sie bleiben uns als nahestehende Personen erhalten. Wenn du diese Tatsache verinnerlicht hast, dann weißt du, dass es ein Wiedersehen mit den geliebten Menschen gibt.

Angst vor Krankheit?

Die kann man haben, muss man aber nicht. Wenn du begriffen hast, dass das Bewusstsein die Materie erschafft und die Beschaffenheit deines Körpers durch deine Glaubenssätze geprägt wird, musst du Krankheit nicht mehr fürchten. Es kann dich niemand daran hindern, Glaubenssätze zu akzeptieren, die deiner Gesundheit dienen, auch wenn medizinische Experten so etwas für blanke Idiotie halten, wie etwa solche:

Kein Virus und keine Bakterie kann mir irgendetwas anhaben.

Ich bleibe gesund, solange ich es will.

Alle Heilkraft steckt in mir selbst.

Mit jedem Urinieren scheide ich alle eventuell aufgenommenen Krankheitskeime sofort wieder aus.

Ich entscheide selbst darüber, ob ich gesund oder krank bin.

Falls dir das zu unglaubwürdig erscheint, halte dir die erstaunlichen Praktiken des Mirin Dajo vor Augen, der viele hundert Male seinen Körper mit Florett und Säbel durchbohren ließ, ohne dass es ihm etwas anhaben konnte. Sein unerschütterlicher Glaubenssatz war, dass er unverletzlich wäre.

Angst vor Unfällen?

Die kann man haben, muss man aber nicht. Unfälle geschehen nicht aus heiterem Himmel heraus. Sie treffen den, der eine innere Anfälligkeit dafür hat. Um Unfälle zu vermeiden, kannst du Folgendes oder Ähnliches glauben:

Mein Inneres Selbst behütet und beschützt mich auf all meinen Wegen und führt mich stets sicher an mein jeweiliges Ziel.

Mir widerfährt kein Unheil, denn ich habe einen wirksamen und effektiven Schutzengel.

Gütige himmlische Mächte bewahren mich vor Schäden aller Art.

Angst vor dem Untergang der Welt?

Die kann man haben, muss man aber nicht. Zum einen kann in einem solchen Fall für dich nicht mehr geschehen, als ohnehin irgendwann geschehen wird: Du wirst sterben! Das steht fest. Zum anderen bist du nicht für das Schicksal der gesamten Welt verantwortlich. Du trägst vorrangig die Verantwortung für dein Handeln und Unterlassen in deinem eigenen Lebensbereich. Außerdem ist auch so ein Ereignis nicht wirklich endgültig, denn das Bewusstsein von Menschen, Pflanzen und Tieren überlebt auch dieses.

Angst vor Arbeitsplatzverlust?

Kann man haben, muss man aber nicht. Es mag sein, dass du momentan einen Arbeitsplatz hast, der dir aus vielerlei Gründen als unersetzlich erscheint. Es ist durchaus verständlich, wenn du seinen Verlust fürchtest. Aber ist die Furcht wirklich berechtigt? Beruht die Angst nicht eher auf deiner beschränkten und kleingeistigen Weltsicht, dass sich nach dem Ende dieses Jobs nichts Besseres finden lässt? Aber wie auch immer, wenn du tatsächlich verstanden hast, dass Gedanken zur Realität werden und dir nach deinem Glauben geschieht, kannst du diese Angst für immer begraben. Denn durch ein entsprechendes Denken kannst du problemlos dafür sorgen, dass für dich etwas Besseres kommt.

Das habe ich selbst in den letzten 30 Jahren mehrfach gemacht und immer wahre Wunder erlebt. Ich empfehle dir, so wie folgend oder ähnlich zu denken und unerschütterlich an die Verwirklichung zu glauben:

Mein Inneres Selbst kann Wunder wirken und scheinbar Unmögliches möglich machen. Mein Inneres Selbst sorgt dafür, dass ich einen supertollen Job bekomme, der viel besser ist als alles, was ich mir selber hätte ausdenken können. Es ist ein Job, den ich gut bewältigen kann und der mir das ganze Geld einbringt, dass ich brauche. Das erlebe ich jetzt, ich freue mich schon darauf.

Hier ist ein wahres Beispiel: Im Jahr 2022 musste ich einige außergewöhnlich große zusätzliche Ausgaben machen. Das hatte ich auf die oben beschriebene Weise mit dem „Herbeizaubern" eines gut bezahlten Jobs gemeistert. Ohne mein Dazutun, trat im Frühsommer die Personalabteilung unserer Kreisverwaltung an mich heran und bot mir einen sehr gut bezahlten Job als Angestellter in der Datenverarbeitung an. Das Angebot hatte ich angenommen, denn ich bin auch ausgebildeter EDV-Spezialist. Als 72-jähriger war ich der älteste Mitarbeiter, den die Behörde jemals neu eingestellt hatte.

Ich bin jeden Tag brav zum Dienst gegangen und habe zur völligen Zufriedenheit meiner Dienstherren die mir übertragenen Aufgaben erfüllt. Der Job hatte mir das zusätzliche Geld eingebracht, das ich derzeit benötigte. Viel Spaß gemacht hatte mir die Arbeit außerdem.

Angst vor dem Alleinsein?

Die kann man haben, muss man aber nicht. Niemand muss in unserer Gesellschaft wirklich allein sein, wenn man es nicht will. Es gibt für jeden von uns gute Freunde, die uns wohlgesonnen sind. Sofern du aktuell solche guten Freunde nicht hast, ist es kein Problem, diese zu bekommen. Auch in diesem Fall führen zielorientierte Glaubenssätze zur Erfüllung der Wünsche.

Ich treffe immer wieder nette Menschen, die meine Freunde sein möchten.

Ich gewinne schnell gute und ehrliche Freunde.

Ich bin ein guter Freund für die, die mich zum Freund haben wollen.

Angst vor Schicksalsschlägen aller Art?

Kann man haben, muss man aber nicht. Grundsätzlich hält das Leben unermesslich viel Gutes für jeden von uns bereit. Wir müssen nur offen dafür sein. Wir dürfen das Gute nicht durch unpassende Denkmuster aus unserem Leben verbannen und die Türen durch angstvolle Gedanken für schlechte Erfahrungen geöffnet halten. Die Angst verlierst du, wenn du dir Glaubenssätze zu eigen machst, die gute Erfahrungen nach sich ziehen. Zum Beispiel so:

Jeder neue Tag bringt mir reichlich Anlässe zur Freude und zur Dankbarkeit.

Ich habe ein wundervolles Schicksal, das angefüllt ist mit guten Erfahrungen.

Die Welt ist voller Liebe und Mitgefühl.

Mir widerfährt immer wieder Gutes, das mich glücklich und zufrieden macht.

Angst vor anderen Menschen?

Die kann man haben, muss man aber nicht. Tief in ihrem Inneren sind alle Menschen gut. Selbst die, die uns als Monster bekannt sind. Auch in ihnen ist das Bewusstsein unseres Schöpfers präsent. Diese Bösen sind nur bedauernswerte Geschöpfe, die den lauten Protest ihres Gewissens unterdrücken, wenn sie böse Taten begehen, die sie besser lassen sollten. Abgesehen von der kleinen Minderheit dieser Bösen sind die meisten Menschen gut und wollen auch nur Gutes tun und stehen anderen Menschen wohlgesonnen gegenüber. Wir müssen deshalb vor der großen Mehrheit aller Menschen keine Angst haben. Das unterstützt du mit solchen Glaubenssätzen:

Meine Mitmenschen sind mir wohlgesonnen.
Meine Mitmenschen akzeptieren mich so, wie ich bin.
Ganz intuitiv meide ich schlechte Menschen.
Ich glaube an das Gute in den Menschen.

Angst vor einem Krieg?

Die kann man haben, muss man aber nicht. Kriege gehören zu den großen, selbst gemachten Katastrophen der Menschheit. Kriege sind extreme Gewaltexzesse, für die es keine Rechtfertigung gibt. Kein Krieg kann mit weiterer Gewaltanwendung gestoppt werden. Ein Kriegsgeschehen mit der Lieferung von Waffen und Munition an eine Partei beenden zu wollen, ist so, wie Benzin in ein loderndes Feuer zu gießen, um es zu löschen. Besser ist es, davon abzusehen und unerschütterlich an den Frieden zu glauben!

Aber auch für einen möglichen Tod im Krieg gilt die Tatsache, dass er nicht die Auslöschung deiner Persönlichkeit bedeutet. Du bist ein Geistwesen, ein Energiepersönlichkeitskern aus Bewusstsein, das den körperlichen Tod unbeschadet überdauert. Du überlebst auch den Tod in einem Krieg!

Jeder Krieg endet nur durch die Einstellung der Kampfhandlungen. Je schneller dieses Ende herbeigeführt wird, umso weniger Menschen werden sterben. Für jeden friedliebenden Menschen bedeutet es, sich nicht an der Gewalt zu beteiligen. Weder aktiv an Kämpfen, noch durch sonstige Unterstützungen oder auch nur verbale Äußerungen.

Angst vor Versagen?

Die kann man haben, muss man aber nicht. Wir alle kennen Situationen, in denen wir uns bewähren müssen. Versagensängste basieren auf Vorstellungen und Gedanken, die unseren gewünschten Ergebnissen zuwiderlaufen. Versagensängste entstehen, wenn die Möglichkeit eines Scheiterns als wahrscheinliche Alternative zu viel Dynamik bekommen hat. Wenn du eine anstehende Situation meistern willst, dann empfehle ich dir diese Glaubenssätze zu verinnerlichen:

Ich meistere jede Situation zu meiner vollen Zufriedenheit.

Ich bin der Meister meines Schicksals.

Ich bin den Anforderungen meines Lebens gewachsen.

Ich kann es und ich schaffe es.

Angst vor unbekannten Situationen?

Die kann man haben, muss man aber nicht. Glaubst du unerschütterlich an einen guten Ausgang aller deiner Angelegenheiten, brauchst du dich kaum noch vor irgendetwas zu fürchten, denn es wird immer für dich gut ausgehen.

Ich glaube an einen guten Ausgang aller meiner Angelegenheiten.

Für mich geht immer alles gut aus.

Und wenn irgendeine Sache auch noch so bedrohlich aussieht, sie geht trotzdem gut für mich aus, dafür sorgt mein Inneres Selbst.

Lasse die Angst niemals über dein Leben bestimmen. Ein Leben frei von Angst zu führen, ist viel wichtiger, als ein Leben frei von Not. Schaue dir ganz unvoreingenommen die Angst verursachenden Glaubenssätze in deiner Psyche an. Die kannst du nämlich ändern! Du kannst sie sehr einfach in bessere Überzeugungen transformieren.

Bedenke immer dieses – Gedanken werden zur Realität!

Darin liegt deine große Freiheit! Über den weiteren Gang deines Schicksals entscheidest du selbst durch die Auswahl deiner bewussten Gedanken.

Das Einsuggerieren neuer Glaubenssätze ist sehr einfach. Allerdings muss man einige Regeln beachten. Zum einen ist es nützlich und sinnvoll, völlig mit der bewussten Aufmerksamkeit in der Gegenwart zu bleiben. Es sollte dringend vermieden werden, an Ereignisse zu denken, die mit den alten und unerwünschten Glaubenssätzen verknüpft sind, anderenfalls bekommen die untauglichen Glaubenssätze immer wieder Energie und bleiben erhalten.

Des Weiteren sollte man jede Eigensuggestion mit dem Vorspanntext beginnen: *„Ich ändere jetzt meine Glaubenssätze, ich glaube jetzt …"* sowie am Ende der Suggestion hinzufügen: *„Das glaube ich jetzt und alle gegenteiligen Glaubenssätze gelten jetzt nicht mehr für mich."* Damit vermeidet man mögliche Widersprüche.

Gut bewährt hat es sich, diese Eigensuggestionen in einem Zustand der vertieften Entspannung vor dem Schlafengehen durchzuführen. Passende, mit Musik unterlegte Entspannungsübungen findet man in großer Anzahl bei YouTube. Nach meinen Erfahrungen sind die Eigensuggestionen etwa 2 bis 3 Wochen lang zu wiederholen. Sehr nützlich ist es, passende Fantasien und gute Gefühle mit den neuen Glaubenssätzen zu verbinden.

Freiheit und Selbstbestimmung bewahren!

Der Weg in bessere Welt ist nicht mit der Umerziehung oder Bevormundung anderer Menschen zu erreichen. Es wird niemals gelingen, durch Gesetze Hass zu verbieten, auch wenn inkompetente Politiker dies gesetzlich erwirken wollen. Ebenso wird es nicht gelingen, per Gesetz Gewalt und Kriege zu verhindern. Gleichfalls wird es erfolglos bleiben, mit brutalen Gewaltaktionen Andersdenkende davon zu überzeugen, dass sie ein „falsches" Gedankengut haben. Alles das ist von vornherein zum Scheitern verurteilt, weil es nicht dort ansetzt und auch nicht dort ansetzen kann, wo eine Veränderung bewirkt werden muss, wenn es zu einer effektiven Verbesserung der Welt kommen soll – nämlich beim täglichen Denken des Individuums.

Die Gedanken sind frei. Das tägliche Denken eines Individuums ist nur durch eine einzige Person veränderbar – durch das betroffene Individuum selbst, durch niemanden sonst. Dieser Umstand beschreibt auch gleich ganz ausführlich den gesamten Personenkreis, den wir tatsächlich ändern können, nämlich nur uns selbst. Ausschließlich uns selbst können wir von Grund auf verändern, deshalb sind alle Menschen aufgefordert, immer bei sich selbst anzufangen und „vor ihrer eigenen Tür zu kehren", wie Jesus es einst lehrte.

Um es kurz zusammenzufassen: Der Weg in eine bessere Welt beginnt bei DIR – in deiner eigenen Innenwelt! Und zwar ganz unabhängig davon, was immer andere Menschen tun und unterlassen!

Ein allgemeingültiges Patentrezept für den richtigen Umgang mit einer Krise gibt es nicht, aber es gibt praktikable Regeln, die jeder leicht anwenden kann, um den besten Weg für sich selbst zu finden.

Betrachte eine Krise niemals als ein Problem, das dich einschränkt, sondern als eine Herausforderung, die dir helfen wird, neue Fähigkeiten in dir selbst zu entdecken. Akzeptiere deine aktuelle Situation als eine willkommene Gelegenheit zur persönlichen Weiterentwicklung.

Vermeide es auf jeden Fall, dich als ein Opfer der Umstände zu sehen, das bist du nämlich nicht. Begreife die Situation als eine Chance, die dir völlig neue Möglichkeiten und Perspektiven für das zukünftige Leben eröffnen wird. Ebenso solltest du es vermeiden, Gedanken von Zorn, Hass und Gewalt in dir aufkommen zu lassen, falls du überzeugt bist, dass dir Unrecht zugefügt wurde. So verlockend es vielleicht auch erscheinen mag, so gibt es dennoch für gewaltsame Lösungen niemals eine Rechtfertigung. Verschwende also von vornherein keine Energien in diese Richtung.

Mache als Erstes nur für dich selbst eine Bestandsaufnahme, eine Art persönliche Inventur. Kläre, wo du gegenwärtig stehst und wie deine persönliche Situation aussieht. Sei dabei völlig ehrlich zu dir selbst. Wie sieht deine finanzielle Situation aus? Wo stehst du beruflich? Welche Menschen stehen dir nahe? Wer sind deine Freunde, auf die du notfalls zählen kannst? Falls es dir hilft, schreibe es einfach auf, um einen besseren Überblick zu bekommen.

Akzeptiere deine Situation so, wie sie ist. Beschönige nichts, aber dramatisiere auch nichts. Sage zu dir selbst, so ist es jetzt und ich sehe genau hin, wie es jetzt ist.

Nimm die Position eines Beobachters ein. Schaue dir deine Situation von möglichst vielen unterschiedlichen Standpunkten aus an.

Nun beginnt ein etwas anstrengenderer Teil der Arbeit. Versuche zu verstehen, dass du diese Situation, in der du dich gegenwärtig befindest, selbst geschaffen hast durch aktives Handeln einerseits und passives Dulden andererseits. Wenn du Probleme damit hast, dann mache dir klar, dass deine gegenwärtige Situation das Resultat aller Handlungen und Unterlassungen ist, für die du dich an jedem einzelnen Tag deines Lebens entschieden hattest.

Ich will es dir gerne etwas näher erläutern. Die erste Wahlmöglichkeit hattest du schon morgens, als der Wecker klingelte. Da hattest du die freie Wahl zwischen Aufstehen und Liegenbleiben. Vermutlich bist du aufgestanden, um wie gewohnt zur Arbeit zu gehen, oder den Kindern Frühstück zu machen, oder was auch immer. Auf jeden Fall gab es trotzdem die Möglichkeit einfach liegenzubleiben, unabhängig davon, welche Konsequenzen daraus möglicherweise entstanden wären.

Das ging weiter mit Duschen oder nicht, Frühstücken oder nicht, diese Kleidung anziehen oder eine andere. Zur Arbeit fahren oder nicht, die gewohnte Strecke nehmen oder eine andere usw. usw. Wie auch immer. Auf jeden Fall war der Ablauf jedes einzelnen Tages eine ganze Kette von Wahlmöglichkeiten und Entscheidungen, die du mehr oder weniger automatisch getroffen hattest.

Bedenke, dass du auch die Möglichkeit hattest, in ein anderes Land zu ziehen, oder einen anderen Beruf zu ergreifen und Ähnliches. Auch wenn du dir darüber nie einen Gedanken gemacht hast, gab es diese Möglichkeit dennoch. Aber wie auch immer, die Summe aller dieser bewussten und unbewussten Entscheidungen deines gesamten bisherigen Lebens hat dich dorthin gebracht, wo du dich jetzt aktuell befindest. Du hast aus einer Fülle von Wahrscheinlichkeiten und Wahlmöglichkeiten eine Auswahl getroffen, die dich in deine gegenwärtige Situation geführt hat.

Dazu gehört auch eine „Tätigkeit", die von den meisten Menschen nicht besonders beachtet wird - nämlich die tägliche Auswahl deiner Gedanken. Es ist ein Prozess, der so automatisch abläuft, dass er von den wenigsten aufmerksam wahrgenommen wird, obwohl es sich um den entscheidenden Vorgang für die Gestaltung des eigenen Schicksals handelt. Die wirkliche Bedeutung dieser Aktivität solltest du niemals unterschätzen.

Konzentriere dich ganz und gar auf dich selbst. Entwickle und stärke dein eigenes Selbstvertrauen, deine eigene Selbstsicherheit und dein eigenes Urteilsvermögen. Vertraue deinem eigenen gesunden Menschenverstand. Beginne damit, selbst zu denken und die Dinge zu hinterfragen. Wie du dich dahin gehend sehr einfach verändern kannst, habe ich im Kapitel „Herr über sich selbst sein" ausführlich beschrieben.

Bleibe optimistisch. Grübel nicht, sorge dich nicht, ängstige dich nicht. Bleibe mit deiner Aufmerksamkeit in der Gegenwart. Kümmere dich um dich selbst, um deinen Körper, deine Gesundheit und dein Wohlbefinden. Falls dir das zu egoistisch erscheint, dann mache dir klar, dass du für andere nur dann eine effektive Hilfe sein kannst, wenn es dir selbst gut geht. Halte dir vor Augen, dass du nur dann jemanden aus einem Sumpf ziehen kannst, wenn du selbst festen Boden unter den Füßen hast.

Lasse dich nicht depressiv beeinflussen, bewahre dir eine schöne, glückliche und strahlende Haltung. Suche bewusst die Nähe optimistisch Gleichgesinnter. Investiere in regionale Freundschaften und verbinde dich mit geeigneten Menschen zum gegenseitigen Unterstützen und zur optimalen Nutzung aller gegebenen Möglichkeiten und Fähigkeiten.

Sei fröhlich, lache, tanze und höre schöne Musik. Gönne dir einen entspannenden Spaziergang in der Natur. Lausche dem Gesang der Vögel. Genieße jeden Moment und vertreibe alle düsteren Gedanken.

Überlege und formuliere es gedanklich möglichst sehr genau, wie die Welt beschaffen sein soll, in der du zukünftig leben willst. Male dir diese Welt in Gedanken so detailliert und präzise aus, wie du nur kannst, und schicke deine Vorstellungen ganz bewusst zur Verwirklichung ans Universum. Bestehe innerlich darauf, dass diese wundervolle friedliche Welt, die du dir erträumst, sich genauso realisieren soll.

Auch wenn es vielen Menschen möglicherweise als abwegig erscheint, ist und bleibt es dennoch eine Tatsache, dass die zielorientierte Anwendung der spirituellen Grundregeln unseres irdischen Daseins es jedem Individuum ermöglicht, das eigene Schicksal in allen Bereichen konstruktiv zu meistern.

Erinnere dich an diese wichtige Tatsache: Gedanken sind wirkende Kräfte! Gedanken sind nicht in deinem Kopf eingeschlossen! Gedanken werden zur Realität! Gedanken werden zu Materie! Deine Gedanken gestalten deine Zukunft. Wie du morgen sein wirst, was du morgen erleben wirst, hängt allein von dem ab, was du heute denkst.

Das ist die Grundregel, auf der Veränderungen in der Außenwelt gewaltlos herbeigeführt werden müssen. Gedanken sind die Bausteine für alles, was da ist. Es gibt nichts, was nicht durch vorangegangene gedankliche Vorgänge erschaffen wurde. So wie das Universum ein Gedankenkonstrukt Gottes ist, so ist unsere gegenwärtige äußere Welt ebenfalls ein Gedankenkonstrukt, an dem wir mit unseren eigenen Gedanken und Glaubenssätzen täglich mitwirken.

Dieses Gedankenkonstrukt verändern wir nur zum Besseren, indem wir unseren ganz persönlichen Anteil daran zum Besseren verändern – nämlich unsere eigenen Gedanken und Glaubenssätze. Das ist der Grund, warum wir mit den Veränderungen bei uns selbst anfangen müssen.

Hierin ist auch der Grund zu sehen, warum eine Diktatur niemals einen längeren Bestand haben kann. Menschen lieben nun mal die Freiheit. Wird sie unterdrückt, werden die Unterdrückten Träume von einem besseren Leben entwickeln, was dann im Laufe der Zeit jede Diktatur wieder zum Einsturz bringt. Denn Gedanken werden zur Realität!

Auch die morbide Hoffnung der globalen Drahtzieher, den durchschnittlichen IQ der Menschheit durch Rassenvermischung gezielt herabsetzen zu können, um Menschen zu bekommen, die noch klug genug sind, ihre Arbeit zu verrichten, aber zu dumm, um ihr Sklavendasein zu realisieren, wird sich nicht erfüllen.

Menschen können nicht weltweit auf einen niedrigen Intelligenzquotienten „heruntergezüchtet" werden, wovon diese bösartigen Figuren tatsächlich träumen. Es ist und bleibt das unsterbliche Bewusstsein mit seiner hohen Intelligenz, das sich einen passenden Körper erschafft. Die Intelligenz ist kein Ausstattungsmerkmal des Körpers, sondern eine unveränderliche Eigenschaft des dahinterstehenden Geistes!

Man kann es auch so sagen. An diesem Punkt haben die destruktiven Kräfte der Bosheit ihre Rechnung ohne Gott gemacht, denn die Bewusstwerdung der Menschen kann nicht aufgehalten werden.

Nicht eine globale Weltregierung ist die Lösung irgendwelcher Probleme, sondern nur die individuelle Selbsterkenntnis und die Beachtung der gottgegebenen Regeln, die für alle Menschen auf dieser Welt gleichermaßen gelten. Sie sind sehr einfach. Die wichtigste lautet:

„Dir geschieht nach deinem Glauben."

Gemeint ist damit aber nicht die Zugehörigkeit zu einer bestimmten Religion, sondern ein einzelner Glaubenssatz. Jeder Mensch trägt in sich ein ganzes Paket dieser Glaubenssätze aus sämtlichen erdenklichen Bereichen. Diese Glaubenssätze werden vom „Inneren Selbst" verwirklicht. Je negativer diese Gedanken sind, umso schlechter sind deshalb die äußeren Erlebnisse.

Noch einmal zur Erinnerung: Glaubenssätze sind erhärtete und verdichtete Überzeugungen, die zu unbestreitbaren Ideen über die persönliche Realität wurden. Sie werden für wahr gehalten und stehen außerhalb jeden Zweifels. Für den einzelnen Menschen haben Glaubenssätze den Charakter feststehender Tatsachen, die nicht weiter überprüft werden müssen, da sie sich von selbst verstehen. Sie werden für Eigenschaften der Realität gehalten und nicht als das erkannt, was sie wirklich sind, nämlich nur bloße Glaubensvorstellungen über die Realität. Diese Glaubenssätze steuern die persönlichen Erfahrungen eines jeden Menschen!

Das ist eine Tatsache, die manche Menschen überhaupt nicht wahrhaben wollen, denn dann müssten sie möglicherweise von einer lieb gewonnenen Opferrolle lassen und sich selbst in die Verantwortung nehmen. Sie müssten die Ursachen für schlechte Erfahrungen, Fehlschläge und aller Art von Versagen in sich selbst suchen und korrigieren. Manche Menschen mögen das gar nicht. Sie wollen sich lieber weiterhin selbst belügen und für alle persönlichen Missgeschicke ihren Mitmenschen die Schuld und Verantwortung unterschieben. Die ständig jammernden Opfer eines angeblich systembedingten Rassismus sind solche typischen Vertreter.

Statt an die allgegenwärtige Liebe und an das Gute in den Menschen zu glauben, ziehen sie es vor, durch untaugliche Glaubenssätze schlechte Erfahrungen zu machen, für die dann die Außenwelt verantwortlich gemacht wird.

Die wesentliche Ursache für schlechte Erfahrungen sind aber immer und in jedem Fall die Glaubenssätze in der eigenen Psyche. Sie verwirklichen sich und werden in der Außenwelt des „Gläubigen" zu Ereignissen und persönlichen Lebenserfahrungen. Es werden Personen und Umstände in das eigene Schicksal hineingezogen, die dem Träger des Glaubenssatzes unmissverständlich beweisen, wie recht er doch mit seiner desolaten Überzeugung hat.

Natürlich gibt dieser Umstand anderen Beteiligten nicht das Recht, tatsächlich rassistisch oder sogar gewalttätig zu werden. Der hier aufgeführte Zusammenhang erklärt nur, wie jemand in solche Situationen hinein gelangt - und wie man so etwas von vornherein vermeiden kann, was durchaus in der Macht des einzelnen Menschen steht.

Will man seine persönlichen Erfahrungen ändern, geht dies nur über eine Veränderung der bisher akzeptierten Glaubenssätze. Das ist grundsätzlich ein sehr einfaches Unterfangen, denn im Prinzip muss man dazu nur die untauglichen Glaubenssätze aufgeben und sie durch neue bessere Glaubenssätze ersetzen. Dieses lässt sich problemlos mit z. B. Eigensuggestionen im Zustand der vertieften Entspannung erreichen. Dazu erklärt man in Gedanken einen bisherigen, hinderlichen Glaubenssatz für ungültig und suggeriert sich selbst den neuen ein.

Diese gezielte Veränderung der Glaubenssätze ist der einzig mögliche Weg, zukünftig bessere Lebenserfahrungen zu machen. Dazu ist es erforderlich, zielorientiert zu denken und zu glauben. Es ist kontraproduktiv, sich auf das zu konzentrieren, was man nicht mehr will. Zweckdienlich ist nur, die gesamte Konzentration auf das Erwünschte auszurichten.

Letzteres heißt, man suggeriert sich selbst die entsprechenden Glaubenssätze ein. Das könnte etwa so vonstattengehen:

„Ich gebe jetzt alle Glaubenssätze auf, die schlecht für mich sind. Ich suggeriere mir diesen neuen Glaubenssatz jetzt selbst ein. (Dann folgt der Text des neuen Glaubenssatzes). Das glaube ich jetzt und alle gegenteiligen Gedanken haben keine Gültigkeit mehr für mich."

Jeder Mensch hat damit die Möglichkeit, sich aus eigener innerer Kraft heraus glückliche Lebenserfahrungen zu erschaffen, oder eben auch solche, die zutiefst betrüblich sind. Das entscheidet jeder selbst durch die individuelle Auswahl seiner Gedanken, Glaubenssätze, Gefühle und Imaginationen.

Wie schnell sich Gedanken realisieren, hängt von einigen weiteren Faktoren ab. Generell gilt, je stärker die mit dem Gedanken verbundenen Gefühle sind, umso schneller tritt das erwünschte Ereignis in der Außenwelt in Erscheinung. Werden diese Gefühle zusätzlich mit entsprechenden Bildern verknüpft, beschleunigt es die Verwirklichung noch mehr. Auch die Erwartung spielt eine Rolle. Wer nicht erwartet, dass sich ein neuer Glaubenssatz verwirklicht, kann unter Umständen sehr lange warten – und wenn die eigenen inneren Zweifel und Widersprüche zu groß sind, dann auch vergebens.

Nicht das Schlechte ist zu bekämpfen, sondern das Erwünschte muss gefördert werden. Und das beginnt in der Psyche des Einzelnen. Der richtige Weg zur Veränderung ist nur die Transformation, die Stärkung des Erwünschten, die Konzentration auf das Gute!

Das setzt den richtigen Glauben voraus, konkret gesagt, die Akzeptanz der richtigen Glaubenssätze, denn dieses Ziel erreichen wir nur, wenn wir unerschütterlich an eine Veränderung zum Guten glauben! Auch dann, wenn die gegenwärtige Situation dem noch Hohn zu sprechen scheint.

Völlig kontraproduktiv ist es, etwa so zu glauben: *„Ich will zwar eine Veränderung zum Guten, aber das wird ja doch nichts!"* oder *„Ich will eine Veränderung zum Guten, aber die meisten Menschen sind zu blöd dafür!"* oder *„Es wird täglich schlimmer!"* Mit einem solchen destruktiven Denken stärkt man nur die alten Verhältnisse.

Willst du eine Veränderung zum Besseren, dann musst du bei dir selbst anfangen und deine bisherigen Gedanken und Glaubenssätze ändern! Einen anderen Weg gibt es nicht! Du musst an die Veränderung ohne einen Hauch von Zweifel glauben!

Deshalb ist es so nützlich, die spirituellen Grundlagen unseres Lebens zu kennen. Man weiß dann, wie die gewünschten Veränderungen herbeigeführt werden können, ohne Gewalt anwenden zu müssen. Für eine Veränderung der Politik gilt deshalb, sich solche Glaubenssätze anzueignen, die das Erwünschte zur Folge haben, etwa so:

Die Bewusstwerdung der Menschen geht unaufhaltsam voran.

Immer mehr Menschen durchschauen das böse Spiel mit dem Great Reset und der Neuen Weltordnung.

Immer mehr Menschen durchschauen die Lügen der Machthaber.

Der Widerstand gegen den Great Reset nimmt täglich zu.

Klaus Schwab, sein WEF und seine Vasallen und Agenten scheitern.

Die Hintermänner des Great Reset zerstreiten sich und geben auf.

Demokratisch gesonnene Politiker setzen sich durch, gewinnen und behalten jetzt die Oberhand!

Echte demokratische Verhältnisse verwirklichen sich jetzt!

Alle untauglichen und antidemokratischen Politiker verlieren ihre Macht, ihren Einfluss und verschwinden jetzt!

Wir haben jetzt wieder eine funktionierende Demokratie!

Das alles glaube ich und genau so kommt es jetzt für mich auch!

Nur ein zielorientiertes Denken führt zur gewaltfreien Transformation der gesamten Gesellschaft. Wir müssen an das glauben, was wir haben möchten und uns nicht damit begnügen, nur das zu kritisieren und abzulehnen, was wir nicht wollen! Sobald genügend Menschen an die Veränderung zum Guten glauben, braucht man nur noch ein wenig Geduld, dann wird es real! Denn Gedanken werden zur Realität!

Lassen wir uns nicht spalten und gegeneinander aufhetzen. In einer Demokratie sind unterschiedliche Meinungen zu jedem beliebigen Thema etwas völlig Normales. Nur in einer Diktatur bzw. im Faschismus verlangen die Herrscher die alleinige Gültigkeit und Akzeptanz der von ihnen verkündeten Wahrheiten.

Jeder muss für sich selbst entscheiden, ob er ein Teil des Problems oder lieber ein Teil der Lösung sein will. Ein Teil des Problems wird man durch widerspruchslose Hinnahme der Fehlentwicklung und Anpassung an dieselbe. Wer etwas als Unrecht und falsch erkannt hat und darauf mit Duldung reagiert, verstärkt das Problem und ist zu einem Teil davon geworden.

Lasse nicht alles mit dir machen! Bewahre dir stets ein gesundes Misstrauen, vor allem gegenüber den Medien, der Politik und solchen vermeintlichen Wissenschaften wie der Gender-Gaga! Lerne NEIN zu sagen! Lerne selbst zu denken und deinem eigenen Urteil zu vertrauen! Erschaffe dir dein eigenes Schicksal nach deinen Wünschen und Vorstellungen. Habe keine Angst davor, Fehler zu machen! Bedenke die klugen Worte, die Johann Wolfgang von Goethe einst sagte:

„Wo Unrecht zu Recht wird, wird Widerstand zur Pflicht!"

Dieser Auffassung sind auch die Grünen. Petra Kelly, eine frühere Führungsfigur der Grünen, berief sich 1983 in einer Bundestagsrede ausdrücklich auf die katholische Widerstandspflicht, die Papst Leo XIII. in der Enzyklika *„Sapientiae christianae"*, gefordert hatte: [133]

„Wir berufen uns auch auf die Worte Papst Leo XIII. - ich zitiere -: 'Wenn aber die Staatsgesetze sich offen gegen das göttliche Recht auflehnen ... dann ist Widerstand Pflicht, Gehorsam aber Verbrechen.' ..."

Wenn die Grünen selbst sich in ihren Bundestagsreden auf die Widerstandspflicht zur Abwehr von Gesetzen, die aus ihrer Sicht gegen „göttliches Recht" verstoßen, berufen, dann ist es kein Verbrechen, wenn auch wir davon Gebrauch machen. Besonders, wenn es gegen Gesetze geht, die von den Grünen nur zu dem Zweck ersonnen wurden, uns zu schaden.

Bedenke immer, dass du auf dieser Welt lebst, um deine Lektionen zu lernen. Deine Weiterentwicklung ist der Sinn deines Lebens. Deine Weiterentwicklung steht an erster Stelle. Du wurdest nicht geboren, um andere Menschen zu erziehen, oder um ihnen deinen Willen aufzuzwingen. Du wurdest geboren, um dich zu erziehen.

Andere Menschen haben ebenfalls ihre Lektionen zu lernen, wegen derer sie geboren wurden. Wenn sie sich dem verweigern und keinen Anlass zur seelischen Reifung und spirituellen Entwicklung sehen wollen - nun, dann ist es deren Sache und nicht deine. Das Karma wird sich um diese Menschen kümmern. Bleibe immer bei dir selbst und bewältige deine Herausforderungen.

Vergiss nie, dass zu allen Interaktionen immer zwei gehören. Vereinfacht ausgedrückt, einer, der macht und ein weiterer, der mit sich machen lässt. Frage dich also immer, warum du etwas mit dir machen lassen solltest, was dir nicht gefällt? Das gilt auch in dem Fall, wenn Politiker ihre Macht missbrauchen und Gesetze erlassen, die du mit dem Gewissen nicht vereinbaren kannst.

Seit dem Coronabetrug der Regierung steht für mich fest, dass ich in jedem einzelnen Fall neu darüber entscheide, ob ich die Weisungen der Regierung befolge oder nicht. Der Grund ist: Obwohl die Regierung seit 24.08.2021 genau wusste, dass die Coronaimpfung wirkungslos ist und schwere Nebenwirkungen verursacht, wollte sie dann trotzdem eine allgemeine Impfpflicht zur Verabreichung dieser toxischen Substanzen an alle Bürger erzwingen. Der Plan wurde nur deshalb fallen gelassen, weil die Regierung die Ausweitung der damaligen „abendlichen Spaziergänge" zu einem allgemeinen Volksaufstand fürchtete.

Ein Staat, dessen Bestreben es ist, mir mit einer angeblichen Gesundheitsfürsorge absichtlich zu schaden, hat für mich seine Legitimation verloren. Loyalität ist keine Einbahnstraße. Wenn der Staat zu mir als Bürger nicht loyal sein will, warum sollte ich als Bürger dann loyal zum Staat sein?

Ein Paar Worte zum Schluss

Das wichtigste Wissen, das sich ein Mensch aneignen kann, ist wahres spirituelles Wissen. Denn die Kenntnis der spirituellen Grundlagen unserer Existenz versetzt jeden Menschen in die Lage, sich zielstrebig und bewusst die Lebenserfahrungen zu erschaffen, die man machen möchte. Besonders wichtig ist dieses Wissen für Menschen, die vor großen Problemen und Herausforderungen stehen. Ihnen steht der wunderbare Weg offen, aus eigener innerer Kraft heraus alle anstehenden Schwierigkeiten erfolgreich zu überwinden. An vielen Beispielen habe ich beschrieben, wie dies anzustellen ist.

Ich empfehle dir, dich mit den echten Grundlagen unseres Lebens vertraut zu machen. Du wirst auf jeden Fall Nutzen daraus ziehen. Und wenn es nur die simple Erkenntnis ist, dass du nicht einmal mehr Angst vor dem Tod haben musst, weil du niemals ausgelöscht werden kannst, sondern ewig lebst.

Wenn du vor einer Herausforderung stehst, die du deiner Meinung nach nicht ohne Hilfe meistern kannst, stehe ich dir für eine individuelle Einzelberatung und auch weitergehende Unterstützung gerne zur Verfügung. Du erreichst mich unter der eMail:

mail@hansgeorgkoch.de

Ich bin nur der Wahrheit verpflichtet, wie ich sie in jedem Moment meines Lebens erkenne. Irgendwelche "Haltungen" oder "woken Ideologien" sind für mich völlig bedeutunglos, weil sie selten auf nachprüfbaren Fakten beruhen. Sie sind in den meisten Fällen nur "Hirngespinste", mit denen ich nichts zu tun haben will. Ich bleibe ein Freund der Wahrheit mit nachprüfbaren Fakten. Dir wünsche ich viel Spaß bei der Lektüre, wobei ich sehr hoffe, dass ich zu einem tieferen Wissen über dein Leben beitragen konnte und dass es mir auch gelungen ist, dich ein wenig zum Nachdenken anzuregen.

Literatur- und Quellenverzeichnis

Zum Zeitpunkt der Drucklegung waren alle Links erreichbar!

01 www.kla.tv/17031

02 https://multipolar-magazin.de/artikel/die-abschaffung-der-seele

03 https://www.youtube.com/watch?v=oAQxdExf9yk

04 https://uncutnews.ch/das-weltwirtschaftsforum-haelt-menschen-fuer-nutzlose-esser-und-betrachtet-ihre-gehirne-und-koerper-als-produkte-die-gehackt-kontrolliert-und-entsorgt-werden-koennen/

05 https://reitschuster.de/post/baerbock-bin-in-der-kirche-glaube-aber-nicht-an-Gott/

06 https://gutezitate.com/autor/fred-hoyle

07 Hawking in seinem Buch „Eine kurze Geschichte der Zeit" Seite 184

08 Archiv zur Geschichte der Max-Planck-Gesellschaft, Abt. Va, Rep. 11 Planck, Nr. 1797. Wissenschaftliche Vorträge.

09 (Max Planck; in Ulrich Warnke, Quantenphilosophie und Spiritualität; 2. Aufl., Scorpio, 2011; S. 82)

10 Buch von Prof. Dr. Jeanne Achterberg – Die heilende Kraft der Imagination, Seite 258

11 (Paracelsus – Vom Licht der Natur und des Geistes)

12 https://www.wdr.de/tv/applications/fernsehen/wissen/quarks/pdf/Q_Placebo.pdf

13 https://www.wdr.de/tv/applications/fernsehen/wissen/quarks/pdf/Q_Placebo.pdf Seite 7

14 https://www.3sat.de/gesellschaft/politik-und-gesellschaft/placebo-der-arzt-in-mir-110.html

15 https://de.statista.com/statistik/daten/studie/247979/umfrage/prognose-zum-umsatz-im-gesundheitswesen-in-deutschland/

16 https://de.statista.com/statistik/daten/studie/151723/umfrage/beschaeftigte-im-gesundheitswesen-seit-2000/

17 Buch „Spirituelles Heilen im Krankenhaus" von Sandy Edwards.

18 https://www.youtube.com/watch?v=RMWG7cfjF-g

19 https://de.sott.net/article/1043-Das-verborgene-Bose-Der-psychopathische-Einfluss

20 https://www.attac-kreis-coesfeld.de/?p=1053

21 Harari / Buch: "21 Lektionen für das 21. Jahrhundert", S. 133-134

22 https://auf1.tv/stefan-magnet-auf1/globalisten-in-klimakatastrophe-nutzlose-menschen-einfach-ueber-bord-werfen

23 https://www.younggloballeaders.org/

24	https://philosophia-perennis.com/2022/09/01/baerbock-werde-ukraine-an-die-erste-stelle-setzen-egal-was-meine-deutschen-waehler-denken/
25	https://www.focus.de/politik/videos/verhalten-der-kanzlerin-ist-irrational-rennommierter-psychiater-maaz-merkels-narzissmus-ist-gefaehrlich-fuer-deutschland_id_5235070.html
26	https://rp-online.de/politik/deutschland/afd-verliert-spenden-konto-nach-petition-von-omas-gegen-rechts_aid-115616529
27	https://lupo-cattivo.blogspot.com/2010/01/pathokratie-wir-leben-in-einem-von.html
28	https://transition-news.org/mitglied-des-europaischen-parlaments-definiert-wef-als-gefahrlichste
29	https://www.youtube.com/watch?v=AoBRnrtX9U4&t=3647s
30	https://de.gatestoneinstitute.org/19351/weltwirtschaftsforum-gegen-freie-welt
31	https://sezession.de/25217/angela-merkel-und-die-neue-weltordnung
32	https://uncutnews.ch/rechtsanwalt-reiner-fuellmich-gibt-update-zu-nuernberg-2-licht-am-ende-des-tunnels/
33	https://www.kla.tv/17312
34	https://ansage.org/ave-pfizer-morituri-te-salutant/
35	https://delingpole.podbean.com/e/dr-mike-yeadon-1617215402
36	https://pleiteticker.de/exklusive-umfrage-jeder-vierte-junge-deutsche-hatte-schwere-impfnebenwirkungen/
37	https://ansage.org/offizielle-berichte-auch-im-januar-wieder-extreme-uebersterblichkeit/
38	https://ansage.org/erneut-bewiesen-klarer-zusammenhang-zwischen-impfung-und-uebersterblichkeit/
39	https://connectiv.events/das-komitee-der-300-vollstaendige-liste-der-mitglieder/
40	https://www.reddit.com/r/conspiracy/comments/4ougxz/prince_charles_being_poked_in_the_chest_by_ruling/
41	https://www.zeitenschrift.com/artikel/geldmacht-das-absehbare-ende-eines-despoten
42	https://npr.news.eulu.info/2016/04/17/rothschild-wie-eine-familie-die-globale-industrie-beherrscht/
43	https://connectiv.events/das-komitee-der-300-vollstaendige-liste-der-mitglieder/
44	https://www.hansgeorgkoch.de/pdf/rki-files-zeigen-die-regierung-hat-uns-belogen.pdf
45	https://www.hansgeorgkoch.de/pdf/gutachten-zur-unwirksamkeit-von-masken.pdf
46	https://jungefreiheit.de/debatte/kommentar/2023/corona-aufarbeitung/
47	https://ich-habe-mitgemacht.de/

48	https://www.tagesspiegel.de/politik/warum-jetzt-karl-lauterbachs-kommunikationsstil-in-der-kritik-steht-8587690.html
49	https://sciencefiles.org/2023/01/16/lassen-sie-zahlen-wirken-4-85-millionen-nebenwirkungen-27-270-tote-und-das-ist-nicht-alles-covid-19-impfstoffe-schaffen-eine-gesundheitskatastrophe/
50	https://www.bild.de/bild-plus/ratgeber/2023/ratgeber/corona-impfschaeden-geimpft-erkrankt-und-alleine-gelassen-82572706.bild.html
51	https://www.cicero.de/innenpolitik/spiegel-magazin-foerderung-bill-gates-duenger-verschwoerungstheorien-corona-proteste
52	https://deutsche-wirtschafts-nachrichten.de/515758/Diesen-Medienunternehmen-hat-Bill-Gates-hunderte-Millionen-Dollar-gespendet
53	https://deutsche-wirtschafts-nachrichten.de/516814/Bill-Gates-spendet-fast-halbe-Million-Dollar-an-das-RKI
54	https://www.gatesfoundation.org/about/committed-grants/2020/03/INV005971
55	https://corona-ausschuss.de/
56	https://www.medicusante.com/
57	https://www.reitschuster.de/post/amtsarzt-zerlegt-offizielle-corona-politik/
58	https://www.zeitpunkt.ch/index.php/leak-aus-dem-innenministerium-corona-ein-globaler-fehlalarm
59	https://www.welt.de/politik/ausland/article234830514/Von-der-Leyen-nahm-Privatjet-fuer-47-Kilometer-Kritik-an-EU-Kommissionschefin.html
60	https://www.bild.de/politik/inland/politik-inland/gut-so-ard-kommentar-feiert-preis-schock-bei-oel-und-gas-77946952.bild.html
61	https://www.bild.de/politik/inland/politik-inland/gruenen-politiker-kommentiert-in-der-ard-ist-das-noch-unabhaengig-81173664.bild.html
62	https://www.youtube.com/watch?v=4tC1Asqj1yU
63	https://www.tichyseinblick.de/feuilleton/medien/oeffentlich-rechtliche-endlosserie-interviewpartner/
64	https://exxpress.at/neue-studie-ueber-ard-zdf-news-immer-schoen-einseitig-zugunsten-der-linken/
65	https://www.youtube.com/watch?v=SJTRpXR66Ww
66	https://de.wikivoyage.org/wiki/Gilf-Kebir-Plateau
67	https://de.wikipedia.org/wiki/Höhle_der_Schwimmer
68	https://www.fr.de/wissen/sahara-ergruent-zumindest-bisschen-13551679.html
69	https://www.focus.de/klima/analyse/was-ist-schuld-am-hochwasser-was-der-klimawandel-mit-der-ahrtal-katastrophe-zu-tun-hat_id_183396056.html

70	https://reitschuster.de/post/katastrophale-hochwasser-im-ahrtal-2021-1910-1804-1719-und-1601/
71	https://de.wikipedia.org/wiki/Magdalenenhochwasser_1342
72	https://www.rbb24.de/panorama/thema/2019/klimawandel/beitraege/hitze-klimawandel-postdam-institut-rahmsdorf.html
73	https://www.bild.de/bild-plus/ratgeber/wissenschaft/gletscherschmelze/klimaforscher-warnen-52527582.bild.html
74	https://eike-klima-energie.eu/2017/07/31/latif-und-rahmstorf-oder-wie-satire-als-vermeintliche-wissenschaft-verpackt-wird-teil-1/
75	https://www.chip.de/news/Antarktis-Was-folgt-auf-den-Abgang-des-gigantischen-Eisbergs_118565739.html
76	https://clintel.org/about-us/
77	https://vahrenholt.net/wp-content/uploads/2021/10/190903-Anlage-Die-Erde-wird-grüner.pdf
78	https://eike-klima-energie.eu/2020/06/09/stefan-rahmstorf-klima-und-coronakrise-fuenf-desinformations-tricks-die-jeder-kennen-sollte/
79	https://scilogs.spektrum.de/hlf/wie-konnen-wir-vernunftig-uber-klimamodelle-reden/
80	https://www.cicero.de/aussenpolitik/klimawandel-es-war-einmalein-weltklimareport/57325
81	https://www.epochtimes.de/umwelt/der-CO²-schwindel-i-das-un-gremium-ipcc-ist-ein-politisches-gremium-und-kein-wissenschaftliches-et-im-fokus-a104126.html
82	https://ansage.org/renommierte-us-studie-es-gibt-keinen-klimanotstand/
83	https://www.tagesschau.de/inland/deutschlandtrend/deutschlandtrend-3339.html
84	https://de.statista.com/statistik/daten/studie/179260/umfrage/die-zehn-groessten-c02-emittenten-weltweit/
85	https://ansage.org/gehirnwaesche-wirkt-klimawandel-ist-groesstes-problem-der-deutschen/
86	https://reitschuster.de/post/deutschlands-pups-im-schweinestall/
87	https://www.welt.de/politik/deutschland/video243560131/Lehren-aus-der-Pandemie-Es-gibt-keine-Belege-fuer-Einfluss-der-Maskenpflicht-auf-Infektionsgeschehen.html
88	https://weltwoche.ch/daily/pfizer-vertreterin-schockt-mit-aussage-der-covid-impfstoff-sei-nicht-auf-die-uebertragbarkeit-des-virus-getestet-worden/
89	https://www.focus.de/politik/videos/verhalten-der-kanzlerin-ist-irrational-rennommierter-psychiater-maaz-merkels-narzissmus-ist-gefaehrlich-fuer-deutschland_id_5235070.html
90	https://www.youtube.com/watch?v=BtoX2rdB4yQ
91	https://homment.com/Merkel-leidet-an-Narzissmus-mit-fortschreitender-Depression

92 https://philosophia-perennis.com/2017/04/05/soros-correctiv/

93 https://www.einprozent.de/correctiv-das-zensurwerkzeug-der-elite

94 https://de.sott.net/article/35227-Die-Plane-der-Elite-sind-reines-ungeschminktes-Ube

95 https://ansage.org/corona-impfung-werden-horrorvisionen-zur-realitaet/

96 https://sciencefiles.org/2023/02/12/erster-direkter-beleg-dafuer-dass-uebersterblichkeit-mit-der-zahl-der-covid-19-geimpften-impfungen-steigt/

97 https://reitschuster.de/post/uebersterblichkeit-in-deutschland-doppelt-so-hoch-wie-in-schweden/

98 https://correlation-canada.org/wp-content/uploads/2023/02/2023-02-09-Correlation-Age-stratified-vaccine-dose-fatality-Israel-Australia.pdf

99 https://sciencefiles.org/2023/02/13/13-millionen-tote-durch-covid-19-impfung-build-back-better-erhaelt-eine-genozidale-wendung-neue-studie/

100 https://reitschuster.de/post/verbrechen-gegen-die-menschheit-von-praezedenzlosem-ausmass/

101 https://philosophia-perennis.com/2023/02/24/pflanzensprengstoff-ard-faktenfinder-mach-sich-laecherlich/

102 https://sciencefiles.org/2023/02/07/fast-5-millionen-nebenwirkungen-in-nur-einer-datenbank-bilanz-der-covid-19-impfstoffe-wird-immer-verheerender/

103 https://www.wattenrat.de/2019/07/16/heisse-luft-wir-verlieren-die-kontrolle-ueber-das-klimasystem/

104 https://eike-klima-energie.eu/

105 https://www.bmj.com/sites/default/files/pd_opinion_bmj_deutsch_die_korr13.12_ukas_clean_docx_-_google_docs.pdf

106 https://www.nius.de/corona/spektakulaere-pfizer-prozesse-in-amerika-war-95-prozent-wirksamkeit-grob-irrefuehrend/cfeb38aa-8f13-42ea-a2a9-d19ce81bc6d3

107 https://www.achgut.com/artikel/impfen_gegen_jetzt_mal_ganz_ruhig_betrachtet

108 https://www.thelancet.com/cms/10.1016/S2666-5247(21)00069-0/attachment/c930d9f8-50ec-4536-8026-e28abc56e20a/mmc1.pdf

109 https://www.boersenblatt.net/news/corona-sorgt-fuer-rekorde-bei-amazon-175381

110 https://www.abgeordnetenwatch.de/sites/default/files/media/documents/2020-04/bmi-corona-strategiepapier.pdf

111 https://www.focus.de/gesundheit/coronavirus/corona-strategiepapier-auf-twitter-preist-er-mao-an-wie-fachfremder-china-fan-zum-deutschen-pandemie-berater-wurde_id_13008614.html

112 https://www.cicero.de/innenpolitik/Innenministerium-papier-referatsleiter-stephan-kohn-kritik-zahlen-tote-kollateralschaeden/plus

113 https://www.zeit.de/kultur/2021-03/ns-vergangenheit-nazihintergrund-she-said-buch-laden-emilia-von-senger

114	https://www.linke-t-shirts.de/postkarte/auslaender-lasst-uns-mit-den-deutschen-nicht-allein_g103415.htm
115	https://jungefreiheit.de/kultur/2018/angstforscher-fremdenfeindlichkeit-genetisch-veranlagt/
116	https://denken-erwuenscht.com/da-weiss-man-wo-der-braune-wind-wirklich-weht/
117	https://www.pi-news.net/2023/01/umvolkung-oder-wegvolkung/
118	Norbert Bolz, „Der alte, weiße Mann: Sündenbock der Nation". 256 Seiten, Langen Müller Verlag
119	https://www.epochtimes.de/politik/deutschland/imad-karim-an-margot-kaessmann-diesen-nazi-der-in-ihrem-kopf-geistert-habe-ich-nie-getroffen-a2132926.html
120	https://www.heimat-kurier.at/2022/12/19/es-wird-keine-weissbrote-mehr-geben-ngo-seenotretter-propagiert-bevoelkerungsaustausch/
124	https://de.wikipedia.org/wiki/Milgram-Experiment
125	https://reitschuster.de/post/ein-volk-was-sehr-gerne-bereit-ist-totalitaere-massnahmen-hinzunehmen/
126	https://www.focus.de/gesundheit/coronavirus/corona-strategiepapier-auf-twitter-preist-er-mao-an-wie-fachfremder-china-fan-zum-deutschen-pandemie-berater-wurde_id_13008614.html
127	https://www.focus.de/politik/deutschland/aus-dem-innenministerium-wie-sag-ichs-den-leuten-internes-papier-empfiehlt-den-deutschen-angst-zu-machen_id_11851227.html
128	https://www.aerztezeitung.de/Politik/Fachleute-kritisieren-Politik-fuer-Angstmacherei-in-der-Corona-Krise-413848.html
129	https://www.berliner-zeitung.de/politik-gesellschaft/wegen-corona-panikmache-experten-kritisieren-gesundheitsminister-spahn-li.192437
130	https://www.welt.de/politik/deutschland/article240732013/Corona-Buschmann-wirft-Lauterbach-Panikmache-vor-der-reagiert-auf-Twitter.html
131	https://de.wikipedia.org/wiki/Edgar_Cayce
132	https://eike-klima-energie.eu/
133	Deutscher Bundestag, Stenographischer Bericht,10. Wahlperiode, 13. Sitzung, 15. Juni 1983, S. 768 (archive.org)
134	Bericht von Ralf Neitzel, Kiel
135	Buch "Spirituelles Heilen im Krankenhaus" von Sandy Edwards. ISBN: 978-3-86445-706-7 Kopp-Verlag
136	https://rki-transparenzbericht.de/